多様な学びの場をつくる

外国につながる学習者たちの
教育から考える

駒井 洋 監修

田巻松雄／吉富志津代 編著

小島祥美
榎井縁
吉田美穂
村上一基
角田仁
井田綾
小綿剛
鄭安君
栃木典子
小波津ホセ
原千代子
鈴木健
山本直子
加藤佳代
石雯漢
徐緒隆
ルヒナ・マヘルプーナ
白聖曌

明石書店

「移民・ディアスポラ研究」12 の刊行にあたって

　移民・ディアスポラの流入と定着にともなう諸問題は、重要な研究課題として日本でも近年急浮上してきた。第2次世界大戦後の日本社会においては、移民ないしディアスポラにあたる人びとは在日韓国・朝鮮人および在日中国人以外にほとんどおらず、しかもこの人びとは、単一民族主義のイデオロギーのもとで、できれば日本社会から排除すべき存在として、厳重な管理統制のもとにおかれていた。したがって、この人びとが移民・ディアスポラとして日本社会を構成する、欠くことのできない一員であるという認識は、政策的にまったく欠如していた。

　1970年代から、外国人労働者をはじめとして、さまざまな背景をもつ外国人の流入が本格化したが、この人びとはあくまでも一時的滞在者にすぎず、いつかは本国へ帰国することあるいは帰国させることが政策の前提とされていた。このような状況にもかかわらず、移民ないしディアスポラとしての日本社会への定着は、まず在日韓国・朝鮮人や在日中国人からはじまった。この人びとのなかで外国籍を保持する者には特別永住者という日本での永住を予定する在留資格が与えられるとともに、日本国籍を取得して外国系日本人となる者が増加していった。また、非正規滞在者であっても、帰国する意思をもたない者には限られた条件をみたせば在留特別許可が付与されるようになり、その数は相当規模に達している。さらに日本人と結婚するなどの条件をみたした者には永住者という在留資格が与えられ、永住者は激増傾向にある。また、主として日本人の配偶者等あるいは定住者という在留資格で流入したラテンアメリカ日系人やその他の在留資格をもつ外国人の相当部分も日本社会に定着し、難しい条件をクリアして日本国籍を取得する者も増大している。つまり、日本に永住する意思のある外国籍者と日本国籍取得者とからなる、無視できない人口規模の外国系移民・ディアスポラは、日本社会にすでに確固とした地位を確立したのである。

　日本での従来の「移民」研究の主要な対象は、日本から主として北アメリカやラテンアメリカに渡った人びとであり、日本にやってくる人びとではなかった。そのた

め、「移民」研究にはこれまでとは異なる新しいアプローチが要求されている。ディアスポラは、「分散する」「拡散する」「まき散らす」などの意味をもつギリシャ語の動詞を起源とするものであり、近年、ユダヤ人ばかりでなく、国境を越えて定住する人びとをさす概念として広く使われるようになってきた。ディアスポラは、出身国と移住先国に二重に帰属しているから、その異種混淆性から従来の国民文化を超える新しい文化的創造をなしとげる可能性をもつ。また、ある出身国から離れてグローバルに離散したディアスポラは、いわばディアスポラ公共圏とも呼ばれるべきネットワークをグローバルに形成しつつあり、グローバル・ガバナンスの重要な担い手になりつつある。

　このような状況に鑑み、われわれは「移民・ディアスポラ研究会」を結成することとした。その目的は、移民・ディアスポラ問題の理論的実践的解明とそれに基づく政策提言にある。この研究会は特定の学問分野に偏らず学際的に組織され、この趣旨に賛同する者であれば、誰でも参加できる。日本にはすでに「移民政策学会」が存在し、活発に活動している。「移民・ディアスポラ研究会」の現在の会員もほとんど「移民政策学会」の会員でもある。それにもかかわらず「移民・ディアスポラ研究会」を立ちあげる主な理由は、日本を中心としながらもグローバルな広がりをもつ、もっとも緊急に解明を要する課題をとりあげ、それに関する研究および実践の成果を体系的に整理しながら政策提言を行う「移民・ディアスポラ研究」のシリーズを刊行することにある。シリーズの各号には編者をおき、おおむね年1冊の刊行をめざす。

　シリーズ第12号のタイトルは、「多様な学びの場をつくる——外国につながる学習者たちの教育から考える」とすることにした。外国人移民の流入や定住化の進展とともに、かれらの学びの場をどのように設置し確保するかは、ますます緊急の課題となりつつある。本書を刊行する目的は、外国人学習者の多様なニーズに寄り添う学びの場をどのように構築したらよいかについて、問題提起をおこなうことにある。

　本書は「はじめに」と「おわりに」のほか3部から構成されている。「高校・大学入試における特別定員枠の意義と課題」と題される第1部は、外国人生徒への学習権保障という点で大きな意味をもっている特別定員枠に焦点をあてている。「学校—公立夜間中学、高等学校定時制・通信制課程」と題される第2部は、学びの場として重要な役割を担っている公立夜間中学や定時制高校とともに、学習者の数こそ少ないもののその役割が期待される通信制高校をとりあげる。「学校以外の多様な学びの場」と題

される第3部は、学校以外の多様な学びの場を紹介する。

　本書が日本に滞在する外国につながる人びとの学びの場の確保と改善につながることを切望する。

2024 年 2 月 23 日

移民・ディアスポラ研究会代表　駒井　洋

目次

はじめに

田巻松雄

　本書編集のベースとなっている問題意識「外国人学習者の多様なニーズに寄り添う多様な学びの場をいかに構築していくか」は、外国人が直面する社会的現実に対する様々な関与によって培われてきたものである。主な関与であった研究や実践を3つ思い起こしてみたい。

　第一に、HANDS の名称で展開してきた外国人児童生徒教育支援事業である。国立大学が法人化した 2004 年度から、宇都宮大学国際学部が目指すべき地域貢献について議論を重ね、外国人児童生徒教育問題を国際学部の組織的な研究として開始した。最初の6年間では主に栃木県内の外国人児童生徒と関連する政策の実態調査と関係者間のネットワークづくりを進めた。その成果は『栃木県における外国人児童生徒教育の明日を考える』(2009 年3月) として発行した。国際学部と教育学部教員6名、小中学校教員6名、大学院生・学部生4名、計 16 名による執筆であった。調査研究から実践への進展の時期であることを意識して、あとがきで「『本ブックレットの刊行が子どもたちの教育環境の改善の一助になることを願っている』というようなお決まりの文句は忘れて、何をしなければならないのか、何が出来るのか、広い角度から検討していきたい。というか、何らかの答えを出す時期はそう遠くない。このことを考えると私は実はすごく緊張している」と書いた。

　以上の成果を踏まえ、「グローバル化に対応する人材育成と地域貢献」を目的とする事業計画をまとめ、文部科学省に対して概算要求したが、初年度は不採択となった。文科省で対応いただいた方からは、外国人児童生徒教育問題は教育学部の研究や教育にとっても極めて重要なテーマであるにもかかわらず、なぜ国際学部単独での申請なのか、国際学部と教育学部は仲が悪いのか、とコメントされた。ものの言い方や態度にはやや横柄さを感じたものの、コメントそのものは問題点をズバリ指摘するものであった。教育学部と共同のプロジェクトとして事業計画「グローバル化社会に対応する人材養成と地域貢献―多文化共生社会実現に向けた外国人児童生徒教育・グローバル教育の推進」を練り直し、2年目にして何とか採択され、2010 年度に HANDS が

スタートした。HANDS は 6 年間文科省特別経費プロジェクトとして様々な事業を遂行し、2016 年度からは国際学部附属多文化公共圏センター事業として引継ぎ、今日に至っている。自分は 2010 年度から 2021 年度まで 12 年間 HANDS の代表を務めた。

　ところで、HANDS は様々な関係者が手と手を取り合いながら協力して事業を進めていこうという気持をこめて付けた名称であるが、『宇都宮大学 HANDS10 年史——外国人児童生徒教育支援の実践』(2020) の作成過程で、「外国人児童生徒教育推進協議会」(栃木県内 9 市 1 町との協議の場) に 4 年間参加いただいたメンバーから新しい解釈が出された。「『HANDS』=『H』AND『S』。本事業は、関わった人に『H』と『S』を残してくれたと思います。それは、『Hard』(制度による支援、有形の支援) と『Soft』(人による支援、無形の支援) であり、『Heart (心)』と『Support』(支え) であり、『Hope (希望)』と『Smile (笑顔)』です。ハード面の整備だけでなく、そこに人が関わること。血の通った心からの支援をすることが、外国人児童生徒にとって、どれほど大きな希望であり、笑顔にしてくれるものであったか、計り知れません」。この新解釈を示してくれた原稿を手にしたとき、とても驚くとともに嬉しかったことをよく覚えている。

　第二に、科学研究費補助金 (科研) による研究を 10 年間続けたことである。国際学部長に就任した 2014 年度に科研 A に「将来の『下層』か『グローバル人材』か—外国人児童生徒の進路保障実現を目指して」と題する研究計画 (2014 年度〜2018 年度) で申請した。高校進学できない外国人生徒や高校を中退してしまう外国人生徒は「下層」として固定化されていく可能性が高い。一方で、外国人生徒は「グローバル人材」の候補生でもある。かれらが「下層」として固定化されていくことを抑止し、「グローバル人材」として成長していくことを支える研究が強く問われていることを問題意識とする研究であった。本研究は、社会学的視点を中心に、外国人生徒の進学とキャリア形成の関係および進路保障の現状と課題について分析を試みた。

　引き続いて 2019 年度から 2023 年度まで科研 A の研究「外国人生徒の学びの場に関する研究—特別定員枠校と定時制・通信制高校の全国調査」を行うことが出来た。審査結果の所見の概要は、「日本で学ぶ外国人生徒の高校進学率が低く、高校中退率は高いという現状を克服するため、外国人生徒の高校進学と卒業を規定する要因を、制度や経済状態、文化資本などの客観的条件と、主観的条件の両面から解明しようとする研究である。このため外国人生徒を受け入れている高校や教育委員会と、元外国人生徒を対象とする調査を行う。今後ますます増大すると予想される外国人生徒を対

象に、その進路決定メカニズムを、制度的要因、高校側の要因、生徒の家庭的背景と個人の側の要因など、多面的な観点から解明しようとしている点に、学術的意義が認められる。また外国人生徒の日本社会への適応と定着を促す施策に基礎を提供するという意味で、社会的意義も大きい」としてまとめられた。コロナ禍で予定通り進めることが出来なかったことも少なくないが、「枠」、多様な学び場としての定時制・通信制、公立・自主夜間中学についての調査研究を進め、成果を『外国人生徒の学びの場——多様な学び場に注目して』(佐々木一隆／田巻松雄編、下野新聞社、2023年) として発行した。

HANDSと科研の成果を踏まえた産物の1つが国立大学初の「外国人生徒入試導入」であるが、これについてはⅠ部5章を参照いただきたい。

第三に、「とちぎに夜間中学をつくり育てる会」を2021年3月に発足させたことである。夜間中学に対する関心は、『日本における外国人・民族的マイノリティ白書』(2016) に掲載された「夜間中学等義務教育の拡充を求める動き」という記事を読んだことで高まった。2017年11月～2018年2月にかけて、兵庫県尼崎市立と東大阪市立の公立夜間中学で学生たちと一緒にフィールドワークを3回行うことが出来たことは大きかった。参加した学生の1人は、その時の感想を「昼間の学校へ通えなくなった理由やその時の暮らし、日本語ができないことで経験した苦労など生徒さん方にとって辛い過去を思い出させるような質問もいくつかあったが赤裸々に答えてくださった。学校全体が明るい雰囲気を帯び、笑顔が絶えない夜間中学生の苦しい過去や現実を知り夜間中学の必要性を改めて感じさせられる2日間であった」と綴っている。

年齢も国籍も多様な生徒さんたちが少人数で実に楽しそうに学んでいる教室の様子とその素敵な笑顔から夜間中学の必要性や魅力を十分に感じることが出来た。この関西でのフィールドワーク以降、夜間中学に対する関心は高まり、授業見学や関係者との出会いを求めて各地へ出向いた。これまで、公立夜間中学については、東京、横浜、川崎、神戸、奈良、東大阪、尼崎を、自主夜間中学に関しては、札幌、仙台、福島、川口、松戸、我孫子、千葉、柏、蛭名、静岡、奈良、北九州、福岡を訪ねた。

全国の公立・自主夜間中学を見学し、外国人学齢超過者、日本人の義務教育未修了者、形式卒業生、不登校の学齢児童生徒等が学ぶ姿と関係者の熱い想いに触れてきたことで、公立夜間中学不在地域の栃木県でまずは夜間中学をつくり育てたいとの想いが膨らみ、発足させたのが「つくり育てる会」である。本会は、2021年8月にとちぎ自主夜間中学を開校し、2023年4月には宇都宮大学国際学部附属多文化公共圏セ

ンター「多様な学び研究会」との共催で、宇大キャンパスの中に「多様な学び教室」を開設した。「つくり育てる会」は市民ベースのボランティア団体であるが、自分は大学（人）が「学ぶ場の保障」という地域課題により多くの関心を向け、様々な形での応援にコミットしていくことを促したいとの想いを強く持っている。

　上記のような経過を経ながら、「外国人」が直面する現状と課題に関してどのような問題意識に基づく課題設定と研究・実践が問われるかについて思考をめぐらせてきた。本書は、「外国人学習者の多様なニーズに寄り添う学びの場をどのように構築したらよいか」を共通の問いとして、大きな3つの角度からの現状分析と問題提起を目的にした論考を編集したものである。第1部では、制度的保障を統一的なテーマとし、「高校での適切な教育の在り方」と高校入試における神奈川県と大阪府の特別定員枠、大学入試における私立大学（東洋大学社会学部国際社会学科）と国立大学（宇都宮大学国際学部）における特別入試を取り上げた。第2部は、学校を取り上げ、学習者の7割〜8割が外国人学習者である公立夜間中学、多様な学習者を受け入れセーフティネット的な役割を果たしている定時制と通信制および1人の学習者の歩みから学校の多元的意味を問う論考で構成されている。第3部では学校以外の多様な学びの場に注目し、自主的な学び場が必要とされる社会的背景や公教育の問題点に触れつつ、それらの学び場の特徴と固有の意義を論じている。自主的な学びの場の固有の意義は、多様な学習ニーズに応えることと学ぶことはこうあるべきだという教育の原点を発していくことと言えるだろう。このほかに、「教育組織における真の教育の理念の重要性」についてのコラムに加え、5人の外国人学習者の体験談や声を綴ったコラムを掲載した。

　最後に、監修者であり恩師の駒井洋の問題意識に関するメッセージを紹介しておきたい。駒井ゼミで飛び交っていた、というより常に私たちに投げかけられていたのは「あなたの問題意識は何か」であった。問題意識は駒井ゼミのキーワードであり、定年退職記念として出版した本のタイトルは『問題意識と社会学研究』（ミネルヴァ書房、2004）である。この本では問題意識の大事さやあり方が様々な角度から追究されている。以来、自分が節目節目で思い出してきたメッセージがある。「問題意識は、あるテーマやそれについて提示された結論が、研究者自身にとって、あるいは社会にとって、あるいは社会学にとってどのような意味を持つかを問いかける。また問題意識は研究テーマや目指されている理論的結論との関連性を意識しながら、必要なデータの選択を可能にする。したがって、問題意識のない社会学研究は、そもそも存在する価

値がない」（同書、24ページ）。「そして、……不滅のメッセージは、まさに、社会学研究には問題意識が何よりも重要であること、そしてそれは社会的現実にたいする関与を前提としなければならない」（50ページ）。

第1部
高校・大学入試における特別定員枠の意義と課題

第1章

「外国人の子どもが社会で自立していくため」の
高校での「適切な教育」の在り方

小島祥美

1　はじめに

　文部科学省は未だ外国籍の子どもを就学義務の対象外と扱いながらも、近年になって高等学校（以下、高校、引用文のみ原文のままで高等学校を使用）への進学を促進するようになった。その姿勢が最初に示されたのが、2020年7月に発表した「外国人の就学促進及び就学状況の把握等に関する指針」（以下、2020年指針）であるだろう。同指針の6項目として、「高等学校等への進学の促進」というタイトルで以下のように示された。

　　　外国人の子供が社会で自立していくためには、高等学校等において適切な教育を受けることが重要である。このため、高等学校等への進学を促進する観点から、教育委員会において以下の取組が求められる。
　　　○中学校等において、在籍する外国人の子供やその保護者に対し、早い時期から進路ガイダンスや進路相談等の取組を実施すること
　　　○公立高等学校入学者選抜において、外国人生徒を対象とした特別定員枠の設定や受検に際しての配慮（試験教科の軽減、問題文の漢字へのルビ振り等）等の取組を推進すること

　これは、重要な示唆を含む重大な明文化である。なぜならば、高校への進学促進のなかで、「適切な教育を受けることが重要である」として、「入学後支援」の重要性が強調されているからだ。冒頭の「外国人の子供が社会で自立していくため」の実施主体がだれかといえば、実際は高校である。ましてや、高校の入学は学校長が許可とするとされている。つまり、2020年指針のなかで、「高校への進学促進化」においては「入口支援」と「入学後支援」は両輪であることが、国からわざわざ示されたというわ

けだ。それは、なぜだろうか。文部科学省は高校での適格者主義[1] とはかつてのことであり、「2010 年度から公立高等学校の授業料無償化及び就学支援金制度創設によって、高校は国民的な教育機関として位置付けられている」(文部科学省 2012) と説明するものの、実際は、「日本人生徒と外国人生徒を同じく扱うことが高校入試の常識」(山本・榎井 2023:7) とする考え方が、いまだ根強いためではないだろうか。

　このようななかで、文部科学省 (2023a) の調査によって、日本語指導が必要な公立学校に通う中学生の進学率が初めて明らかになった。驚くことに、2020 年 3 月卒業生の進学率 (高校・専門学校等) は 89.9％で、全公立中学生の進学率 (99.2％) よりも10％も低いという実態が示された。また、同調査によって、公立高校に通う日本語指導が必要な高校生の中退率は 6.7％ で、全公立高校生の中退率 (1.0％) の 6.7 倍に相当すること、さらに、大学等への進学率の低さ (全公立高校生 73.4％、日本語指導が必要な高校生 51.8％)、就職者における非正規就職率の高さ (全公立高校生 3.3％、日本語指導が必要な高校生等 39.0％) など、高校修了者が置かれた厳しい実態までも明らかになった。質の高い教育を受ける権利が、個人の社会的実現において重要な意味を持つ今日の社会において、外国人生徒がこうした状況におかれていることは極めて憂慮すべき課題である。

　そこで本章では、外国人生徒にかかわる高校入試の動向を踏まえながら、2020 年指針が示すところの「外国人の子どもが社会で自立していくため」の高校での「適切な教育」の在り方を提案したい。高校での「指導と評価の一体化」をどのように進めることができるかとする「入学後支援」の方法も検討しながら、外国人高校生の中退率の高さなどの課題解決への貢献をめざしたい。

2　公立高校入試での枠および措置の設置状況

　改めて、文部科学省 (2023a) の調査から、日本語指導が必要な外国人生徒の概況を確認しよう。図 1 は、13 年間の日本語指導が必要な生徒の増加率を比較したものである。中学生では約 1.6 倍増であるのに対し、高校生は約 3.1 倍と急増傾向にある。ただ、ここで注視すべき点は、公立高校への進学傾向の少なさだ。公立中学校に在籍する生徒は 8648 人から 1 万 3656 人の増加であるのに対し、公立高校では 1562 人から 4808 人と、全体の伸びに比して高校における在籍数は顕著に少ないことがわかる。なぜ、このようなことが起きているのか。その要因の一つとして、公立高校

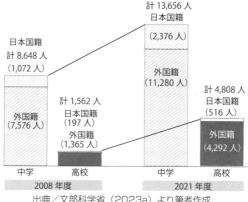

図1　日本語指導が必要な生徒の増加状況（公立校）

出典／文部科学省（2023a）より筆者作成

への進学に伴う自治体別の入試制度および受験資格の「違い」があげられる。この「違い」の存在を文部科学省では問題視しながらも、高校の設置者が都道府県であるために、直接に対応できない。それゆえに、前述の2020年指針のなかで、「特別定員枠の設定や受検に際しての配慮」の必要性が述べられた、というわけだ。

　では、自治体間での「違い」とはどのようなものか。筆者も参加する「外国人生徒・中国帰国生徒等の高校入試を応援する有志の会」（以下、有志の会）で毎年取り組む都道府県別の調査から、その実態を詳しくみていこう。

　有志の会では、学校種別に「外国人生徒」「中国・サハリン帰国生徒」「海外帰国生徒」に3区分して、特別定員枠の設定（以下、枠）と受験に際しての配慮（以下、措置）の実態を調査している（外国人生徒・中国帰国生徒等の高校入試を応援する有志の会2023）。有志の会での「枠」とは、募集定員を別の枠で置き、受験の資格条件や対象の高校などが定められているものを示す。たとえば、「日本における在住期間が6年以内の生徒は、県内の2校のみ、作文と面接のみで受験できる」というものである。一方で、「措

1　適格者主義を文部科学省（2012）では次のように説明する。高等学校進学率が約67％であった昭和38年の「公立高等学校入学者選抜要項」（初等中等教育局長通知）において、「高等学校の教育課程を履修できる見込みのない者をも入学させることは適当ではない」とした上で、「高等学校の入学者の選抜は、……高等学校教育を受けるに足る資質と能力を判定して行なうものとする」とする考え方を採っていた。

2　ここでの「外国人生徒」とは、国籍に関わらず、本人や保護者が外国にルーツを持っている生徒を指す。また、「中国・サハリン帰国生徒」とは、一般に、戦後中国大陸に取り残され、1972年の日中国交正常化以降に帰国した日本人、いわゆる中国残留邦人の二・三世の生徒を指す。なお、サハリン（ロシア）帰国生徒も含む。そして、「海外帰国生徒」とは、保護者の海外勤務等で帰国したいわゆる帰国子女に加えて、国籍を問わず、移住生徒等も指す。

置」とは、一般募集の枠で、対象生徒に例示のような配慮を行う措置を示す。選考は一般の生徒と同じ募集定員の中で行われるものとし、たとえば、試験教科の軽減、問題文の漢字へのルビ振り等がある。

それでは、全国の公立高校入試の内容を詳しく確認していこう。表1は、2023年度入学者に対しての外国人生徒にかかわる枠と措置の設置状況について、都道府県別に示したものだ。この表1を眺めるだけで、枠と措置とは、限られた自治体にしか設置されていないことが一目瞭然であるだろう。

まずは、表1の「❶枠の設置状況」に着目いただきたい。47都道府県のうち22自治体（46.8％）が「枠あり」で、「枠なし」より少ないことがわかる。さらに、「枠あり」であっても、「定員内」募集扱いと「定員外」募集扱いに大きくわかれる。前者は10自治体（45.5％）で、選考はこの枠の募集定員の中で行われるものの、定員枠を一般募集の中に含めて定めている。後者は12自治体（54.5％）で、一般募集と別枠で定めている。この扱いの違いは、高校での指導にあたる教員数などの「入学後支援」に影響を及ぼすことから、軽視できない項目でもある。続けて、「c前年度合格者数」をみる

表1　都道府県別の枠と措置の設置状況 *1

		❶枠の設置状況				❷措置の設置状況		
		a定員数	b学校数 *2	c前年度合格者数	d条件年数		e内容	f条件年数
北海道	×			—		△	個々の状況に応じて協議	なし
青森県	×			—		△	海外経験考慮し選抜	なし
岩手県	×			—		○	個別に対応	3年未満
宮城県	×			—		○	教科数減、時間延長	なし
秋田県	×			—		○	事前面接・作文実施の上、時間延長等の配慮	3年未満
山形県	×			—		△	個別判断	なし
福島県	○定員外	若干名	7/68	3名	3年以内	×		
茨城県	○定員外	各2名（2校のみ40名）	すべて	53名	3年以内	○	教科減（英国数）＋面接（2校でルビ振り試行）	3年以内
栃木県	×			—		○	ルビ振り、国数英、作文・面接	3年以内
群馬県	×			—		○	後期選抜における科目減（国語・数学・英語）	3年以内
埼玉県	○定員内	6校10名 6校5名	12/137	24名	通算3年以内	×		
千葉県	○定員内	107名	12/125	29名 *3	3年以内	○	ルビ振り	3年以内
東京都	○定員内	190名（4・9月入学含）	8/167	138名 *4	3年以内	○	①②ともルビ振り ②は辞書持込み・時間延長	①6年以内 ②3年以内
神奈川県	○定員内	143名	14/132	134名	通算6年以内就学前除く	○	ルビ振り、時間延長、わかりやすい日本語での面接	通算6年以内就学前除く
新潟県	○定員外	若干名	すべて	3名	海外2年以上、入国が2年以内	○	数国、面接、作文	海外2年以上、入国が2年以内

県	*1	枠	*2	*3	入国条件	*1	配慮内容	期間
富山県	×			—		○	ルビ振り	6年以内
石川県	×			—		○	ルビ振り	3年未満
福井県	○定員内	23名	2/24	9名	なし	○	国数英・面接	なし
山梨県	○定員外	定員を超えて1学年の学級数まで	すべて	12名	7年以内	×		
長野県	×			—		○	時間延長、ルビ振り国・社を作文・面接で代替	3年以内
岐阜県	○定員外	各3名	すべて	7名	3年以内	×		
静岡県	○定員内	若干名	9/90	15名	3年以内	×		
愛知県	○定員内	5%	12/143＋1校舎	42名	6年以内	×		
三重県	○定員内	前後期選別 各3名	20/54	24名	6年以内	×		
滋賀県	×			—		○	時間延長、ルビ振り、辞書2冊まで持ち込み可	6年以内
京都府	×			—		○	時間延長、ルビ振り	3年以内
大阪府	○定員内	122名	8/145	91名	小4以降編入	○	時間延長、ルビ振り、辞書持ち込み可、他	小1以降
兵庫県	○定員外	15名	5/146	9名	3年以内	○	時間延長、問題文の拡大、別室受検	なし
奈良県	○定員外	A.5名 B.6名	A.2/52B.1/52	3名	小4以降編入	×		
和歌山県	×			—		○	時間延長、ルビ振り、辞書持ち込み可、他	なし
鳥取県	×			—		○	時間延長、ルビ振り、3教科（国数英）	3年以内
島根県	×			—		○	時間延長、ルビ振り、科目減	6年以内
岡山県	×			—		△	ルビ振り	個別判断
広島県	○定員外	各2名	すべて	回答なし	6年以内	○	ルビ振り、国数英、問題文の拡大、作文、面接	6年以内
山口県	×			—		○	時間延長、ルビ振り	6年以内
徳島県	×			—		○	時間延長、ルビ振り、辞書持ち込み可、他	なし
香川県	×			—		○	ルビ振り等を個別判断	3年以内
愛媛県	×			—		○	内容は、その都度関係機関と協議し決定	3年以内
高知県	×			—		△	明示なし	明示なし
福岡県	○定員内	各校の定員内	19/90	回答なし	小4以降編入	○	時間延長、ルビ振り	小4以降
佐賀県	×			—		○	時間延長、ルビ振り、3教科受検	小4以降
長崎県	○定員外	若干名	すべて	回答なし	3年未満	×		
熊本県	○定員内	若干名	すべて	回答なし	小4以降編入	○	時間延長等	なし
大分県	○定員外	若干名	1/39	非公開	6年未満	○	協議による（ルビ振り、時間延長等）	なし
宮崎県	×			—		△	協議による（ルビ振り等）	なし
鹿児島県	○定員内	若干名	67/68	回答なし	海外に3年以上入国が3年以内	○	時間延長、ルビ振り	中学以降
沖縄県	×			×		△	時間延長、ルビ振り、面接時の配慮	明示なし

*1：○印はあり、×印はなし、△印はその他を示す　＊2：枠あり校数／高校総数　＊3：外国人生徒数を示す、海外帰国生徒は21名　＊4：4月入試

出典／外国人生徒・中国帰国生徒等の高校入試を応援する有志の会（2023）より筆者作成

と、3桁の東京都（138名）や神奈川県（134名）がある一方で、少数の福島県（3名）、新潟県（3名）、奈良県（3名）がある。人口規模が異なるなかで単純には比較できないものの、「a定員数」が「若干名（2～3名を含む）」の自治体では、「b学校数」が多くても「c前年度合格者数」とは比例していない。特に、「枠あり」の22自治体のうちの半数近くの10自治体（45.5%）で「a定員数」が「若干名」であり、枠が機能していないようにもみえる。つまり、枠の設置とセットである「a定員数」の「明示」とは、日本語指導が必要な生徒に対する「自治体の姿勢」を示すものともいえよう。「c前年度合格者数」のなかの「定員確保あり」とは、枠の定員数は明確で、かつその数まで合格を認めていること（定員数内で不合格を出さない内規等があること）を指す。該当する自治体は、茨城県、東京都、神奈川県、福井県、山梨県、三重県、大阪府、兵庫県、奈良県の9自治体のみである。この「定員確保あり」によって、東京都や神奈川県のように日本語指導が必要な受験者数が多いであろう自治体においては、「入口支援」としての後ろ盾になっていることに間違いなさそうだ。なぜならば、「定員確保なし」の千葉県では、「a定員数」の明示があっても、合格者数はその数の3割も満たしておらず、また日本語指導が必要な児童生徒数が全国で最も多い愛知県では、枠ありの学校数は12校に対して合格者は42名で、1校あたり3～4人のみの受け入れであるからだ。したがって、枠が機能するためには、「a定員数」の明示と「定員確保あり」がセットであるといえるだろう。

　加えて、表1の「❷措置の設置状況」にも着目いただきたい。「措置あり」が31自治体（66.0%）で、「措置なし」の9自治体よりも多かった。枠とは異なり、措置を設置する自治体が多いことがわかる。「その他」が7自治体あるが、条件年数が明示されていなかったり個別判断であったりと、明確に受験生に内容が示されていないことを指す。では、措置の内容とは何か。そこで、「措置あり」の31自治体と「その他」の5自治体の計36自治体が明示する「e内容」について、表2では多い項目順に示した。表2をみると、「ルビ振り」が23自治体で最も多く、次いで「時間延長」が18自治体と続き、「教科数減」「面談を行う」「個別判断」「辞書持ち込み」「作文を行う」「問題文の拡大」「面接時の配慮」「別室受験」の10項目が行われていることがわかる。

　ここで、受験生の最も関心どころである「条件年数」にも注目しておきたい。表3は、枠（d）と措置（f）の対象者を、条件とする在住年数別で比較したものだ。ここから、条件年数が「2年」から「9年」までと広く、かつ「なし」や「明文化なし／個別判断」という自治体があることもわかる。「枠あり」では、「3年」と「6年」を条件にす

表2 措置の内容

項目	自治体数
ルビ振り	23
時間延長	18
教科数減	11
面談を行う	6
個別判断	6
辞書持ち込み	5
作文を行う	4
問題文の拡大	2
面接時の配慮	2
別室受験	1

表3 条件年数別 枠および措置ありの自治体数

	枠ありの自治体数			措置ありの自治体数		
	計	定員内	定員外	計	設置あり	その他
計	22	10	12	38	31	7
2年	1		1	1	1	
3年	10	4	6	13	13	
6年	9	5	4	9	9	
7年	1		1	0		
9年	0			1	1	
（年数）なし	1	1		11	7	4
明文化なし／個別判断	0			3		3

る自治体が約9割を占めるなかで、「定員外募集、在住3年」が最も多い。だが、「措置あり」では、「3年」が13自治体で最も多いものの、次いで「（年数）なし」が11自治体と続く。したがって、表1で示した「○印」とは、実際はまったく自治体間で異なることを示す内容であるために、「○印」の自治体でもあってもその内容が先進的な「入口支援」を示すわけではないのである。

　付け加えて、公立高校の受験資格の要件についても自治体間に違いがあることを述べていきたい。図2は、国内にある外国学校中等部[3]の卒業者について、高校受験（受検）者資格を認めているか否かを比較したものである。「認める」が21自治体で、「認めない」（16自治体）、「前例がない」（9自治体）よりも少ない。つまり高校受験者資格を「認める」自治体と「認めない」自治体があるという実態が浮き彫りになる。すなわち、あろうことか自治体によって、受験資格の要件が異なるというというわけだ。なぜ、こんなにもおかしなことが起きるのか。これは、学校教育法施行規則第95条の「解

3　インターナショナルスクールおよび民族学校の総称として、また外国につながるカリキュラムにのっとって、外国の言葉で教育をする学校を示す。小島（2021）のなかで、これまでの「外国人学校」という呼称を改めて、「外国学校」と呼ぶことを提案した。かつて朝鮮人学校と呼ばれたものが今日では朝鮮学校と呼ばれ、「○○人学校」と呼ばれるその他の学校も、当事者はブラジル学校、フランス学校、ドイツ学校…などと呼んでいることにならう言い方である。海外の日本人学校の例にあるように、特に国籍による入学制限を設けている場合は、個別に「○○人学校」と表記されるべきであるが、日本国内の外国学校でそのような例は見当たらない。

図2 国内にある各種学校の認可を得た外国学校の中等部の卒業者の扱い

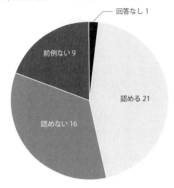

- 回答なし 1
- 前例ない 9
- 認める 21
- 認めない 16

釈」に起因する。第95条には、中学校を卒業した者と同等以上の学力があると認められる者が定められており、1項に「外国において、学校教育における9年の課程を修了した者」、5項に「その他高等学校において、中学校を卒業した者と同等以上の学力があると認めた者」とされている。この1項の「外国において」と、5項の「中学校」との「解釈」の違いが自治体間にあることで、公立高校の出願資格者の「違い」を

つくり出してしまっているというわけだ。すなわち、第95条の1項については、外国学校には本国政府の認可を得た学校であるものの、それらの学校は国内にある学校だから、「外国の学校」でもない、と解釈する自治体がある。そして、第95条の5項については、言ってみれば、「各種学校」とは、国が認可しない「学校」に対して、都道府県は独自に設置基準を設けて認可した「学校」である。であるにもかかわらず、なぜか公立高校の受験資格のない「学校」として扱う自治体もある（図2）。外国学校が国内に223校以上[4]もあるにもかかわらず、このような矛盾も甚だしい。(小島2021、小島2023a)。

これまで確認したとおり、外国人生徒を取り巻く公立高校の入試制度や受験資格要件の扱いは、自治体間格差が広がるばかりである。このようななかで、有志の会では2022年からは高校進学後の取り組み状況も全国調査することで、外国人生徒がどこの地域に住むかによって公立高校への進学や中退に大きな差異があるだけでなく、高校進学後の積極的な取り組みは外国人生徒等の多寡によらないことも明らかになってきた（小島2021）。すなわち、こうした状況を俯瞰的にみれば、入学後支援が不十分である自治体が未だ少なくなく、こうした自治体においては入試時の枠や措置を講じていない場合も多いために、一般入試で入学しつつ、日本語力が不十分なために授業についていけない外国人生徒が多いだろうことが浮かび上がってくる。

そこで、改めて、2020年指針がいうところの「外国人の子供が社会で自立していくため」の高校での「適切な教育」の実現を考えたい。高校入試時の取り組みが高校

---

4 文部科学省（2021）は国内にある外国学校数の内訳について、一条校が8校、各種学校が126校、認可外施設は89以上と説明する。

卒業後の自己実現にとっても非常に重要であることが明らかになってきたところでもあるからこそ（榎井 2021）、高校での評価が生徒の人生の明暗を分けることにもなりかねない。評価は時として権威をもつだけに、常に公正（公平）性が求められる。公正（equity）とは、平等（equality）と大きく異なるが、そのことをわかりやすく示したものが、図3である。「個人や集団が、その状況にかかわらずに、同じ資源や機会が与えられること」が平等であるが、公正とは、「個人

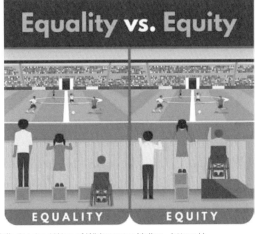

図3　平等と公正

出典／ United Way of Whitewater Valley　https://
givetheunitedway.com/equity-vs-equality/
（2024年2月20日）

の現状を把握し、必要に応じて資源や機会を配分することで、すべての人に等しい成果をもたらすこと」とする。教育社会学者の志水（2023:21）は、平等と公正を「前者を形式的平等、後者を実質的平等」とし、「後者は難しい。個々のニーズに的確に応えながら、誰もが納得するような処遇の仕方（「えこひいき」とはみなされない）が求められるからである」と説明する。

　日本語指導を必要とする外国人生徒の多くは、日本語を母語としない生徒である。いわば、こうした外国人生徒は、日本語を母語とする生徒との比較の中で「公正でない評価」にさらされる危険性がある生徒でもある。それゆえに、「指導と評価の一体化」の取り組みが重要となる。

　では、実際の高校において、日本語指導が必要な生徒に対してどのような評価が行われているのか。文部科学省委託事業として筆者を含む研究チームで取り組んだ調査（東京外国語大学 2023）から、その実態を確認していこう。

3　公立高校での評価の実態とは

　文部科学省委託研究で取り組んだ調査とは、高校においての公正な評価と指導体制の在り方を探ることを目的に、神奈川県、大阪府、岐阜県の各教育委員会の協力を得

て行ったものである。神奈川県と大阪府とは、「入口支援」と「入学後支援」を全国に
先駆けて先進的に進めてきた２大自治体であるため、その詳細は、本書の第２章およ
び第３章を参照されたい。この２大先進的自治体に、日本語指導が必要な生徒数が全
国でも比較的多いにもかかわらず「入口支援」が進んでいない岐阜県を加えた。表４
は、この３自治体の主な項目を比較したものだ。日本語指導が必要な外国籍生徒につ
いて、表４の①は「中学生数」、②は「高校生数」を示したものである。これらをみる
と、いずれの自治体も、都道府県別に日本語指導が必要な生徒を比較して上位である
ことがわかる。だが、入口支援を示す③の「枠での合格者数」は、神奈川県は 134 名、
大阪府は 91 名であるが、岐阜県の７名と、大きく差があることがわかる。また④の
「措置の内容」については、岐阜県は取り組みが「なし」である。加えて、外国人生徒
にとっても学び直しの場として近年大きな役割を果たしている⑤公立夜間中学につい
ても（小島 2023b）、岐阜県ではいまだ「なし（０校）」である。このように高校の入り口
支援が先進的自治体である神奈川県と大阪府の高校と、取り組み途上の岐阜県の高校
を比較することで、学校教育現場のニーズにも応えうる無理のない先進的実践の提示
をめざした（小島・榎井・高橋 2023）。

　３つの自治体内にある全ての公立高校を対象とし、悉皆によるアンケート調査を
行ったところ、回答率の高い調査を実施できた（神奈川県 93.0％、大阪府 89.5％、岐阜県
100.0％、表５）。それゆえに、明確になった（1）公立高校での日本語指導が必要な生
徒の状況、（2）日本語指導が必要な生徒の見極め方法、（3）日本語指導が必要な生徒の
評価での工夫、の３点に絞って述べていきたい。

1　公立高校での日本語指導が必要な生徒の状況

　３つの自治体内の公立高校のなかでも、日本語指導が必要な生徒が「いない」高校
と「いる」高校に大きく分かれた。その実態を示したものが、表６である。日本語指
導が生徒の「いる」高校は、いずれの自治体も全体の約３割ほどであった。

　日本語指導が必要な生徒が「いる」高校について、生徒数と学校数を学校種別にま
とめたものが、表７である。合計の「生徒数 a」をみると、神奈川県が 741 人で最も
多く、その数が大阪府の約２倍、岐阜県の約 3.6 倍に値する。だが、「学校数 b」では、
神奈川県と大阪府はほぼ同数であるために、「１校平均 a/b」では、神奈川県の１校あ
たりの人数の多さが目立つ。さらに、学校種別に生徒数を比較することで、神奈川県
と大阪府では全日制（c 生徒数）が最も多いものの、岐阜県では定時制（e 生徒数）が最も

表4　3自治体の主な項目の比較

	神奈川県	大阪府	岐阜県
①日本語指導が必要な中学生数 *1	(2位) 1,071人	(3位) 1,060人	(9位) 406人
②日本語指導が必要な高校生数 *2	(3位) 615人	(4位) 352人	(8位) 203人
③枠での合格者数 (22年度) *3	134名	91名	7名
④措置の内容 *4	ルビ振り、時間延長、わかりやすい日本語での面接	時間延長、ルビ振り、辞書持ち込み可、他	なし
⑤公立夜間中学数 *5	県内3校	府内11校	なし (0校)

*1 文部科学省 (2023a) の「中学校」「義務教育学校 (後期課程)」「中等教育学校 (前期課程)」「特別支援学校 (中学部)」の合計数、( ) は都道府県別の多い順位

*2 文部科学省 (2023a) の「高等学校」「中等教育学校 (後期課程)」「特別支援学校 (高等部)」の合計数、( ) は都道府県別の多い順位

*3 表1の「❶枠の設置状況」の「c 前年度合格者」再掲

*4 表1の「❷措置の設置状況」の「e 内容」再掲

*5 文部科学省 (2023b) より作成 (2023年10月現在)

表5　アンケート調査・自治体別回答高校数について

	a. 依頼高校数	b. 回答数	回答率 (a/b)	回答高校数の内訳		
				全日制	定時制	通信制
神奈川県	157	146	93.0%	126	18	2
大阪府	172	154	89.5%	135	19	0
岐阜県	72	72	100.0%	61	9	2

出典／東京外国語大学 (2023:136) より筆者加筆

表6　日本語指導が必要な生徒が「いない」高校数と「いる」高校数

	a. 回答高校数	「いない」高校数	b.「いる」高校数 (b/a)
神奈川県	145	101	44　(30.3%)
大阪府	154	113	41　(26.6%)
岐阜県	72	51	21　(29.2%)

出典／東京外国語大学 (2023:137) より筆者加筆

多く、自治体によって傾向が異なることも明らかになった。なお、岐阜県においては日本語指導が必要な生徒が最も「いる」高校が定時制 (99人) で、次いで全日制 (49人) であったが、この2校だけの合計数 (148人) で県内全体 (204人) の約7割強を占めていた。

　これらの比較から、高校入試で「措置あり」の神奈川県と大阪府では、日本語指導

が必要な生徒に広く高校進学できる機会が与えられている一方で、「措置なし」の岐阜県では、限られた高校に集中しているという実態が浮き彫りになった。

表7　学校種別日本語指導が必要な生徒数、学校数、1校あたりの人数（平均）

	合計			全日制			定時制			通信制		
	a. 生徒数	b. 学校数	1校平均 a/b	c. 生徒数	d. 学校数	1校平均 c/d	e. 生徒数	f. 学校数	1校平均 e/f	g. 生徒数	h. 学校数	1校平均 g/h
神奈川県	741人	44校	16.8人	404人	28校	14.4人	327人	15校	21.8人	10人	1校	10.0人
大阪府	352人	41校	8.6人	288人	30校	9.6人	64人	11校	5.8人	0人	0校	―
岐阜県	204人	21校	9.7人	73人	15校	4.9人	131人	6校	21.8人	0人	0校	―

出典／東京外国語大学（2023:137）より筆者加筆

2　日本語指導が必要な生徒の見極め方法

　日本語指導が必要な生徒がいる高校からの回答を比較すると、「困り感がある高校」と「特に困り感を感じていない高校」に区分された。その違いとは、何か。この点に着目して分析することで、後者の高校では学内での「情報の共有と連携」によって、外国人生徒の教育や指導を学内全体で支える体制をシステムとして構築し、様々な実践が展開されていることが明らかになった。とりわけ、各校での実践では、「生徒を包括的に把握すること」が重要視されていた。いうなれば、生徒の授業中や指導中の「わからない」の一言が、日本語能力の問題なのか、他にあるのか、を見極めるために、生徒の成育歴や母語など生徒を包括的に把握して、指導上の手掛かりがとことん追求されていた。その具体的なプロセスを示したものが、図4である。

　公立高校進学をめざす外国人生徒は、図4に示すように、主に「一般の選抜」もしくは「枠（特別入学枠）」のいずれかの方法で受験する。「一般の選抜」のなかで行われる「措置（特別措置）」や「枠（特別入学枠）」を活用して高校に入学した生徒の存在は、高校では「日本語指導が必要な生徒」ということがとてもわかりやすい。しかし、定員内不合格を出さないという自治体の方針の下にある高校やいわゆる定員割れの高校では、たとえ日本語指導が必要な生徒であっても、その姿が「見えにくい」という問題が起きる。なぜならば、「一般の選抜」で入学した生徒のなかに、「隠れ日本語指導が必要な生徒」が含まれている場合があるからだ。

　そこで、「特に困り感を感じていない高校」では、何をしているか。合格発表後に入試とは別に、独自で面接やアセスメントを生徒に対して丁寧に行い、「一般の選抜」で入学した生徒のなかから、「日本語指導が必要な生徒」を見極めていた。では、こうした高校が、どのくらいあるか。入学後に個別面談を実施する高校数を示したものが、

図4　日本語指導が必要な生徒を見極めるためのプロセス

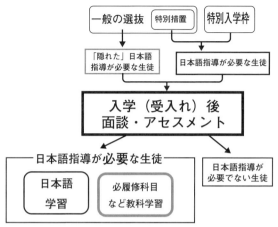

出典／東京外国語大学（2023:92）より筆者加筆

表8　入学後に個別面談を実施する高校数

	a. 計	b. 実施する (a/b)	実施なし
神奈川県	44	31 (70.5%)	13
大阪府	41	27 (65.9%)	14
岐阜県	21	6 (28.6%)	15

出典／東京外国語大学（2023:140）より筆者加筆

表8である。神奈川県と大阪府の公立高校では、約7割で実施されていた。そのなかでも、枠の高校での実施校は多く、神奈川県の全日制の枠の高校では14校中13校、定時制では2校中1校、また大阪府では8校中7校の高校で行われていた。

　高校で行う個別面談では、どんなことが確認されているか。表9は、個別面談での

表9　面談での確認事項

1. 名前（アルファベット表記を含む）	2. これまでの就学歴（出生からの成育歴）
3. 来日年齢と在住（滞日）年数	4. 出身国（母語）での教育歴など
5. 家族構成	6. 家庭内での使用言語
7. 宗教やアレルギーなどの配慮事項	8. 小中学校時の配慮事項
9. 進路希望／奨学金	10. 生徒の国籍とその在留資格
11. 生徒の母語の会話力と読み書きのレベル	12. 保護者の日本語力と母語力

出典／東京外国語大学（2023:93）より筆者加筆

確認事項をまとめたものだ。12項目すべての把握に取り組む高校は、計13校（神奈川県3校、大阪府10校、岐阜県0校）であった。

　面談方法は高校によってさまざまで、最も多かったのが通訳者の同席であった。また、生徒だけでなく保護者とも面談を行う高校、「生徒の生活環境をしっかりと目で確認するため」として生徒の家庭訪問を行う高校、さらに、出身中学校やNPO等と連携して生徒の実態を多角的に把握する高校もあった。

3　日本語指導が必要な生徒の評価での工夫

　図4に示したプロセスを経て、「日本語指導が必要な生徒」を把握した高校では、生徒にどのような評価を行っているのか。表10は、教科学習の期末試験などにおける「特別の配慮」をまとめたものである。ここで、前述の措置の内容（表2）を思い返していただきたい。表10に示した1〜6は、措置の内容（表2）と重なることがわかる。つまり、高校入試時の措置とは、入口支援としてだけでなく、入学後支援として、教科学習の期末試験などの評価においても「特別の配慮」として機能していたのである。

表10　教科学習の期末試験などにおける「特別の配慮」の内容

1. 問題文に漢字にルビ	2. やさしい日本語で書き直したものを使用
3. 時間の延長	4. 辞書の持ち込み・使用可
5. 言葉に関する質問は認める	6. 異なる問題を準備する
7. 筆記試験に変わる別の評価材料の比率を多く（レポート・プレゼンテーションなど）	

出典／東京外国語大学（2023:94）より筆者加筆

　では、こうした「特別の配慮」が「入学後支援」として、どのくらいの高校で根付いているのか。それを比較したものが、表11である。岐阜県では3割弱であったものの、神奈川県では約8割、大阪府では約7割の高校で行われていることが明らかになった。この差が、すなわち、高校入試時の措置の有無といえよう。

　なぜ、そこまで取り組むのか。これらに取り組む高校にその理由を尋ねたところ、

表11「教科学習の期末試験などにおける特別の配慮」に取り組む高校数

	a. 計	b. 配慮あり (a/b)	なし
神奈川県	44	36（81.8%）	8
大阪府	41	28（68.3%）	13
岐阜県	21	6（28.6%）	15

出典／東京外国語大学（2023:140）より筆者加筆

「生徒の自立や自己実現に向けた指導には必須だから」との回答であった。まさに、2020年指針がめざすことと繋がる。

4 「適切な教育」の在り方の提案

　これまでの分析を通じて、2020年指針が示すところの「外国人の子どもが社会で自立していくため」の「適切な教育」の実現においては、入試での枠や措置の設置推進とした「入口支援」だけでは、不十分であることが明確となった。というのも、「高校は義務教育ではないので、日本語が母語の生徒と平等に扱う」といった、いわば適格者主義が根強いがゆえに、「単位取得できない日本語指導が必要な高校生の中退はやむを得ない」という理解が、高校では問題視されないとする構造がある。さらに、教科の評価に管理職であっても口出しすることが難しい、という高校独特の「文化」もある。それによって、同じ自治体内であっても高校間で日本語指導が必要な生徒の評価のあり方が大きくわかれるというわけだ。そのことは、前節表11からも、明らかになったところだ。このようななかであっても、先進的な高校においては、「入口支援」に加えて独自の方法で、生徒への指導上の手掛かりが追求されていた。それは、日本語指導が必要とされる高校生の多くが複数言語環境に育つ生徒であるために、その特長に合わせた手順と手法でもあった。

　子どもの言語能力は一般的に「聞く」→「話す」→「読む」→「書く」の順で習得が進むものの、特に幼少期から複数言語環境で育つ子どもの場合は、この四技能の力にさらに大きな差があることが先行研究（櫻井2018など）からも示されている。そのため、先進的な高校の教員たちは、生徒の授業中や指導中の「わからない」の一言が、日本語能力の問題なのか、他にあるのか、を見極めることが必要であったために、面談やアセスメントを行いながら、生徒の成育歴や母語など生徒を包括的な把握に尽力されていた。まさに、生徒のニーズに合わせて、個別に異なる必要な支援を与えるとした、公正を重んじた指導である。たとえば、大阪の教員たちは、そのことを「しんどい子ほど手をかける」と表現されるが、ここでの「しんどい子」とは、問題児としての排斥でなく、厳しい環境のもとで学力や人間関係などに困り感を抱える子のことである。「しんどい子だから、ほっとかれへん」という、人情味も含む大阪独特の表現は、大阪の学校現場ではよく耳にすることばでもある。

　では、どのようにしたら先進的な高校が実践する「適切な教育」が、全国の高校で

も実現できるようになるのか。そこで、Cummins（2001）の「子どもの言語能力の3側面」理論に基づき、子どもの言語習得にかかる時間が異なることを重視した条件に改め、国が統一して「入口支援」として、高校入試での条件と配慮事項を示すことを提案したい。具体的には、教科学習言語能力（Academic Language Proficiency）の習得には少なくとも5年が必要とされていることから、バイリンガル理論の母語の形成を踏まえたうえで（中島 2018）、枠と措置の対象者を「日本の学校教育が6年未満の者」もしくは、「9歳以上で日本の学校に編入学した者」とした統一を国に求めたい。枠の設置においては、枠が機能するために、定員数の明示と「定員確保あり」のセットを必須とする。そして、措置で多くの自治体で採用しているルビ振りや時間延長は、すでに全国学力・学習状況調査でも採用していることから、同調査での「ルビ振り問題プログラム（解答時間 1.3 倍）」（国立教育政策研究所 2023）に準ずるべきであることも、同時に提案したい。

　入試時の措置の対象者については、「入学後支援」として教科学習の期末試験なども同事項が保障されることはいうまでもない。さらに、高校での日本語指導が必要な生徒への指導では、表面的な日本語のみならず彼（女）らの複数言語能力の見極めを通して、思考・判断・表現を支える教科学習言語能力を育てる教育が重視されるべきであり、そこでは、外国人生徒がもつ全ての言語レパートリーを資源として捉え、場に応じた柔軟な使用が評価されることを必須とする。なぜなら、二言語相互依存説（Cummins,1984）以降のマルチリンガル教育研究の系譜（Cummins,2001）や、トランスランゲージング教育論（García,2009; García, Johnson & Seltzer,2017, ガルシア , 2024）の概念とそれを支える調査研究に代表されるように、言語を介在させて多くの概念や認識を育てる教育が可能であるからである。

　全国に先駆けて、外国人生徒への指導と評価の一体化をめざす先進的な高校では、生徒の複数言語「を」評価するのではなく、生徒を複数言語「で」評価することで、生徒がもつ母語力を生かした日本語指導・教科指導を行い、それによって確実に生徒の教科学習言語能力を育てる教育が実践されている（東京外国語大学 2023）。なによりも、外国人生徒を複数言語で評価することによって、高校の教師ビリーフ（個人の経験等により作りあげられた個人的な意見や信念）が変容し、教師の気づきが具体的な教師の行動変化となって、外国人生徒の日本語指導・教科指導方法が変化することも明らかになっている（小島・櫻井・佐野 2022）。

　教科学習の期末試験などで「特別の配慮」を行う公立高校を実際に訪問したところ、

教科学習の評価では、日本語指導が必要な生徒に対しても同じ評価規準（学習指導要領の目標や内容、学習指導要領解説等を踏まえて作成）であるとしつつも、前述の表10に示した「7.筆記試験に変わる別の評価材料の比率を多く（レポート・プレゼンテーションなど）」することで、日本語能力に配慮し、適切な評価を受けられるように工夫がなされていた。つまり、公正な評価と指導の一体化によって、2020年指針が示すところの「外国人の子どもが社会で自立していくため」の「適切な教育」が実現されていた。目の前の生徒の個々のニーズに的確に応えながらの「工夫」こそ、外国人生徒の中退率の高さ等の課題を最短で解決できる方法であるだろう。

　最近では、公立高校入試の出願において、電子化が進んでいる。確かに利便性は高まっているものの、言葉の壁や文化の違いだけでなく、電子機器が自由に使用できないがゆえに取り残される人がいることを忘れてはならない。そのなかに、高校進学を希望する外国人受験生も相当数含まれると安易に想像できる（毎日新聞 2024）。それゆえに、外国人生徒の高校への進学促進化においては、出願方法を含めた入試制度などの「入口支援」から「入学後支援」についての自治体間にある大きな格差を、国が責任をもって是正していくべきである。

参考文献

榎井緑 (2021)『基盤研究 (C) ニューカマー外国人の教育における編入様式の研究』

外国人生徒・中国帰国生徒等の高校入試を応援する有志の会（2023）「2022 年調査　都道府県立高校（市立高校の一部を含む）の外国人生徒及び中国帰国生徒等への 2023 年度高校入試特別措置等について」

https://www.kikokusha-center.or.jp/shien_joho/shingaku/kokonyushi/other/2022/koko-top.htm

ガルシア・オフィーリア他（2024）『トランスランゲージング・クラスルーム─子どもたちの複数言語を活用した学校教師の実践』佐野愛子・中島和子監訳　明石書店

小島祥美編（2021）『Q&A でわかる外国につながる子どもの就学支援──「できること」から始める実践ガイド』明石書店 .

小島祥美・櫻井千穂・佐野愛子（2022）「CLD 生徒の教育に対する高校教師のビリーフ変容─二言語作文アセスメントを通して」『母語・継承語・バイリンガル教育（MHB）学会』18 号, 65-80.

小島祥美（2023a）「外国籍児の健康ならびに教育機会の確保にむけて」『多文化共生社会を支える自治体』旬報社

小島祥美（2023b）「公立夜間中学の設置促進・充実」『最新教育動向 2024- 必ず押さえておきたい時事ワード 60 ＆視点 120』86-89, 明治書籍

小島祥美・榎井縁・高橋清樹（2023）『高校における日本語指導が必要な生徒に対する公正な評価と指導体制の在り方』基礎教育保障学会第 8 回研究大会（9 月 2 日口頭発表）

国立教育政策研究所（2023）「令和 5 年度全国学力・学習状況調査解説資料中学校英語」教育課程研究センター

https://www.nier.go.jp/23chousa/pdf/23kaisetsu_chuu_eigo_1.pdf

毎日新聞（2024）「ネット出願、言語の壁」3 月 20 日朝刊・東海ワイド（東海地域・18 面）

文部科学省（2012）『いわゆる「適格者主義」について』初等中等教育局初等中等教育企画課教育制度改革室義務教育改革係

https://www.mext.go.jp/b_menu/shingi/chukyo/chukyo3/siryo/attach/1325908.htm

文部科学省（2021）「専ら外国人の子供の教育を目的としている施設（いわゆる「外国人学校」）の保健衛生環境に係る有識者会議・最終とりまとめ」2021 年 12 月

https://www.mext.go.jp/content/20220112-mxt_19876_m.pdf

文部科学省（2023a）『「日本語指導が必要な児童生徒の受入状況等に関する調査（令和 3 年度）」の結果を一部訂正します』1 月 13 日

https://www.mext.go.jp/a_menu/shotou/clarinet/genjyou/1295897.htm

文部科学省（2023b）『夜間中学の設置・検討状況』

https://www.mext.go.jp/a_menu/shotou/yakan/index_00003.htm

中島和子（2018）『完全改訂版 バイリンガル教育の方法（アルク選書）─12 歳までに親と教師ができること』アルク

櫻井千穂（2018）『外国にルーツをもつ子どものバイリンガル読書力』大阪大学出版会.

志水宏吉（2023）「コラム 2・公教育が大事にすべきもの」『外国人生徒と共に歩む大阪の高校─学校文化の変容と卒業生のライフコース』明石書店

東京外国語大学（2023）『2022（令和 4）年度〔文部科学省委託〕高等学校等における日本語能力評価に関する予備的調査研究事業・報告書』

https://www.tufs.ac.jp/blog/ts/g/cemmer/itaku/20224-1.html

山本 晃輔・榎井 縁（2023）『外国人生徒と共に歩む大阪の高校─学校文化の変容と卒業生のライフコース』明石書店

https://www.tufs.ac.jp/blog/ts/g/cemmer/itaku/20224-1.html

Cummins, J. (1984). *Bilingualism and special education: Issues in assessment and pedagogy.*

Multilingual Matters.

Cummins, J. (2009). Transformative multiliteracies pedagogy: School-based strategies for closing the achievement gap. *Multiple Voices for Ethnically Diverse Exceptional Learners, 11*(2), 38-56.

Cummins, J. (2001) Negotiating identities: Education for empowerment in a diverse society. California Association for Bilingual Education.

García, O. (2009). *Bilingual education in the 21st century: A global perspective.* Wiley-Blackwell.

García, O., Johnson, S. I., & Seltzer, K. (2017). *The translanguaging classroom: Leveraging student bilingualism for learning.* Caslon.

第2章

大阪における特別定員枠について

榎井　縁

1　「特別扱いする」ことを「特別視」しない大阪の教育文化

　大阪での公立高校におけるニューカマー生徒の受け入れについての研究を初めて20年近い年月が経過している。全国的な調査などでは「特別枠」制度といわれ、大阪では「日本語指導が必要な帰国生徒・外国人生徒入学者選抜制度」という名称を使っており、この制度を「枠」や実施校のことを「枠校」と学校現場では呼び、多くの学校現場関係者は「特別」の表現を極力使わない。それは、志水 (2022) のいう「公正重視する大阪の公教育理念」が脈打っているからである。子どもの背景は様々であり、多くの支援を必要とする子どもには、他の子どもに比べ手をかけていくことは必然でありそのことは決して「特別なこと」ではないという論理である。たとえば、障害のある子どもについては「特殊教育」から「特別支援教育」へと変わり、学校教育法上でも2007 年に「盲・聾・養護学校」が「特別支援学校」に変えられた。大阪では「特別支援学校」の名称ではなく「支援学校」を使用し、そのことに拘る。支援は必要なすべての子どもに行われるものであり「特別」でないことへの大阪の教育文化である。

　また、多くの自治体ではニューカマー生徒の教育支援の源流を 1991 年の文部省調査「日本語指導を必要とする児童生徒」に見出しているが、大阪の文脈は、反差別の民族教育運動を培ってきた在日朝鮮人教育との歴史的な連続の中に見出される。大阪の教育現場においては 1990 年代より「多文化共生教育」が謳われたが、公的教育においてニューカマーの子どもたちが日本語という同化教育のみにさらされないよう教職員たちが張った最初のバリアーという事実がある (榎井 2008-1)。在日コリアンとニューカマーは連続しており、その象徴とされるのが「ちがいを豊かさに」のスローガンであるといえよう。

　本章においては、そうした大阪で「枠校」がつくられた文脈とその特徴的な内実について論じていきたい。

2 「しんどい子」への教育保障の歴史

　大阪の公教育の特徴の一つとしてあげられるのが、マイノリティの子どもの教育権保障である。そこには長年に及ぶ同和教育の取り組みとその成果がある。同和教育とは、部落差別をなくすことを目的とし、戦後全国規模で展開されていった教育実践である。

　大阪では、1950年代「今日も机にあの子がいない」の言葉に象徴されるように、教職員組合や教育研究組織（大阪府同和教育研究協議会、大阪市同和教育研究協議会など）において、同和地区児童生徒の長欠・不就学に関する取り組みが本格化し、1960年代にかけては、同和教育推進教員の配置、教科書無償化運動、越境通学反対運動など行政への働きかけがなされ、1966年に大阪市、1967年に大阪府が同和教育基本方針を交付し同和教育に対する姿勢を明らかにした。

　こうしたなかで教師や行政関係者の間で育まれ、共有されていったのが「しんどい子」を中心に据えた教育の視点である。差別の現実から深く学び、そこから出発するといった同和教育の思想と教育実践が、多くの学校で大切にされていった。「しんどい子」という表現は、「社会的・経済的・家庭的に不利な状況にあって、教育課題を持つ子ども、そして学力や人間関係に課題を持つ子どもに対する愛着表現として使われる」とされる（新保2008：54）。とくに「進路保障は同和教育の総和」という共通認識がなされ、社会的に不利な子どもの進路を阻む制度として、奨学金や就職時の公正採用などの改善がなされてきた。

　こうした教育実践は、他のマイノリティへも敷衍され、障害児や在日外国人の子どもの教育保障へ拡大していく。1970年代以来、障害児が健常者と共に学ぶ教育―インクルーシブ教育―が促進され、1977年には障害のある生徒に対する高校入試時の特別措置が開始された。当初、拡大解答用紙のみだったが、その後、時間延長、点字受験、音声入力、文字盤使用、代筆解答、別室受験など、措置は拡張されていった。さらに1977年には、身体障害の生徒への受験配慮が進む一方、遅れがちであった知的障害のある生徒の高校進学に向けた取り組みも取り上げられ、1979年、同和教育に熱心に取組んでいた府立松原高校で「準高生」として知的障害のある生徒の登校が認められ、府立柴島高校でも同様の制度ができた（新保2008）。高校の「適格者主義」を突き崩すこうした動きは、すべての子どもの教育保障という観点から評価される。

そして、1989年、外国人生徒の入学特別措置制度（試験時間の1.3倍延長など）が初めてできるが、これは障害のある生徒に対する措置を援用する形で制度化された。

在日コリアンの教育権保障については、大阪では小中学校を中心に、民族学級・民族クラブ（以下、民族学級）の設置、韓国・朝鮮や在日コリアンに関する授業の実施、「本名」を呼び名乗る実践、進路保障などが行われてきた（中島2008）。中でも枠校に大きな影響を与えたと考えられるのが、民族学級の設置である。民族学級は、主として教育課程外に韓国・朝鮮の言葉や文化、歴史の学習を保障する時間・場であり、公立小中学校に設置されてきた。

1948年、阪神教育闘争で知られる朝鮮学校閉鎖後の動きのなかで、文部大臣と在日コリアン代表との間で覚書が交わされ、朝鮮学校閉鎖後の民族教育の可能性に道が開かれた。これを受け、大阪府知事との間に覚書を締結され、「朝鮮人児童・生徒の在学する大阪府下の公立小中学校に於いて、（中略）課外の時間に朝鮮語、朝鮮の歴史、文学、文化等について授業を行うことができる」とされた。覚書民族学級は、講師がやめると後任補充されずに数を減らしていったが、1972年の長橋小の民族学級設置は覚書に拠らないもので、その後、新規に民族学級が設置される契機となった。1991年の「日韓法的地位協定」の覚書では、課外で開設される民族学級の継続について、日本政府による配慮が確認されている（朴2008）。

民族学級の担当者は、「民族講師」と呼ばれる韓国・朝鮮をはじめとした主として外国ルーツの者であった。民族講師はごく一部が府費による常勤講師であり、大阪市では民族クラブ技術指導者招聘事業として対応してきた。

大阪府の枠校の大きな特徴に、基本的に1校につき1人、「民族講師」（のち「ネイティブ教員」）と呼ばれる教員の配置があげられるが、中国出身者を中心とした「民族講師」の配置は、在日コリアンの教育権保障に基づく民族学級の「民族講師」の考え方が援用されたものである。「民族教育を行うのは当該民族出身者である」という考え方が、在日コリアン教育からニューカマー教育に受け継がれている。

大阪の公立高校における在日コリアン教育の取り組みが始まったのは、1970年代ごろとされる。60年代末に、兵庫県立高校で部落出身の生徒や在日朝鮮人の生徒が学校の教員たちから顧みられずに自分たちの進路をどうしてくれるのかと声をあげ始め、それを受けた教員側の運動が始まった。その後、大阪をはじめとした他地域でも、公立高校で、朝鮮語科目の開設、進路保障、「本名」を呼び名乗る実践などが取り組まれた（中島2008）。

1988 年、大阪府教育委員会が「在日韓国・朝鮮人問題に関する指導の指針」を策定、この指針を具体化する研究団体として、1992 年に、大阪府在日外国人教育研究協議会（府外教）が設立された。同時に、府立高校や支援学校が集う大阪府立学校在日外国人教育研究会（府立外教）も結成された。府立外教は管理職も含めた府立高校全校加入の研究組織でもあり、大阪府立高校の外国人生徒の教育保障の進展に大きく関わる働きをしている。のちに見るように、府立高校の在日コリアン・ニューカマーを含めた外国人生徒をつなぐための行事・交流会やスピーチ大会などを組織として行うと同時に、教職員が知っておくべき外国人生徒に関わる在留関係の制度や就職や進学に関わる情報の共有などを積極的に図っている。

3　ニューカマーの子どもの教育課題の発見

　同和教育を始点としたマイノリティの教育権保障の運動や実践は、障害児教育や在日コリアン教育などへ広がっていったが、ニューカマー児童生徒の教育課題もこの流れの中に浮上してきた。その契機は、1980 年代後半、中国帰国児童生徒やベトナムなどからの難民児童生徒の課題が教育現場で確認されはじめたことである。

　1989 年、部落解放共闘会議の対府交渉の場で、中国帰国生徒の教育権保障が議題にあがり、同年、大阪府同和教育研究協議会が府内の小中学校を対象に「中国帰国生徒・ベトナム等渡日生徒の実態調査」を実施し、教育実践の交流が始められた。1990 年から大阪府同和教育夏季研究会の場で、中国帰国生徒に関する教育実践が報告されている（新保 2008）。

　府立外教では、1992 年という設立時期もあり当初から在日コリアンとニューカマーの課題の接続が図られた。設立総会では、ニューカマーの教育は、在日コリアン

1　1991年の「日韓法的地位協定」の覚書を受けた文部省が、「課外における韓国語等の学習の取り扱いについて、日韓両国民の相互理解と友好親善の促進の見地に配慮するように」との通知を発出。大阪市では1992年より「民族クラブ技術指導者招聘事業」を開始した。2007年からは「国際理解教育推進事業」へと移行している。

2　ただし、大阪市では、2017年3月に改訂された大阪市教育振興基本計画より、従来「民族学級」「民族クラブ」と呼ばれてきたそれが、「国際クラブ」へと名称が統一されることになった。それにともない、「民族講師」についても「国際クラブ指導者」となっている。実態としても児童生徒の多文化化は進展しており、中国や韓国・朝鮮以外の要素も取り入れた活動へと拡張が図られたと捉えることもできるが、在日コリアンの教育権保障として積み重ねられてきた実践、そこに込められた理念の希薄化も懸念される。

の教育成果に基づきながら進められるべきことが確認され、日本社会で生きていくために必要な日本語の取得、民族的アイデンティティの保持と相互の民族文化の理解、進路保障などの取り組みの推進が求められている。そして、日本語指導が「同化」であってはならないこと、「同化」を防ぐためアイデンティティ保障の取り組みが重要だということが確認されていた（中島2008）。

　枠校が設置されるようになった、大きな契機は、少子化や国際化などへの対応を図るために進められた、府立高校の特色づくり・再編整備である。大阪府教委は1999年に「教育改革プログラム」2003年に「府立高等学校特色づくり・再編整備計画」を策定する。そのなかで、同和教育や在日コリアン教育の取り組みが伝統的にあり、中国帰国生徒が多数在籍していた学校に、枠校の設置が持ち上がった。

　大阪府で最初に枠が設置された高校のひとつである門真なみはや高校の教員は、設置経緯について以下のように記述している。

　門真なみはや高校は、2001年に門真高校と門真南高校の統合によって設立された学校であり、開校と同時に枠が設置された。同校でニューカマー生徒支援が意識的に始まったのは、1996年、前身の門真高校に1人の中国帰国生徒が入学したことを契機とする。同校の学区内にある門真団地には、中国帰国者が集住しており、次年度からも入学が見込まれていた。学校側では取り組み強化のため、教員の中から中国帰国生担当を選出し、中国帰国生プロジェクトを設置。中国帰国生教育のあり方を議論し、指針としてまとめた。指針では、生徒のアイデンティティ保障を軸に、母語保障が重要であること、日本語指導は同化教育にならない形で行われるべきことが明記されていた。以降、指針のもとで中国文化研究部の活動や放課後の中国語学習、日本語の抽出授業が開始される。1999年度、2000年度には文部省の中国帰国子女研究指定校となった。

　このような実践に、高校再編の動きが接続される。府教委、門真高校、門真南高校の代表者で構成されたワーキングチームを中心に新校の方針が検討されるが、そのなかで、門真高校で行われていた中国帰国生の取り組みを新校に継承することが提案される。ここで重点課題となったのは、次の3つであった。第1に、母語の授業を教育課程の中に取り入れること、第2に、中国帰国生教育を非常勤講師として担っていた中国人講師（民族講師）の専任化、そして第3に、枠校の実現である。

　こうした課題は、新校への移行の中でほぼ実現されていくことになる。1つ目の母

語教育については、「中国渡日生小コース」が設置され、母語としての中国語教育の科目を開設することで実現された。2つ目の民族講師の専任化については、常勤講師（1年ごとの期限付き講師）として雇用されることとなった。

　そして3つ目の枠校の設置についても、中学校からの要望、教職員団体からの要求、府外教からの要望など、さまざまな手段を通じて枠校の必要性を府教委に訴えた結果、果たされることになる。ただ、学校側の要求は中国帰国生徒の特別枠入試であったが、実際に府教委が制度化したのは「中国帰国生徒及び外国人生徒入学者選抜」であった。つまり、外国人生徒も対象となり、教師らの要求を上回る形での制度化が実現されたのである。

（大倉 2006：筆者下線）

　その間も、府教委と高校教員らの頻繁な意見交換がされていた。当時、「中国帰国生・渡日生の問題を考える会」（以下、考える会）が結成されていた。10数名ほどの有志の高校教員による緩やかなネットワークであった考える会では、府教委の担当者との勉強会も重ねられていた。その中で、中国帰国生の教育に関する共通理解が府教委との間でも作り上げられていったという。この勉強会や、教職員団体による交渉などの中で、中国帰国生の課題は日本語習得だけでなくアイデンティティの問題であること、生徒と同じ文化的背景を持った民族講師による相談活動が重要であること、在日コリアンの場合は民族的アイデンティティの確立が重要視されているが、中国帰国生の場合でも同様であること、などが確認されていた（榎井 2008-2）。

　このように同和教育を起点としたマイノリティの教育権保障の流れと、大阪府教委の高校再編の流れが合流し、現場の教育実践とニーズが汲み取られる形で、大阪の枠校は設置された。大阪におけるマイノリティの教育権保障運動は、教職員の人事異動とも連携しており教育行政と一体になって推進される側面がある。枠校の設置も少なくない時間をかけ、現場の教員と教育行政の連携の中でつくられてきた。その中で共通理解されてきた、アイデンティティの保障や母語の重要性といった在日コリアン教育の基本原則が、枠校におけるニューカマー教育の中に受け継がれたことがわかる。

4　枠校の変遷

　大阪府では2001年に枠校が設置された。当初2校だった枠校は、現在8校にまで拡大されている（表1-1）。従来、枠校は大阪府の南部や東部に多かったが、2015

表1－1　枠校設置の変遷

大阪府における「枠校」の変遷			
年度	設置校（現在の学校システム）	位置	対象者
2001	①長吉高校（総合学科　エンパワメントスクール） ②門真なみはや高校（総合学科）	中部	小4以上編入
2002	③八尾高校（総合学科）	中部	
2003	④成美高校（総合学科）	南部	
2005	⑤布施北高校（総合学科　エンパワメントスクール）	中部	
			小3以上も可
2015	⑥福井高校（総合学科）	北部	
2017	⑦東淀川高校（普通科）	北部（大阪市）	
2022	⑧大阪わかば高校（多部制単位制Ⅰ・Ⅱ部　定時制 クリエイティブスクール　普通科）	中部（大阪市）	

年度、2017年度にそれぞれ北部に1校ずつ新設され、地理的な偏りの是正も図られた。2014年度以降、大阪府立の高校では学区が撤廃され、府内全域から出願が可能となっている。これまでみてきたように、枠校は現場からボトムアップ的につくられてきた経緯があったため、新たに設置するための議会対応、予算、学校の指定や教員の配置について、府教委の中でも慎重で丁寧な調整がなされてきた（橋本2023）。それでも、生徒の激増や多様化には十分対応しきれておらず、現在も府立高校に受け入れられる生徒たちの支援に関するハンドブックが作成されている最中である。

　枠校の対象者は、原則として小学校4年生以上の学年に編入した者である。ただし、概ね小学校3年以上でも日本語力に支障がある生徒や、小4以前に編入した場合であっても、その後に外国と往来があり日本在留期間の合計が6年以内の生徒などについては、府教委と要相談の上、弾力的な対応も図られている。対象が原則として小4以上編入となっている理由は、日本における小学校の教育を半分以上受けられていないとことに加え、小4からの学習は中学校の学習の基礎・基本となる内容が多く、その時期に渡日した子どもたちにとっては、高校進学期においてもなお、学習過程のなかで大きなハンディキャップを持っていると考えられるため、とされる。

　近年、神奈川県において、枠校を受験できる対象者が、来日3年から来日6年に拡張されたことにより、日本語の習得が充分ではない滞日年数が短い生徒に、不利益が生じるといった議論がされている。しかし、大阪の場合入試科目に国語がなく、これは全国でも稀有であるといえる。つまり、選抜において、日本語による不利益が極力

抑えられていることが特徴的である。

　入試科目は数学、英語、作文であり、作文は、生徒の希望する言語の使用が認められており、少数言語にも可能な限り対応される。作文は2016年からは点数化されず、扱いは各高校に委ねられている。中学からの調査書提出は必要なく中学時代の成績は考慮されない。

　枠校の内訳は、総合学科が4校、総合学科（エンパワメントスクール[4]）が2校、普通科が1校、単位制Ⅰ・Ⅱ部制が1校で、柔軟に受講科目を組むことができる高校が多い。また、これらの高校の一般枠の入試難易度は、相対的に低い。模擬テスト実施会社や大手家庭教師会社が公開している情報に基づくと、いわゆる「偏差値」に該当する数値は30台前半〜後半が2校、30台後半〜40台前半が3校、40台が2校となっている。定員割れが起こる場合もあり、定員内不合格を出さない大阪においては、小4以降の編入でも一定以上の学力が認められる外国人生徒の場合は、枠を利用せず一

表1-2　選抜における特別措置の変遷

大阪府における日本語指導が必要な帰国生徒等に関する選抜時の配慮の変遷		
年度	配慮事項	対象
1989	検査時間延長	小4以上編入
1990	日中辞典の持ち込み可	
1991	日越辞典の持ち込み可	
1993	「ふりがな票」の配布	
1995	問題へのルビ打ち	
1996	小論文における翻訳	小2以上編入
1996	辞書の持ち込み2冊まで可（すべての言語　日比／比日など）	
2000	作文・小論文キーワード外国語併記	
2006		小1以上編入
2016	自己申告書の代筆	

3　大阪府では「普通科」と「総合学科」を組み合わせた「普通科総合選択制」を独自の制度として設けてきたが、近年は「総合学科」として再編されている。「総合学科」は普通科と比べて「福祉」や「国際」などコースに即した専門科目から授業を選択することができる。

4　エンパワメントスクールとは、中学校までに学習の「つまずき」を経験してきた生徒を中心に、「基礎学力」「考える力」「生き抜く力」を育むことをコンセプトとした学校。30分授業や習熟度別授業などが各校で積極的に取り入れられている。2015年度から運用され、長吉高校は2015年度に布施北高校は2017年度に移行している。

般入試でも入れる状況があった。しかし近年、エンパワメントスクールへの移行など に伴い、不登校や学び直しを求める幅広い生徒からのニーズが、枠校に集まるように なっている。そのため、入試の倍率が上昇し、以前であれば一般入試で受験していた ようなニューカマー生徒が、枠校へと流れる傾向も見られる。結果として、枠校を不 合格となる生徒も増え、ニューカマー生徒が様々な高校に分散する状況も散見される という（榎井2022）。

　枠校とは別に、1991年から「海外から帰国した生徒の入学者選抜」も行われてい る。これは、主に国際系、英語系のコースがある高校（2019年度現在19校）に設けら れており、応募資格は海外に継続して2年以上滞在し、帰国後2年以内の者となって いる。国籍は問われない。入試科目は数学・英語・面接（使用言語は日本語）である。

　また受験校を問わず、1989年から入試時の特別措置も行われている（表1-2）。当 初、配慮事項は試験時間の延長のみ、対象者も原則として小学校4年生以上の学年に 編入した者だったが、配慮事項の拡大が図られ、対象者の条件も徐々に広げられた。

5　特徴的な枠校のシステム

　特徴的な枠校のシステムとしては、（1）外国人生徒支援のための校内拠点、（2）外 国人生徒支援をする教員組織の位置付け、（3）独自のカリキュラムなどがあげられる。 また共通する実践として、（4）部活動、（5）進路指導、（6）一般生徒との交流、（7） ロールモデル（先輩など）とのつながり、（8）校外活動への参加などがあげられる。

1　外国人生徒支援のための校内拠点

　各校にはより手厚い支援を提供するための、外国人生徒支援の校内拠点（特定の教室） が設置されている。校内拠点は、「居場所」、「文化活動のスペース」、「学校からの連絡 事項を受け確認する場」、「日本語学習の場」、「母語教育を受ける場所」などとして機能 している。校内拠点での活動はクラブのような位置付けとなっておりその名称には特 徴がある。初期に枠が設置された学校では、中国にルーツを持つ生徒の受け入れが多 く、中国に関係する名称がつけられていたが、年々受け入れる生徒のルーツが多様化 していく中で、「多文化」の言葉が使用されるようになり、近年は多様な生徒を象徴す るような名称も用いられている。

2 外国人生徒支援にあたる教職員組織

　各校では、外国人生徒を支援する教職員組織が編成されている。学校により名称や組織形態が違っているが、学校の体制内に明確に位置づけられていることに変わりはない。長吉高校では校内分掌として「人権文化部」が設置され、外国人生徒支援の中心的役割を担う。布施北高校では校内分掌として「人権教育部」の担当者の約半数が外国にルーツのある生徒の対応を担当する。成美高校は「人権教育推進委員会」に含まれており、東淀川高校は「総務部」の中に位置付けられている。門真なみはや高校は「渡日生プロジェクト」という名称で、外国人生徒指導の中心的役割を担っている。また、福井高校には「多文化共生プロジェクトチーム」が設置されている。大阪わかば高校は「進路部」に「多文化共生・日本語チーム」が含まれている。

　外国人生徒を支援する教職員組織には、ネイティブ教員と日本人のコーディネーターがいる。各枠校では様々な立場の教員が外国人生徒支援に関わっており、非常勤も含む日本語担当教員、外国人担当教員、ネイティブ教員、そして抽出授業の担当教員、教育サポーター、母語を担当する特別非常勤講師など多岐に渡っている。この教職員組織が、システムとしても外国人生徒の指導に大きな役割を果たし、その結果、各校において外国人支援は学校文化として浸透し、一般教員も積極的に外国人生徒の支援や指導に携わるような動きもみられている。

3 カリキュラム

　各校では、日本語指導・教科指導時の抽出授業・母語指導が共通して行われている。まず、日本語指導は、学年で時間数が異なる学校もあるが、週2時間以上は取り組まれている。その際、より確実な支援をしていくために、教科の免許と日本語指導の資格を併せて持っている教員が配置されていることも少なくない。枠校の多くには、両方の免許を持っている教員が数名おり、抽出授業を担当することもある。学校のシステムが異なるため、各枠校の抽出授業の設定方法もそれぞれ異なる。たとえば、授業編成の関係から、特定のクラスに外国人生徒を固めて在籍させている学校もあれば、生徒の日本語能力に応じて抽出授業を設定している学校もある。また、学年によっては生徒が所属している元の学級に戻しつつ支援を継続させるような学校もある。

5　当初の対象者は「海外に継続して3年以上滞在し、帰国後1年以内の者」とされていた。

日本語や教科学習だけではなく、各校は、外国人生徒の母語も重要視している。枠校においては、週2時間以上の母語学習の時間が保障され、単位として認定されている。たとえ、その言語の生徒が一人であったり、希少な言語であっても、対応できる講師を探し母語の授業の開講をめざすという方針は大阪府全体として貫かれている。ただし、母語学習の質についての全体としての基準などは設けられていない。

4　外国人生徒の部活動

前項で取り上げた外国人生徒支援の校内拠点は、部活動を通じ外国人生徒の組織づくりをする機能がある。長吉高校では「多文化研究会」、八尾北高校では多文化共生部「オアシス」、布施北高校では「中国文化研究部（多文化研究部）」成美高校では、「中国文化『春暁』倶楽部」と中国ルーツ生徒以外の「国際文化部 One World」、門真なみはや高校では「多文化交流部」、福井高校では「コスモス」、東淀川高校では「くろーばぁ」、大阪わかば高校では「WING」が生徒たちの所属する部活動として位置付けられている。部活動では生徒が放課後集まって日本語検定や英語検定のための勉強をしたり、文化祭前やスピーチ大会など発表を行うための練習を行っている。

また、この部活動は、様々な交流会や地域イベントに参加し、民族舞踊や各国料理など文化紹介をして地域社会への貢献をしている。成美高校の中国にルーツを持つ生徒が所属する部活動は獅子舞で名が高く、卒業生も加わり、地域イベントでの活躍が恒例化している。また、主要駅等で外国人観光客を案内する通訳ボランティアには、ほぼ全枠校の外国人生徒が参加している。この部活動は校内だけでなく、他の枠校の生徒と出会う交流の機会ともなっている。これらの取り組みは、各枠校が認知・評価され、外国人生徒たちの自尊心を高め、母文化や母語に対する誇りを育成することにつながっている。

5　進路・キャリア指導

各校に共通した特徴として、進学を目指す生徒が多いことが挙げられる。それは入学直後から、ネイティブ教員をはじめとする担当教員たちによって、進路への動機付けがされ、AO入試や外国人特別入試なども活用するため、日本語検定や英語検定試験を受けたり、積極的にボランティア活動をしたり、大学生活をイメージするため1年次からオープンキャンパスに連れていく等している。卒業生の8割以上が大学に進学という枠校もある。

これまでは、外国人生徒たちの経済状況が不安定で家庭状況が厳しいが、漢字圏の生徒が多く学力が比較的に高かったため、進学するものが多かった。しかし、昨今の社会状況の中、家庭の経済状況が悪く就職する以外の選択がないケースや、就職の際にハードルとなる「在留資格」（たとえば家族滞在のままでは就職できない）といった複雑な問題も起きている。こうしたことについても、全体で情報を共有し、各校での対応が始まっている。在留資格を問わない奨学金を探したり、入管への同行などを含め、きめ細やかな指導がされている。

この間、大学や専門学校に進学を果たしても、日本語の壁や経済的な問題で中退してしまう状況が少なからず生じているため、単に偏差値のより高い大学を目指すのではなく、学業継続や大学卒業後の就職までを見据えた「面倒見がいい大学」をなるべく探るといったことが担当教員によって語られている。

6　一般生徒との交流

一般生徒との交流を促進するために、八尾北高校、布施北高校、門真なみはや高校では、外国人生徒を紹介する場を提供している。具体的には、新入生向けの説明会などを利用して、外国人支援拠点の紹介と外国人生徒の自己紹介が全校に向けて行われる。日本人生徒側へ外国人生徒が授業を行うというものもある。長吉高校では、多文化関連の科目である「ワールドスタディ」という授業で外国人生徒が出身国に関するスピーチを行ったり、成美高校では、毎年2回に全校をあげた中国文化に親しむための「多文化理解講演会1」と中国以外のルーツ生の母国文化に関係する「多文化理解講演会2」において、外国人生徒が活躍する姿が見られている。福井高校では、外国人生徒が母語担当教員の協力のもと各国の料理を日本人生徒や教員にふるまう会が催されている。東淀川高校では、一般生徒に外国人生徒の勉強の丸つけボランティアを募る形で交流する機会をつくっている。

7　ロールモデル（先輩）とのつながり

多くの枠校では、卒業生との繋がりを重視している。各枠校は、卒業生の力を大事にし、八尾北高校は外国人支援拠点の先輩と交流する場を設定している。また、成美高校は枠校の一期生からの繋がりが継続され、それらの卒業生が獅子舞などの文化活動をはじめとする様々な活動の指導にあたっている。東淀川高校は、進路ガイダンスなどで他校の生徒との出会いの場を設け、地域の大学生との交流の機会を作っている。

枠校を卒業した生徒が、教員採用試験を通って府立高校に戻ってくるというケースも見られている。そのなかには枠校に着任し、外国人生徒を指導・支援している教員も数名いる。こうしたロールモデル（先輩）と在校する生徒たちを意識的につなげる努力は各校で見られており、そのことが生徒たちの大きな励ましとなっている。

8 校外・地域活動への参加

外国人生徒は、特に府立外教が主催する各種イベントにも積極的に参加している。たとえば、自分自身のことや日々考えていることなどについて、日本語と母語の作文をもとに、母語でスピーチをするイベントや、枠校の生徒がルーツ毎に集い母国文化について触れるイベントなどがある。こうしたイベントへの参加を通して、生徒は自身のルーツについて自信をもつことができたり、同じルーツの交友関係を広げたりすることができる。

また、「府内高校生による訪日観光客への案内通訳ボランティア」や、内外から参加者が集う「大阪マラソン」へも、教員の声かけのもと積極的に参加がなされている。こうした、母語を用いて活躍できる場をもつことにより、生徒の自己肯定感が向上するのと同時に、進学時におけるアピールポイントにもなっている。

9 枠校での人的配置

枠校が設置される際には、選抜での配慮だけではなく入学後の教育環境の整備も同時に進められていった。それは、前述したとおり教育行政側が学校現場からの要請に応えながら制度を作っていったからだともいえよう。具体的には、担当教員の配置や支援のための教職員の組織化、外国人生徒支援の校内拠点の設置、特別なカリキュラムの編成などが整えられている。

外国人生徒の具体的な指導については、外国人生徒担当教員と「ネイティブ教員」と呼ばれる外国ルーツの教員が中心になって進められている。ネイティブ教員は、東淀川高校を除く7校に加配の形式で配置されている。基本的に中国出身者であり、長年「民族講師」と呼ばれてきた。ネイティブ教員は、生徒たちの母語指導、母語による教科学習指導、課外活動の指導、進路指導、保護者へのサポートなどを行っている。枠校のネイティブ教員の源流には、前述したとおり在日コリアン教育における民族学級と、そこでの民族講師の実践がある。子どもたちのアイデンティティの保障のためには母語が重要であること、母語の学習には同ネイティブの教員があたらなけれ

ばならないこと、生活上の相談や保護者との連絡のためにも同ネイティブの教員の役割は大きいことなど、実践の積み重ねのなかで結晶化されてきたこれらの考え方が、ネイティブ教員の配置にも受け継がれている。

ネイティブ教員については、歴史的経緯の中で、雇用の安定化も図られた。もともと2001年以前より非常勤講師として生徒たちの母語指導などにあたってきたネイティブ教員たちは、2001年に枠校が制度化された際、常勤講師となったが、1年ごとに契約が更新される期限付き講師であった。そのため、教職員らはネイティブ教員の雇用の安定化を府教委に要求し、その結果、2010年より「中国語」教員の採用試験が開始された。当時の枠校にいた5人のネイティブ教員は、教員採用試験を受けて採用される形で契約期限のない常勤講師に移行したが、採用試験は一般に開かれたものであり、当該教員が不採用となる可能性もあった。結果として懸念された事態は起こらず、当時の非常勤講師の教員全員が採用されたのだが、単に中国語の能力だけでは枠校の生徒の指導ができないことを、採用にあたった府教委が理解していた点も大きい。

各校にはその他、日本語指導充実加配として日本語指導教員が配置されているほか、日本語指導や母語指導のための非常勤講師や特別非常勤講師の配置なども行われている。特別非常勤講師の配置については、府教委の「学校支援人材バンク事業」として行われており、教員免許状をもたないが専門性の高い社会人が人材登録を行い、学校側の依頼に応じて一定期間配置される形をとる。

なお、母語指導については、どのような少数言語であっても、生徒の母語を話せる人材を探し出して対応しようとする姿勢が各校に見られる。たとえば、同じスペイン語の教師であっても、南米系のスペイン語話者と欧米系のスペイン語話者は区別し対応されている。

日本語指導については、「日本語教育学校支援事業[7]」も活用されている。この事業の対象はすべての府立高校となる。(すべての府立高校対象の支援施策は表1-3のとおりである)2005年度から開始された同事業では、生徒の母語を理解する者を教育サポーターとして派遣し、生徒個々の多様な生活背景や、これまでの学習状況などをふまえた指導

6　外国籍の教員採用については、「任用の期限を附さない常勤講師」であり、日本人の「教諭」とは区別されている。ただ、大阪府ではその職名を「教諭（指導専任）」としている。

7　「日本語教育学校支援事業」の内容ついては、（新矢2008）を元に、著者が現行のものを2021年7月に府教委に問い合わせ、修正したものである。

の補助などを行っている。その内容は、授業での通訳、日本語指導、教科指導、母語・母文化指導、進路実現のための指導、母語による悩み相談、保護者懇談などの通訳、緊急時の翻訳など多岐にわたる。教育サポーターは、各年度の始めに各校からの

表1-3 大阪府立高校における外国人生徒向け施策

内　　　容	対　象	概　　　　　要	備　考
教員加配	生徒	日本語指導の必要な生徒が在籍する学校に対して常勤職員を加配。	
非常勤講師	生徒	日本語指導が必要な生徒が在籍する学校からの要望に応じて非常勤講師を配当。	
教育サポーター一般派遣	生徒	生徒の母語・母文化を理解する人材を教育サポーターとして派遣し、生徒個々の多様な生活背景やこれまでの学習状況等を踏まえた指導補助及び学校生活をサポートする。府立高等学校に対して派遣。1回あたり2時間。	委託（※）
懇談等通訳派遣	生徒　保護者	保護者懇談等において教育サポーターを通訳者として派遣。派遣回数は生徒一人につき年間原則1回派遣。1回あたり2時間。	委託（※）
多言語学習支援員の派遣	生徒	自身が渡日等生徒等であり大学等在学者を多言語学習支援員として学校に派遣。主に放課後に、生徒が抱える悩み等に対してのアドバイスや、日本語指導や学習支援及び進路指導等に関する支援を行う。1校あたり年間最大20回。1回あたり4時間程度。	
帰国・渡日生徒のための進路支援説明会	生徒　保護者　教員	帰国・渡日生徒が主体的に進路を選択できるよう、進学や奨学金に関する情報を、通訳を交えながら多言語で提供する進路支援説明会を実施。大阪府立学校在日外国人教育研究会との共催。	
高校生活オリエンテーションの実施	生徒　保護者	帰国・渡日生徒の新入生を対象に高校生活オリエンテーションを実施。授業料や奨学金制度、学校への提出書類や日本の高校生活について、通訳を交えての説明や入学に係る提出書類の記入を支援する。例年3月末に開催。 大阪府立学校在日外国人教育研究会との共催。	委託（※）
日本語指導専門員の派遣	教員	日本語教師有資格者（またはそれに準じる者）を専門員として学校に派遣し、教育サポーター・教員への指導助言を行う。	委託（※）
日本語指導担当教員研修	教員	教員向け研修として「多言語生徒支援研修会」を年4回開催。	
教育サポーター育成研修会及び	教育サポーター等	教育サポーター等としての活動を希望する人を対象に、学校システムや多文化共生の理解を深める研修や交流会を実施する。令和5年度は11月21日（火）及び12月14日（木）に開催。	委託（※）
教育サポーター交流会	教育サポーター	教育サポーターを対象に、スキルアップ研修や交流会を実施。令和5年度は12月14日（木）に開催。	
人材・教材情報の提供	教員　教育サポーター	日本語教育等に関する相談を行うとともに、生徒のサポートに必要な多言語の教材や教育サポーターなどの人材情報を集約し、学校に提供する。	委託（※）
ＩＣＴの活用による遠隔支援	生徒	日本語指導のノウハウがある府立高校の教員が、日本語能力試験においてレベルの認定をめざす生徒を対象に、タブレット等のＩＣＴを活用して遠隔により日本語指導を行う。	

（※）令和4年度から大阪YMCA日本語教育センターに委託

大阪府教育委員会の資料より

要請を受け、府教委が必要だと判断すれば、登録サポーターのなかから人材のマッチングを行い、派遣されることになる。

　また、教育サポーター派遣以外でも、教育サポーター育成のための研修、日本語指導担当教員などの研修、日本語教育学校支援専門員（日本語教師有資格者またはそれに準じる者）の派遣、多言語学習支援員の派遣（日本語指導が必要な生徒が抱える悩みなどへのアドバイス）、教材などの情報提供、通訳者の派遣、高校生活オリエンテーションの実施（高校入学予定の生徒やその保護者を対象とした高校生活に関する情報提供）、などが行われている。

　事業を推進するにあたり、大阪府日本語教育支援センター（通称、ピアにほんご）が設置された。ピアにほんごでは、高校の日本語指導担当教員や教育サポーターが必要とする情報や、日本語教材をはじめとする資料が収集・提供され、各種の相談を受け付けている。ピアにほんごの運営は、NPO法人おおさかこども多文化センター（通称オコタック）に事業委託されていたが、現在は学校法人大阪YMCAが行っている。オコタックは大阪府教委の働きかけのもとに作られた組織で、枠校に関わっていた元管理職も含めた教員たちが主流メンバーとなっていることが特徴的である。

　以上見てきたように、大阪で外国人教育を推進したアクターは教員集団である。とくに教育運動的な歴史を背景とした、実践・調査研究・提言する教育研究組織が1990年代につくられ、教育改革等と共に教育行政とも親和的な関係性の中でシステムが整えられてきた。また、同和教育や障害児教育、在日コリアン教育と同じく「マイノリティの教育保障」が実践現場からの声を受けながら蓄積されてきた。とくに、在日コリアン教育との連続によって、アイデンティティを育むための母語・母文化保障と担当教員としてのネイティブ教員が位置付けられたことが特徴的である。また、歴史的に日本語教育が積極的にすすめられてきたということがなかったため、日本語指導も含めネイティブ教員が枠校の中で果たしてきた役割は大きかった。

　また、大阪の特徴として中国帰国者をはじめとする中国籍の生徒が多かったため、中国人のネイティブ教員が見てきたような重要な役割をしてきた。ただ、この数年生徒の多国籍・多文化化が進行しているため、以前のように「ネイティブ教員」が機能しなくなっていること、そうした中で日本語指導を担当する新たな日本人教員たちが求められていることも特徴的といえる。

参考文献

榎井縁（2008-1）「『多文化教育のいま』を考えるにあたって」『解放教育』No.493 明治図書 pp.7-23

榎井縁（2008-2）「子どもをつなぐ支援ネットワークづくり」志水宏吉編『高校を生きるニューカマー ——大阪府立高校にみる教育支援』明石書店 pp.117-135

榎井縁（2022）「大阪の多文化共生教育—公立学校の外国人教育研究組織に着目して—」高谷幸編『多文化共生の実験室——大阪から考える』青弓社 pp.36-62

中島智子（2008）「連続するオールドカマー／ニューカマー教育」志水宏吉編『高校を生きるニューカマー ——大阪府立高校にみる教育支援』明石書店 pp.57-74

大倉安央（2006）「高等学校における母語教育」『言語的マイノリティ生徒の母語教育に関する日米比較研究』平成15-17年度科学研究費補助金基盤研究(C)(1) 研究成果報告書

橋本光能（2023）「教育行政から見る『枠校』配置の経緯」山本晃輔・夏井緑編『外国人生徒と共に歩む大阪の高校——学校文化の変容と卒業生のライフコース』明石書店 pp.51-59

朴正恵（2008）『この子らに民族の心を——大阪の学校文化と民族学級』新幹社

志水宏吉（2022）「公正を重視する大阪の公教育理念」高谷幸編『多文化共生の実験室——大阪から考える』青弓社 pp.214-233

新保真紀子（2008）「同和教育を土壌とする学校文化とニューカマー教育」志水宏吉編『高校を生きるニューカマー ——大阪府立高校にみる教育支援』明石書店 pp.46-56

新矢麻紀子（2008）「府立高校における日本語教育支援」志水宏吉編『高校を生きるニューカマー ～大阪府立高校にみる教育支援』明石書店 pp.103-116

第3章

神奈川の特別枠「在県外国人等特別募集」
──継続調査を踏まえた行政と NPO の協働による拡充のプロセス

吉田美穂

1 神奈川県の在県外国人特別募集の概要

　神奈川県の公立高校の入学者選抜では、1995 年に、滞日年数が短い外国人生徒を対象とする特別枠として在県外国人等特別募集 (以下、在県枠) が県立高校 1 校で始まり、その後、校数・定員とも拡充されてきた。神奈川県の高校入試では基本的に定員内不合格が出されることはなく[1]、在県枠もその定員内であれば入学することができる。在県枠は、2024 年度入試では、公立高校 20 校において定員 205 人が募集された (表 1 参照)。選考方式は学力検査と面接で、学力検査の 3 教科 (国語・数学・英語) はルビ付きの日本語で出題される[2]。在県枠の要件は、開始時には外国籍を有し在留期間が 3 年以内の者とされていたが、2022 年度入試からは在留期間が 6 年以内へと拡大された[3]。校数・定員数だけでなく、要件の面でも、より多くの外国につながる子どもが進学できる条件を整えようとする教育行政の姿勢が示されている。

　なお、神奈川県の場合、海外帰国生徒特別募集 (以下、帰国枠) が在県枠とは別に設けられている。帰国枠の要件は、原則として保護者の勤務等の関係で、継続して 2 年以上外国に在住して 3 年以内に帰国した者で、2024 年度入試では 8 校で定員 115 人の募集がある。

　本稿では、主に在県外国人等特別募集について、その設置から拡充に至る過程を追いながら、そうした変化を生み出してきた背景にあるものを分析する。

1　不正行為または妨害行為を行った者を除き、募集人員まで合格者を決定することとなっている。

2　全日制の一般の入試は、国語・社会・数学・理科・英語の 5 教科が原則である。

3　2024 年度入学者選抜の実施要領では、「外国の国籍を有する者(難民として認定された者を含む)で、入国後の在留期間が通算で 6 年以内の者(2 月 1 日現在)。なお、日本国籍を取得して 6 年以内の者(令和 6 年 2 月 1 日現在)は外国の国籍を有する者とみなす」とされている。なお、在留期間については、「日本における学齢期以降 (小学校第 1 生以降) で計算」することとなっている。

表1　2024年度神奈川県公立高等学校入学者選抜 在県外国人等特別募集校の課程・学科・定員

	在県外国人等特別募集枠設置校	課程	学科	定員
1	県立新栄高等学校	全日制	普通科	7
2	県立橋本高等学校	全日制	普通科	10
3	県立高浜高等学校	全日制	普通科	7
4	県立大和南高等学校	全日制	普通科	10
5	県立伊勢原高等学校	全日制	普通科	10
6	県立愛川高等学校	全日制	普通科	10
7	横浜市立横浜商業高等学校	全日制	国際学科	4
8	県立鶴見総合高等学校	全日制・単位制	総合学科	20
9	県立横浜清陵高等学校	全日制・単位制	普通科	13
10	県立横浜旭陵高等学校	全日制・単位制	普通科	7
11	県立川崎高等学校	全日制・単位制	普通科	12
12	県立大師高等学校	全日制・単位制	普通科	10
13	県立相模原弥栄高等学校	全日制・単位制	普通科	10
14	県立藤沢総合高等学校	全日制・単位制	総合学科	7
15	県立座間総合高等学校	全日制・単位制	総合学科	10
16	横浜市立みなと総合高等学校	全日制・単位制	総合学科	6
17	川崎市立川崎高等学校	定時制・昼間部	普通科	8
18	県立横浜明朋高等学校	定時制・午前部	普通科	7
	県立横浜明朋高等学校	定時制・午後部	普通科	7
19	県立相模向陽館高等学校	定時制・午前部	普通科	10
	県立相模向陽館高等学校	定時制・午後部	普通科	10
20	横浜市立横浜総合高等学校	定時制・Ⅱ部（午後）	総合学科	10
定員合計				205

出典：神奈川県教育委員会「令和6年度神奈川県公立高等学校生徒募集定員数」

2　在県枠の設置─1990年代の神奈川県の外国籍県民施策を背景に

　神奈川県は、在日韓国・朝鮮人をはじめとする外国籍県民施策において先進的な県政を行ってきた自治体である。1975年から20年続いた革新系の知事のもと、1984年には全国初の外国人の生活実態調査が行われ（石川・榎井ほか2020）、同じ年には神奈川自治総合センターから『神奈川の韓国・朝鮮人──自治体現場からの提言』

が刊行されている。教育や福祉における外国籍県民への差別をなくし、共に生きることを目指して、1986年には川崎市教育委員会、1990年には神奈川県教育委員会、1991年には横浜市教育委員会が、在日外国人生徒の教育に関わる教育基本方針を策定した。こうした流れを受けて1992年には、神奈川県在日外国人に関わる教育研究協議会が設置され、1994年には報告書『民族共生の教育を拓こう——ふれあい教育をさらに豊かにするために』がまとめられている。この報告書に提言として盛り込まれたのが、「高校進学の機会をより確かなものにするため、帰国生徒と同様に在日外国人生徒の特別枠を導入すること」(p.45)であった。1995年の在県外国人等特別募集の開始は、こうした政策の流れの中にあったといえる。

　この背景には、多様なルーツの外国人を受け入れてきた神奈川県の地域の状況と、それに呼応した県民の取り組みがあった。在日・韓国朝鮮人が多く住む川崎市や横浜市鶴見区などでは、1970年代から教員や市民によって在日・韓国朝鮮人に関わる教育実践が積み上げられてきた。さらに1980年ころからは、さまざまな国籍の人々とその子どもたちが新たに神奈川県に居住するようになる。大和市に設置された難民定住促進センターの周辺に住むインドシナ系の人々、中国帰国者、フィリピンなど東南アジアからの出稼ぎの人々などである。そこには少なくない子どもたちも含まれていた。さらに、1990年代以降は入管法改正により、多くの日系人家族が子どもを伴って来日した。県内各地で、こうした子どもたちに対するボランティアの学習支援教室が広がっていったのである（吉田2010a）。

　ニューカマーの子どもたちが増加する中で、大きな課題となったのが高校入試の壁であった。在日・韓国朝鮮人教育の時代から在日外国人教育に取り組んできた高校教員と、ニューカマーの急増を背景に地域でボランティア学習支援に取り組むようになった市民が連携して、日本語指導が必要な子どもたちに高校進学の道を切り拓こうとする模索が始まった。1995年に初めて開催された「日本語を母語としない人たちのための高校進学ガイダンス」は、その出発点である。在県枠入試の開始とも重なり、その後もガイダンスは毎年開催され、次第に規模を拡大して県内6か所で開催されるに至っている。ガイダンスには通訳が入り、神奈川の高校入試の仕組みや県内の公立高校各校の情報を得られるだけでなく、高校に進学した外国につながる先輩の体験談などを聴くことができる。当初は、県教育委員会とのかかわりは薄かったが、1996年度からは県教育委員会の後援を得、2003年度には県教育委員会による相談ブースが設置され、後述するかながわボランタリー活動推進基金21の助成により2006年

度からは県教育委員会との協働事業となった（吉田 2014）。このガイダンスの主催団体から発展したのが、神奈川県の外国につながる子ども支援に大きな役割を果たすことになる多文化共生教育ネットワークかながわ（略称 ME-net）[4]である。

3　在県枠を支える教育内部の論理と抵抗—2000年代の「神奈川の支援教育」

在県枠の拡充は、その傾向から、いくつかの時期に分けてみることができる（表2参照）。

在県枠が設置されたものの、2003年まではわずか2校のまま推移している。それが2000年代半ばから後半にかけて、校数・定員とも増加していく。その背景のひとつとして考えられるのが、「神奈川の支援教育」という教育の論理の浸透である。

神奈川の支援教育は、2002年に発行された『これからの支援教育の在り方（報告）』（神奈川県総合学校教育センター）に、その基本的な方向性をみることができる。そこには、「障害児教育や通常の教育という区分なしに、さまざまな悩みを抱えているすべての子どもたちに目を向け、その解決に向けて、学校はもちろんのことすべての大人たちが、子どもたちを支援し働きかけていくといった視点を持つこと」が重要であり、支援の対象として「言葉や文化の壁にぶつかり悩みを抱えている外国籍の子どもたち」も含まれることが記されている。[5]この神奈川の支援教育という考え方は、かながわ教育ビジョンにも受け継がれ（中田 2013）、神奈川県立総合教育センター『支援を必要とする児童・生徒の教育のために』(2020)においても、支援対象のカテゴリーとして「外国につながりのある子どもたち」という項目が設けられている。[6]こうした支援教育の考え方が背景となり、在県枠の設置が進められていったものと考えられる。

4　ガイダンスを主催した人々により1998年に任意団体として発足、2011年にNPO法人、2019年に認定NPO法人となる。

5　これからの支援教育検討協議会（2002）『これからの支援教育の在り方（報告）』https://edu-ctr.pen-kanagawa.ed.jp/snavi/soudansnavi/documents/sien-ed.pdf

6　神奈川県立総合教育センター（2020）『支援を必要とする児童・生徒の教育のために』には、「『支援教育』とは、様々な課題を抱えた子どもたち一人ひとりのニーズに適切に対応していくことを「学校教育」の根幹に据えて、神奈川県が取り組んでいる教育」であり、『支援教育』の対象の子どもは、障害の有無にかかわらず、全ての子どもたち」であることが明記されている。https://www.pen-kanagawa.ed.jp/edu-ctr/kenkyu/documents/202103_shienwohituyoutosuru.pdf

表2　神奈川県公立高等学校入学者選抜　在県外国人等特別募集枠の変遷

※変化のあった年度で作成、2022年度からは要件が6年以内に変更

地区	在県枠設置校	1995	1999	2004	2005	2007	2008	2009	2010	2011	2014	2017	2020	2022	2023
川崎市	県立川崎高等学校											10	12	12	12
	県立大師高等学校											10	10	10	10
	川崎市立川崎高等学校（定時制）														8
横浜市東部	県立神奈川総合高等学校	10	10	10	10	10	10	10	10	10	10				
	県立鶴見総合高等学校				15	15	15	15	15	15	20	20	20	20	20
	横浜市立みなと総合高等学校											6	6	6	6
横浜市その他地域	横浜市立横浜商業高等学校			4	4	4	4	4	4	4	4	4	4	4	4
	県立横浜清陵高等学校											10	13	13	13
	県立横浜旭陵高等学校													7	7
	県立新栄高等学校													7	7
	県立横浜明朋高等学校（定時制）													14	14
	横浜市立横浜総合高等学校（定時制）														10
県央部	県立ひばりが丘高等学校 2009年度より座間総合高等学校		10	10	10	10	10	10	10	10	10	10	10	10	10
	県立有馬高等学校				10	10	10	10	10	10	10	10	10	10	10
	県立橋本高等学校				10	10	10	10	10	10	10	15	10	10	10
	県立愛川高等学校				10	10	10	10	10	10	10	10	10	10	10
	県立相模原青陵高等学校 2020年度より相模原弥栄高等学校								5	5	5	5	5	5	5
	県立相模向陽館高等学校（定時制）								20	20	20	20	20	20	20
	県立大和南高等学校														
湘南三浦地区	県立神田高等学校　2018年度より平塚湘風高等学校						5	10	10	10	10				
	県立藤沢総合高等学校													7	7
県西部	県立伊勢原高等学校											10	10	10	10
	県立高浜高等学校													7	7
校数		1	2	3	6	7	8	8	10	10	10	13	13	18	20
定員		10	20	24	59	69	74	79	104	109	114	145	145	187	205

過去の入学者選抜実施要領等から執筆者作成。

図1　在県枠校の地域区分

*川崎市：川崎市全域

*横浜市東部：中区・西区・神奈川区・鶴見区

*横浜市その他地域：横浜市東部以外

*県央部：相模原市・厚木市・愛川町・清川村・座間市・大和市・綾瀬市・海老名市

*湘南三浦地区：三浦市・横須賀市・葉山町・逗子市・鎌倉市・藤沢市・茅ヶ崎市・寒川町

*県西部：平塚市・伊勢原市・秦野市・大磯町・二宮町・中井町・大井町・松田町・開成町・山北町・南足柄市・小田原市・箱根町・真鶴町・湯河原町

地域区分は、調査企画チームによる。

出典：吉田2010b「国際教室卒業生に見る在県外国人等特別募集の現状と課題――量的調査を中心に」

しかし、その道程には障壁も少なくなかった。

　県教育委員会が在県枠を既存の高校に設置するにあたっては、各校の校長の理解を得る必要がある。1999年度入試のひばりが丘高校、2005年の県立鶴見総合高校への在県枠の導入は、枠の設置以前から、通常の入試で受け入れた日本語指導が必要な生徒の指導について各校の教員が工夫し、またその教育効果も実感されていたことから、比較的円滑であった。しかし、それ以外は教員の反発もあり導入は容易ではなかったのである。学校現場にとって、日本語指導が必要な生徒を受け入れるということは、これまでの教育活動を大きく揺るがすもの、負担を増すものと捉えられたといえるだろう。校長としても、教員の反発があまりに強ければ学校運営に支障をきたす可能性があり、容易に了承することはできない。

　こうした葛藤は、在県枠設置校の地域的な偏りという問題となって表出した（表2及び図1参照）。

　本来の趣旨から考えれば、在県枠は、在県枠の対象となる生徒が多い地域の高校に設置するのが望ましい。しかし、表2で明らかなように、2000年代後半から2010年代前半に行われた新たな設置は、県央部に偏っている。県教育委員会として在県枠を増やしたいという意向はあっても、どこにでも設置できる環境にはなかったと推測される。2009年度入試において、すでに県全体の在県枠定員79人のうち、40人を県央部の高校が占めていたが、2010年度入試で新たに在県枠が置かれたのは、同じく県央部の相模原青陵高校と向陽館高校であった。相模原青陵高校は再編統合時、向陽館高校は新設時のタイミングであり、県教育委員会の意向が通りやすかったと考えられる。県全体の在県枠定員104人のうち、実に65人を県央部の高校が占めたのである。しかし、当時最も多くの日本語指導が必要な中学生が在籍していたのは横浜市東部であった。

　こうした状況は、子どもたちの高校進学を支援している地域のボランティアからすれば、容易に納得できるものではない。日本語指導が必要な子どもが中学校段階で多く在籍している横浜・川崎地区における在県枠校の少なさは、大きな課題として浮かび上がってきた。

4　行政とNPOの対話―2010年代以降の調査と在県枠の拡充

　神奈川県は、行政と市民の対話を促進する仕組みを有している。そのひとつが、ボ

ランタリー団体等と県との協働の推進に関する条例（平成22年3月26日条例第1号）である。条例の「逐条解説[7]」には、次のような説明が記されている。「先駆性や専門性、行動力といった特性を持つボランタリー団体等は、地域の課題の解決に重要な役割を果たしており、本県では、そうしたボランタリー団体等と協働して事業を実施することで、行政だけでは得られない大きな成果を挙げてきました。中には、ボランタリー団体等が先駆的な取り組みを行い、その事業の有用性から、その後、県が後を追う形で県の事業として取り組むこととしたものもあります。このようにして今後もボランタリー団体等と県との協働により、多くの地域の課題解決が図られるものと考えています」。こうした考え方のもと、具体的な取り組みとして、かながわボランタリー活動推進基金21が運営されている。この基金では、ボランタリー団体等と県とが対等な立場でパートナーシップを結んで取り組むことで一層の効果が期待できると考えられる事業を対象に、数年間、協働事業負担金が支出される。

　この仕組みを活用して、神奈川県教育委員会高校教育課と多文化共生教育ネットワークかながわ（ME-net）が、2006年から5年間、「外国につながる子どもへの教育・進路サポート事業」を展開した。前述の日本語を母語としない人たちのための高校ガイダンスや、多言語版の公立高校入学のためのガイドブック作成もこの枠組みに位置づけられ、また、新たな事業として、外国人教育相談事業、外国につながる子どもが多く在籍する高校への多文化教育コーディネーター派遣事業、外国につながる子ども支援ネットワーク会議、外国につながる若者交流事業等が取り組まれた。

　これらの取り組みのうち、とくに在県枠の在り方をめぐって重要な意見交換が行われたのが、外国につながる子ども支援ネットワーク会議（以下、ネットワーク会議）の場であった。ネットワーク会議は、県教育委員会、ME-netに加え、かながわ国際交流財団（KIF）、外国につながる子どもを支援する県内の複数の支援団体が一堂に会して、外国につながる子どもたちをめぐる様々な課題とその解決策を協議する場として機能した。運営に当たっては「交渉」ではなく「情報を共有し共に考える」ことが重視された。

1　在県枠の設置地域の見直しと拡充

　ネットワーク会議においては、複数の地域の支援団体から、在県枠の不足と地域的な偏在という課題に関する意見が相次いだ。

7　https://www.pref.kanagawa.jp/documents/7930/1tikujoukaisetsu.pdf

このネットワーク会議での意見交換をもとに企画されたのが、ME-net と KIF による「外国につながりをもつ子どもの教育に関する調査」である。調査対象を神奈川県内の国際教室のある中学校に絞った調査をすることによって、県内の各地域に在籍する在県枠に該当する中学生が、実際にどの程度、進学にあたって在県枠を利用できているのかを明らかにすることを目的とした。その結果は、『外国につながりをもつ子どもの教育に関する調査プロジェクト報告書』の第 1 章「国際教室卒業生に見る在県外国人等特別募集の現状と課題——量的調査を中心に」（吉田 2010b）としてまとめられている。調査結果からは、在県枠該当者に比べて在県枠が十分ではないこと、特に地域的な偏りが大きく、在県枠該当者が多い川崎市・横浜市東部については定員が非常に少ない一方、県央部に定員が偏っていることが明らかになった。この結果はネットワーク会議で共有され、県教育委員会も含む関係者の間で、在県枠に該当する中学生の在籍する地域と在県枠の置かれた地域が整合していないことが、客観的データにより裏打ちされた事実として認識された。

そのことが行政内部でどの程度有効に働いたのかは明らかではない。しかし、その後、2017 年入試では地域的な偏りを解消する方向で在県枠の設置が大きく変化した。既存の 3 校で在県枠がなくなり、6 校に新たに新設されたが、地域ごとに見ると、川崎市に 2 校増、横浜市東部は 1 校増・1 校減、横浜市その他地域に 1 校増、県央部に 1 校増・1 校減、湘南三浦地区 1 校減、県西部 1 校増であった。その後も、2022 年及び 2023 年入試で、川崎市 1 校増、横浜市その他地域 4 校増、湘南三浦地区 1 校増、県西部 1 校増となっており、日本語指導が必要な生徒が多い川崎市・横浜市における在県枠校数と定員の増加が目立っている。

2010 年に実施された上記調査は、その後も KIF が実施主体となり、「国際教室在籍生徒の進路にかかわるアンケート調査」として、2024 年現在まで毎年度継続して実施されている。その推移をまとめたのが、表 3、図 2 及び図 3 である。こうしたデータが継続して把握され、広く公開され、教育行政においても意識されていることが、神奈川県の在県枠の在り方を考える上で重要な意味をもつといえるだろう。

8　神奈川県においては、日本語指導が必要な児童生徒が5名以上在籍する学校に国際教室が設置されている。4名以下の場合は、国際教室は設置されないため、県内のすべての日本語指導が必要な中学生が把握されているわけではない点には留意が必要である。調査設計にあたっては、国際教室設置校に限定することで高い回収率を実現し、神奈川県全体の傾向を意味ある数値として把握することを優先させた。

表3　神奈川県内の国際教室を対象とした調査に基づく在県枠該当者の在県枠での進学割合

※ 2022 年度以降、在県枠の要件が 6 年以内に変更

	地域	2009	2010	2011	2012	2013	2014	2015	2016	2017	2018	2019	2020	2021	2022	2023
国際教室在県枠該当生徒数	川崎市	10	6	5	8	5	7	3	6	6	6	15	9	9	16	21
	横浜市東部	29	54	51	23	31	25	25	55	59	53	40	46	61	84	51
	横浜市その他の地域	11	15	7	0	3	7	10	15	11	11	9	17	10	31	42
	県央部	19	16	9	10	8	16	10	28	40	30	25	25	27	45	48
	湘南三浦地区	4	1	1	0	2	2	0	3	3	1	2	2	2	7	5
	県西部	19	32	9	3	3	6	7	7	7	5	6	10	6	7	6
	計	92	124	82	44	52	63	55	114	126	107	97	109	116	190	173
うち在県枠進学者数	川崎市	7	5	1	3	2	4	2	3	4	3	5	5	7	5	13
	横浜市東部	11	13	11	7	15	11	10	14	22	23	22	21	17	34	16
	横浜市その他の地域	3	3	2	0	2	0	2	6	3	3	6	6	2	15	23
	県央部	9	13	6	6	7	11	8	17	11	12	20	11	20	30	31
	湘南三浦地区	0	0	0	0	0	1	0	1	0	1	0	0	1	0	1
	県西部	5	3	3	2	2	4	3	2	2	2	3	4	5	1	3
	計	35	37	23	18	28	33	26	41	44	46	56	54	48	88	87
在県枠で進学した割合	川崎市	70%	83%	20%	38%	40%	57%	67%	50%	67%	50%	33%	56%	78%	31%	62%
	横浜市東部	38%	24%	22%	30%	48%	44%	40%	25%	37%	43%	55%	46%	28%	40%	31%
	横浜市その他の地域	27%	20%	29%		67%	29%	30%	27%	45%	36%	53%	35%	20%	48%	55%
	県央部	47%	81%	67%	60%	88%	69%	80%	61%	28%	40%	80%	68%	74%	67%	65%
	湘南三浦地区	0%	0%	0%		0%	50%		33%	0%	50%	0%	0%	33%	14%	40%
	県西部	26%	9%	33%	67%	67%	67%	43%	29%	29%	60%	67%	50%	17%	43%	33%
	計	38%	30%	28%	41%	54%	52%	47%	36%	35%	43%	58%	50%	41%	46%	50%
在県枠定員（参考）	川崎市	0	0	0	0	0	0	0	0	20	20	20	22	22	22	30
	横浜市東部	25	25	25	25	25	30	30	30	26	26	26	26	26	26	26
	横浜市その他の地域	4	4	4	4	4	4	4	4	4	14	14	14	14	17	17
	県央部	40	65	70	70	70	70	70	70	75	75	75	70	70	70	70
	湘南三浦地区	10	10	10	10	10	10	10	10	10	0	0	0	0	7	7
	県西部	0	0	0	0	0	0	0	0	10	10	10	10	10	17	17
	計	79	104	109	109	109	114	114	114	145	145	145	145	145	187	205

公益財団法人かながわ国際交流財団ほか「神奈川県内における国際教室生徒の進路にかかわる調査」2009 ～ 2023 年度版より執筆者作成

9　多文化共生教育ネットワークかながわ・（財）かながわ国際交流財団, 2010,『外国につながりをもつ子どもの教育に関する調査プロジェクト報告書』https://www.kifjp.org/wp-new/wp-content/uploads/2014/02/research_2010.pdf

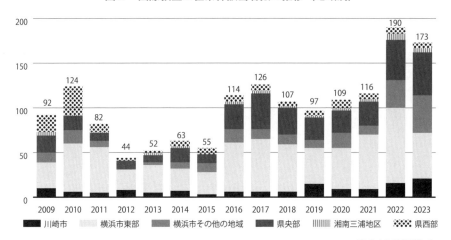

図2 国際教室の在県枠該当者数の推移（地域別）

凡例：■ 川崎市　□ 横浜市東部　■ 横浜市その他の地域　■ 県央部　‖ 湘南三浦地区　▦ 県西部

表3より執筆者作成

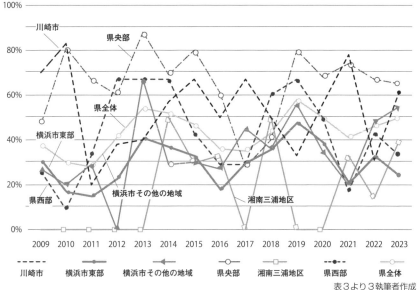

図3 地域別 在県枠で進学した割合の推移

凡例：川崎市　横浜市東部　横浜市その他の地域　県央部　湘南三浦地区　県西部　県全体

表3より3執筆者作成

2 在県枠の要件の変更

　KIF による「国際教室在籍生徒の進路に関わるアンケート調査」の継続を通して、もうひとつ明らかにされたのが、滞日3年以内という在県枠の要件が子どもたちの現状に合っていないという問題であった。調査開始当初から、アンケートの自由記述に

図4　県内の国際教室生徒数（卒業生）の推移

□　在県枠（3年以内）に該当する生徒数（人）

■　在県枠（4〜6年位内）に該当する生徒数（人）

▨　在県枠に該当しない生徒数（人）

※アンケート回収率：2008年（90%）、2009年度（97.6%）、2010年度（77.8%）、2011年度（78.7%）、2012-2018年度（100%）、2019年度（97.7%）、2020年度（95.0%）、2021年度（97.7%）、2022年度（96.7%）

出典：神奈川国際交流財団2023「神奈川県における国際教室在籍生徒の進路にかかわるアンケート調査」結果報告書

は、「滞日3年には該当しないが日本語支援が必要な生徒が少なくない」という中学校教員からの意見が寄せられていた。そして、2011年度調査から、在県枠に該当しない国際教室在籍生徒も把握するようにしたところ、図4のとおり、滞日3年を超えていても日本語指導が必要とみなされて国際教室で学ぶ生徒が大きく増加していることが明らかになった。第二言語の環境で学ぶ子どもが学習言語を習得するには、一般に5年以上かかるとされている。これまでの神奈川県内では、滞日3年以内という要件のために多くの生徒が在県枠を利用することができず、不利な状況に置かれてきたといえるだろう。

　在県枠の要件は、2022年度入試（2021年度実施）から滞日6年へと拡大された。「国際教室在籍生徒の進路に関わるアンケート調査」によって把握された客観的なデータが県教育委員会の判断を支えるひとつの根拠となった可能性がある。

　図2及び図3からは、2016〜2018年度は国際教室在籍者が増えたことで在県枠での進学率が下がっている傾向がみられるものの、国際教室に在籍する県枠該当者が急激に増加した2022年度・2023年度の入試では、在県枠による進学率は上昇傾向にあることが読み取れる。要件の滞日6年以内への拡大に合わせ、在県枠校の校数・定員を増やしたことなどがプラスに働いているといえるだろう。

　2023年3月の国際教室在籍生徒の進路の割合を、在県枠該当者（3年以内）・在県枠該当者（4〜6年）・在県枠非該当の3つのグループに分けて示したのが、図5である。

図5　国際卒業生の進路（2023 年３月）

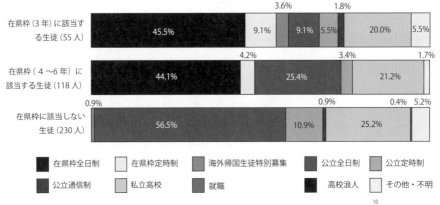

かながわ国際交流財団 2023「神奈川県における国際教室在籍生徒の進路にかかわるアンケート調査」結果報告書より執筆者作成

　在県枠該当者は、3 年以内も 4 〜 6 年も在県枠での進学が最も多くなっている。在県枠は、日本語指導が必要な生徒の進学を大きく支えており、滞日年数 6 年への拡大も効果を発揮したといえるだろう。とはいえ、課題は残されている。「在県枠の課題について（複数選択可）」（回答数 58 校）では、40 校が「滞日年数 6 年を超えているなど、在県枠に該当しないが日本語・教科学習に困難を抱えている」を選択していた。

　一方、公立高校定時制に進んだ生徒は全体で 42 人（10.4％）いた。これは、県内公立中学校生徒全体（1.8％）と比較すると約 6 倍と多い。同調査の「進路支援全般についての課題について（複数選択可）」（回答数 58 校）では、多い順に「保護者に対する情報提供が難しい」37 校、「経済的な理由で私立高校に進学できない」32 校、「全日制を希望していても定時制しか選択肢がない」19 校、などとなっていた。望まない定時制進学が生み出されることのないよう、今後も制度の充実に努めていく必要があるだろう。

　なお、在県枠該当者（4 〜 6 年）では、在県枠を利用しない公立高校全日制進学者も一定の割合を占めている。在県枠の設置されている高校は限られており、高校の特色等で選びたい・選べるという場合には、そちらを選択する層が一定数いると考えられる。

5　在県枠と入学後の支援─2020年代からの高校生の進路と校内の支援に関する調査

　いうまでもなく、高校は入れればよいというものではなく、入学後の支援が重要である。在県枠の設置は、入学後の支援体制の整備と合わせて考えられなければならな

い。神奈川県においても在県枠校を中心に日本語の科目を置くなどカリキュラム上の工夫も行われているが、入学後の支援を支える重要な方策として、多文化教育コーディネーター派遣事業が行われている点が、神奈川県の特徴である。この事業は、前述のかながわボランタリー活動推進基金21の枠組みでME-netと県教育委員会が協働して2007年度から始めたもので、ME-netが地域の日本語支援や多文化共生支援の中心となっているような人材を、在県枠をはじめ外国人生徒が多い高校に多文化教育コーディネーターとして派遣するものである。多文化教育コーディネーターは、学校の担当教員と相談しながら、支援サポーターの手配なども含めて入学後の子どもたちを支援していく。

　この項では、神奈川県の高校における入学後の支援と、その支援がどのような効果を生んでいるのかを、県教育委員会・KIF・ME-netの3者が行っている「日本語指導が必要な高校生の進路と校内の支援にかかわる調査」からみていきたい。

1　高校入学後の支援

　在県枠の設置された高校では、担当分掌の教員と多文化教育コーディネーターが連携して、概ね次のような支援を行っている。

　○多文化教育カード等での支援に必要な情報の収集
　○合格者説明会時のプレイスメントテストによる日本語力などの把握
　○国語科の授業等での日本語指導
　○教科の理解のための取り出し授業
　○日本語を学ぶための学校設定科目
　○定期試験問題等の「やさしい日本語」への言いかえやルビふり等の配慮
　○放課後の教科補習、日本語能力試験受験支援
　○多文化交流部などでの校内の居場所づくり
　○校外の居場所となるイベントへの参加支援
　○面談での通訳支援
　○在留資格把握
　○キャリア支援（進学、就職）

10　https://www.kifjp.org/wp-new/wp-content/uploads/2023/11/reserch_2023-11.pdf

2 「日本語指導が必要な高校生の進路と校内の支援にかかわる調査」

　これらの取り組みがどの程度効果を上げているのか、高校卒業後の進路保障につながっているかを明らかにするため、2020 年度から、神奈川県教育委員会・KIF・ME-net の三者による「日本語指導が必要な高校生の進路と校内の支援に関わる調査」が開始された。これまで 4 年間継続して実施されている[11]。

　この調査にはいくつかの特徴がある。第一に、卒業時点の進路を把握するだけでなく、特定年度に卒業すると想定される年度に入学したすべての日本語指導が必要な生徒を対象として、卒業しなかった生徒も含め、遡ってその動向を把握している点である。たとえば、2023 年 3 月に卒業すると想定される年度の入学生とは、修業年限 3 年の全日制課程では 2020 年 4 月入学生、修業年限 4 年を基本とする定時制課程では 2019 年入学生となる。調査ではこれらの生徒について、2023 年 3 月の卒業時点だけでなく、途中で生じる中途退学や休学なども含めてその動向を把握している。第二に、日本語指導が必要な生徒が集中する在県枠校及び定時制に多文化教育コーディネーターが派遣されていることから、多文化教育コーディネーター派遣校のみを対象とすることで、100％ の回収率と高い精度を実現している点である。そして、第三に、継続的な実施により過去の年度との比較が可能な調査となっている点である。進路保障や中途退学防止に向けた支援を検討するにあたっては、こうした基礎的な資料が欠かせない。こうした調査が、教育委員会に NPO がともに主体となって取り組み、その結果が広く公開されていること自体が、外国につながる子どもの教育保障に取り組

図6　2023 年 3 月卒業予定学年への入学者の進路・在籍

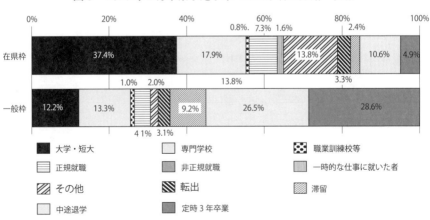

「神奈川県の日本語指導が必要な高校生の進路と校内の支援にかかわる調査」報告書 2023 年度版より執筆者作成

む神奈川県の姿勢を示しているといえるだろう。

　この調査から、2023年3月卒業予定の年度の入学生について、在県枠と一般枠に分けてその進路・在籍状況を比較したのが、図6である。

　一見して在県枠の方が、進学率は高く中途退学率が低い。大学・短大・専門学校等を合わせた進学率は、在県枠56.1％に対し一般枠26.5％、中途退学率は在県枠10.5％に対し一般枠26.5％である。この中退率は、3年ないし4年在学している期間で算出している数値なので、単年度に換算すると在県枠の中途退学率は3％台となり、文部科学省調査による全国平均6.7％（2021年度）[12]を大きく下回っている。それでも、日本人生徒に比べれば中途退学率は高く、改善の余地は十分あると考えられるが、神奈川県においては、在県枠で入学させた生徒に対してある程度効果的な支援ができているといえるだろう。

　同じ調査から、2020～2023年度の進路状況を比較したのが、図7である。全体として進学率は向上している。各校での支援経験の蓄積がより効果的な支援へとつながっている可能性が示唆される。その一方、中途退学や滞留は2022年度までは減

図7　日本語指導が必要な生徒の進路・学籍状況の推移

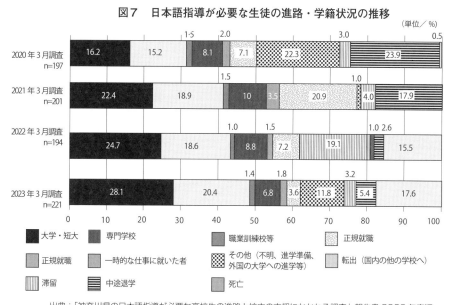

出典：「神奈川県の日本語指導が必要な高校生の進路と校内の支援にかかわる調査」報告書2023年度版

11　https://www.kifjp.org/kyouiku#shien03

12　文部科学省調査（2021）「日本語指導が必要な児童生徒の受入状況等に関する調査（令和3年度）」

少傾向にあったが、2023年度に再び増加している。その要因は現時点では明らかではないが、今後も調査を継続し、動向を見極めていくことが重要だといえる。

6　神奈川の特別枠のこれから

神奈川県の特別枠「在県外国人等特別募集」について、その拡充のプロセスとその背景にあるものについて、ここまでたどってきた。

この中で以下のことが明らかになった。神奈川県においては、行政と市民が協働するしくみがあり、対話の中でよりよい制度の在り方が模索されてきたこと、そして、行政・外郭団体・NPOが連携した調査が行われ、かつ公開されて、それが施策の方向性に一定の示唆を与えてきたと考えられるということである。また、かながわ教育ビジョンにおける「神奈川の支援教育」という方向性が、外国につながる子どもへの支援と多文化共生の教育を理念的に支えていることについても確認された。

コロナ禍を超えた2024年現在、外国からの来日は、今後さらに増加することが見込まれる。対象となる子どもが増えれば、現在の在県枠では不足することも十分考えられる。また、新たな在県枠校が増えれば当初は校内に支援の蓄積がない新規校では、様々な困難も予想される。

しかし、神奈川の支援教育という理念に支えられ、かつ、多様な主体が関わって継続実施されている2つの調査「国際教室在籍生徒の進路に関わるアンケート調査」「日本語指導が必要な高校生の進路と校内の支援にかかわる調査」を踏まえて、行政と教員と市民が対話する場を持ち続けることができれば、その時々で変化する状況や新たに生じる課題に何とか対応していくことができるのではないだろうか。そうした関係者の地道な努力が、神奈川県の外国につながる子どもたちの未来を切り拓くことにつながっていくだろう。いずれの調査にも深くかかわってきた者として、そのことを強く願っている。

引用文献

石川朝子・榎井緑・比嘉康則・山本晃輔（2020）「外国人生徒の進学システムに関する比較研究」、国立大学法人 大阪大学大学院人間科学研究科附属未来共創センター『未来共創』第7号、pp.193-220

神奈川県教育委員会・認定NPO法人多文化共生教育ネットワークかながわ・公益財団法人かながわ

国際交流財団（2020 ～ 2024）「神奈川県の日本語指導が必要な高校生の進路と校内の支援にかかわる調査」報告書、https://www.kifjp.org/kyouiku#shien03

神奈川県在日外国人にかかわる教育研究協議会（1994）報告書『民族共生の教育を拓こう──ふれあい教育をさらに豊かにするために』

神奈川県立総合教育センター（2020）『支援を必要とする児童・生徒の教育のために』https://www.pen-kanagawa.ed.jp/edu-ctr/kenkyu/documents/202103_shienwohituyoutosuru.pdf

神奈川自治総合センター（1984）『神奈川の韓国・朝鮮人──自治体現場からの提言』、公人社

公益財団法人かながわ国際交流財団（2011 ～ 2023）「神奈川県における国際教室在籍生徒の進路にかかわるアンケート調査」結果報告書、https://www.kifjp.org/kyouiku#shien03

これからの支援教育在り方検討協議会（2002）『これからの支援教育の在り方（報告）』、神奈川県立総合学校教育センター、https://edu-ctr.pen-kanagawa.ed.jp/snavi/soudansnavi/documents/sien-ed.pdf

中田正敏（2013）「支援ができる組織創りの可能性──『対話のフロントライン』の生成」、『教育社会学研究』92、pp.25-46

吉田美穂，2010a，「外国につながる子ども支援をめぐる地域人材と学校組織の協働─神奈川の多文化教育コーディネーター制度から考える（その１）」『教育学論集』第 52 集，中央大学教育学研究会，pp.143-179

吉田美穂，2010b，「国際教室卒業生にみる在県外国人等特別募集の現状と課題─量的調査を中心に─」，『外国につながりをもつ子どもの教育に関する調査プロジェクト報告書』，pp.4-31，多文化共生教育ネットワークかながわ・（財）かながわ国際交流財団，https://www.kifjp.org/wp-new/wp-content/uploads/2014/02/research_2010.pdf

吉田美穂，2014，「高校進学ガイダンスと外国につながる子どものキャリア支援─神奈川県における教育委員会と NPO の協働」『ボランティア学研究』第 14 号，pp.13-25

第4章

私立大学における「外国にルーツを持つ生徒対象入試」
──東洋大学社会学部国際社会学科の事例から

村上一基

1　はじめに

　2021年度入試から、東洋大学社会学部国際社会学科では「外国にルーツを持つ生徒対象入試」を開始した。2024年度入試で4回目の実施を迎え、24年度にようやく1年生から4年生の全学年がそろい、2025年3月にははじめての卒業生を出す予定である。2021年度入試の時点（2020年10月）では、こうした生徒を対象にした入試を実施しているのは、宇都宮大学国際学部、大阪女学院大学など国立・私立あわせて数校しかなく、関東の私立大学では本学がはじめての導入であった。

　それが2023年度現在、15校以上の私立大学で「外国にルーツを持つ生徒対象入試」が実施されるようになり、愛知県立大学などの公立大学での導入も公表された。背景には、外国にルーツを持つ生徒が一般入試で十分な実力を発揮できないことが社会で認識されてきたことに加えて、少子化による私立大学の定員割れが深刻化し、受験生を獲得するためのひとつの「戦略」として着目されていることもあるだろう。文部科学省がこうした入試の導入をひとつの入試改革の「好事例」としてあつかっていることも導入を促す要因となっている。しかし外国にルーツを持つ生徒を対象にした入試が広がっていくための課題はまだまだ多い。本章では、実施4年目を終えた東洋大学社会学部国際社会学科において、どのように入試を導入したのか、また入学後のサポートとしてどのようなことを行っているのか／行えていないのか、について紹介したい。

　筆者は、入試導入を進めるなかで、「実践知」を積み重ね、資料として残していくことが、他大学で同様の入試を導入するために、そしてこの課題を社会的に議論していくために必要ではないかと考え、さまざまな発信を行ってきた。そのおかげか、現在、さまざまな大学で実施されている入試は本学で導入した入試を参考にしたものが多いようである。だが、制度的な側面が参照されていても、社会課題に関する認識が

共有されているかの判断は正直つかない。また、現在広がっている入試が、完璧なものでもなく、最終形態でもないことも重要だ。この課題に関して、さらに議論を深め、かれらの進路を社会としてしっかりと保障していけるようにしていくべきであろう。

2　外国にルーツを持つ生徒を対象にした大学入試とは

1　外国にルーツを持つ若者の進路の課題

　外国籍児童の教育・就学の問題に関心が向けられるようになって久しい。コロナ禍で一時的に減ったものの、2023年6月時点における在留外国人は、322万人に上り、過去最高を更新した。東京都や神奈川県、大阪府などの都市部では「家族滞在」の子どもが著しく増加しており、コロナ禍で一時的に減っていた家族合流での子どもの来日も再開した。そして、より多くの外国籍の子どもが日本の学校に通うようになり、初期対応や日本語初期指導が課題となっている。また、2024年度の高校の外国籍生徒特別入試では定員を大幅に上回る受験者数が見られたし、フリースクールや学習支援教室に通う生徒数も増えている。一方で、1990年代以降に入国したニューカマーの子どもが高校、さらには大学に進学したり、就職したりする年齢に到達するようになってもいる。

　こうしたなか、外国にルーツを持つ若者の社会での活躍には、高い期待が寄せられている。文部科学省などの報告書でも、母国との架け橋となる「グローバル人材」という言葉を使用しつつ、かれらの活躍への期待が見られる。また文部科学省による検討や改革が進められ、就学状況等の調査、受け入れ指導体制の構築、教員・支援者の養成、日本語学習支援の拡充が議論され、必要な施策が検討されてきた。しかし、2020年8月に日本学術会議が公表した提言（日本学術会議 2020）で指摘されたように、後期中等教育における対策はまだまだ遅れている。実際、「日本人生徒」との格差は義務教育後に拡大している。たとえば、日本の高校進学率は約99％に達し、高校教育は準義務教育化していると言われているが、外国にルーツを持つ若者の高校進学率は2018年時点で64％程度ともされる。

　高校卒業後の進学率や就職率においても、入試制度、経済的支援の不足、在留資格による就労制限などが原因となって、大きな格差が生じている。たとえば、日本語指導が必要な高校生に関するデータに目を向けてみると、大学や専門学校への進学率は

2018年度に42.2％、2021年度に約51.9％と、改善傾向は見られるが、それでも全高校生は70％を超えており、20％程度の違いがある。また就職における非正規就労率も、全高校生は3.3％に対して、日本語指導が必要な高校生は40％と10倍以上を数える。さらに、高校の中退率は5.5％であり、全高校生の1％よりも著しく高い。

　大学進学について考えていくと、これまで指摘されてきたことのひとつとして、大学入試のハードルがある。外国にルーツを持つ若者が「日本人生徒」と競争していくことの難しさ、とりわけ日本語能力に加え、学習言語・受験言語として「国語」を習得する困難などがあげられる。さらに大学受験においては、「日本人生徒」の多くが予備校に通っているが、外国にルーツを持つ若者の一部にとっては、そのための経済的負担や家族の理解の問題も生じる。このようななか、樋口直人や稲葉奈々子は、「制度の間隙」を縫って、推薦入試を利用して大学に入学する外国ルーツの若者が多いことを明らかにした（樋口・稲葉 2018）。大学進学にあたっては、経済的支援も不足しており、日本学生支援機構の奨学金は在留資格に制限があり（2024年4月以降は「家族滞在」の若者にも門戸が開かれたが、在留期間による制限が生じる）、私立大学の高額な学費の問題もある。

　しかし、その一方ですでに大学に進学したり、社会で活躍したりしている若者がいることも忘れてはならない。髙谷幸らは大学進学率の上昇を2015年時点で明らかにしているし（髙谷他 2015）、大学教員として個人的にも実感として、外国にルーツを持つ学生が学内に増えていることを感じる。だが、それでもかれらに平等な機会が与えられているとは言いがたく、大学進学を夢見ても、制度の問題や経済的な事情でそれが叶わない若者や、進学することを現実的な選択肢として考えられない若者もとても多い。

2　「外国にルーツを持つ生徒対象入試」とは何か

　「外国にルーツを持つ生徒対象入試」の意義や必要性は、正確に理解されないことがしばしばある。まずこの入試は、外国で生まれ、小学校や中学校、高校などの段階で来日した生徒を対象とする入試である。一般入試とは異なり、教科に関する筆記試験ではなく、小論文や面接などで選抜する。外国語である日本語で試験を受ける難しさなどのために筆記試験では本来の能力を発揮できない受験生を、異なる方法で評価しようとするものである。総合型選抜試験などで大学に入学する学生が増えるなか、

こうした方式の入試は「特別」なものではない。

　この入試についてもっとも聞かれるのは「外国人留学生入試」との違いである。一般的に「留学生入試」の受験資格は日本以外の国籍を持ち、外国で高等学校を卒業した生徒が対象とされている。外国籍を持っていても、日本の高等学校を卒業していたら、「留学生入試」を受けることはできない。また混合されがちではあるが、「外国人留学生試験」と在留資格の「留学」は必ずしも連動していない。在留資格「留学」を持っていなくても、「外国人留学生試験」は受けられる。一方でさまざまな理由で在留資格「留学」を持っていても日本の高等学校を卒業していると「留学生試験」の出願資格を持たない。在留資格「留学」は入学が決まったあとで、渡日前の学生であれば取得、すでに来日し日本語学校などに通っている生徒であれば更新する。

　大学合格後に家族滞在などの在留資格を持つ生徒が「留学」の在留資格に変更することも可能である。大学によっては、留学生向けの奨学金の対象などを、入試区分ではなく、在留資格によって決めているところもあり、実際、東洋大学では「『定住者』『家族滞在』等の有効な中長期在留資格を有していれば、大学に在籍することができます。ただし、授業料減免や奨学金受給等の各種支援制度の利用を希望する場合は、『留学』の在留資格が必要です」と入試要項に明記している。ただし、「家族滞在」から「留学」の在留資格に変更にはデメリットもあり慎重な検討が必要である。

　なお、上智大学や桜美林大学など、一部の大学では「日本の教育制度に基づく中学校・高等学校の在籍期間が通算4年未満であること」などといった出願資格にしており、日本の高校を卒業した生徒も留学生試験を受験できる。桜美林大学は「国際学生」という名称を設け、入試区分でも「国際学生選抜［日本在住 1年次新入学希望者対象］」という募集をして、日本で教育を受けた外国につながる若者を積極的に受け入れている。

　さて、外国にルーツを持つ生徒を対象にした入試は、「外国にルーツを持つ生徒対象入試」「外国人生徒入試」「多言語多文化特別入学試験」「渡日生選抜」などさまざまな名称があり、統一的な名称はない。また出願資格についても下記の通り大学によって異なる。

　○国籍：外国籍のみを対象、日本国籍を取得した学生を含める（取得してからの年数の違い有）、親のひとりが外国籍、国籍は問わない

　○日本での在留期間もしくは就学歴：入国後の在留期間が通算で9年以内の者（小学校入学前の在留期間を除く）、小学校第4学年以上の学年に編入した者、在留期間

や就学歴は問わない

○在留資格：在留資格は問わない、「留学」以外の在留資格によって日本に在留、「家族滞在」「定住者」等の在留資格で日本国内に在留している者（留学、短期滞在は除く）など

○日本語要件：日本語能力試験 N1、同 N 2 以上、「日本留学試験」の日本語 250 点以上、同 200 点以上、日本語要件は課さない

○英語要件：実用英語技能検定 2 級もしくは同等以上、同準 2 級もしくは同等以上、英語要件は課さない

○高校の評定平均：3.8 以上、3.0 以上、評定平均は課さない

　こうした出願資格は、それぞれの大学がどのような学生を受け入れたいのか、どのような受験生を想定しているのか、などによって異なってくる。また入試が全学的に導入されているのか、それとも学部や学科限定なのかの違いもある。東洋大学では社会学部国際社会学科のみでの入試であるが、関西国際大学や大阪経済法科大学などでは全学的な導入で、複数の学部で入試が実施されている。各大学によってさまざまな検討過程があるだろうが、教員による「下」からの入試導入なのか、それとも大学全体としての「上」から導入なのかによって、こうした違いは生じてくるのだろう。

3　東洋大学社会学部国際社会学科における「外国にルーツを持つ生徒対象入試」

1　「外国にルーツを持つ生徒対象入試」の導入

　東洋大学は 1887 年に井上円了により私立哲学館として創立され、現在は 14 学部 48 学科を抱える総合大学である。学生数は約 3 万人、白山キャンパス、赤羽台キャンパス、朝霞キャンパス、川越キャンパスがある。2023 年度入試の入試志願者数は約 8 万 7000 人であった。社会学部国際社会学科は、2021 年度に社会文化システム学科から改組され、定員は 150 名である。

　「外国にルーツを持つ生徒対象入試」は、改組による国際社会学科設置のタイミングで導入された。外国籍もしくは日本国籍を取得して 6 年以内で、入国後の在留期間が通算 9 年以内の生徒を対象とする。出願は 9 月、試験は 10 月で、試験内容は、書類（50 点）と小論文（100 点）、面接（100 点）である。

●出願資格

1）大学入学資格を有する者（含見込者）で、本学当該学科を第一志望とし
　　て入学を志す者（合格した場合、必ず入学することを確約できる者）
2）外国籍を有する者、もしくは日本国籍を取得して 6 年以内の者
3）入国後の在留期間が通算で 9 年以内の者（小学校入学前の在留期間を除く）
4）日本語能力試験 N2 以上を取得していること
5）①実用英語技能検定（従来型を含む全方式）準 2 級以上合格、② TOEIC
　　Listening &Reading スコア 450 点以上、③ GTEC（CBT タイプに限る）ス
　　コア 820 点以上、④ TEAP（4 技能）スコア 186 点以上（同一試験日のス
　　コア合計点のみ有効）のいずれかを取得していること

●出願書類

1）志願票
2）調査書等〔高等学校卒業程度認定試験合格成績証明書　大学入学資格
　　検定試験合格成績証明書〕
3）志願理由書
4）国籍に関わる書類
【外国籍】日本の市区町村の役所から発行される住民票
【日本国籍を取得して 6 年以内】
　　日本国籍を取得して 6 年以内であることが記載されている戸籍謄本も
　　しくは戸籍抄本
5）入国後の在留期間が通算で 9 年以内であることを証明する書類
　　　出入国在留管理庁から開示される「外国人出入国記録の写し」
6）日本語の能力に関する証明書
7）英語の能力に関する書類
8）客観資料
　　必要に応じて、「6.」「7.」以外で能力を証明する客観資料など
　　〔例〕日本語・英語以外の語学検定試験の合格書等のコピー

　　入試導入に至ったもっとも重要な要因として、国際社会学科が設置されるタイミン
グで提案したこと、この入試が学科の教育目標と合致していたことがある。また、学

科教員の理解と協力も欠かせないものとしてあった。特に前身の社会文化システム学科の後援サークルとして、外国にルーツを持つ子どもたちの学習支援を行うSPIRITがあることも、学科教員から理解を得られやすい背景としてあった。

　もうひとつ大事なことは、この種の入試が、東洋大学ではじめて実施したわけではなく、宇都宮大学など先行ケースが存在し、入試案についての説明が容易であったことである。また先行ケースからはさまざまなノウハウを教えてもらうこともできた（本著編者の田巻松雄先生にも直接お話しする機会をいただき、アドバイスをいただいた）。

　学科の教育目標との合致について、国際社会学科は多文化共生を実現し、多様性を尊重した社会をつくるグローバルシティズンの育成を掲げている。国境を越える諸課題を主体的に解決する市民を育てることを目指すが、いわゆる地球規模のグローバル化や国際社会だけではなく、自分たちの社会のグローバル化や多様化にも目を向けている。しかし、こうした学科の教育目標に対して、すでに目の前にある日本社会の多様性が、大学という場に反映されていただろうか。まず、大学で外国籍というと留学生が中心だが、留学生を受け入れるだけが「グローバル」ではない。また教室で一緒に学ぶ仲間、隣の友達も、もしかしたら「マイノリティ」かもしれないし、授業で扱う内容の当事者かもしれない。多文化共生や多様性の尊重を、机の上で話すだけでなく、学びの場でも実践していくことが必要ではないか。外国にルーツを持つ学生を積極的に受け入れることは、かれらに大学進学の機会を与えるだけでなく、日本人学生にとってもポジティブな効果をもつと考えられた。

　加えて、東洋大学だからこそ実施すべきという考えもあった。まず、東洋大学は受験者数が増加し、「目指される」大学のひとつとなっており、外国にルーツを持つ生徒を対象にした入試を導入することは広く象徴的な意味でかれらに大学進学を具体的な目標として考えてもらうきっかけのひとつになると考えた。また、東洋大学の創立趣意書に井上円了は、「余資なく、優暇なき者のために」という言葉を残している。教育の機会を万人に開放するという井上円了の志はイブニングコース（第2部）の維持へと引き継がれているが、外国にルーツを持つ学生にも、大学で学ぶ機会を積極的に与えることこそ東洋大学の使命ではないかという想いもあった。

　さらに、東洋大学はスーパーグローバル大学に採択され、学生を「グローバル人材」へと成長させる教育を実践してきた。そこでは主に、留学生の送り出しや、留学生の受け入れ、英語教育の拡充が中心的に行われている。しかし、「留学」や「英語」だけがグローバル化ではなく、日本社会のグローバル化をきちんと大学界に反映させるこ

とが、真のスーパーグローバル大学ではないかとも考えた。外国にルーツを持つ学生を積極的に受け入れることは、大学内の国際化・多文化化をさらに進めることになるだろう。そのことは、日本社会で育った母国とのつながりをもつ学生を「グローバル人材」へと成長させることに貢献すると同時に、「日本人学生」が多様なルーツをもつ仲間と学び、異なる文化背景を持つ人びとと社会をつくっていくことを大学内で実践できるなど、本学の国際化に大きく貢献すると考えられた。

2　検討段階での議論と対応

入試導入の検討がはじまったのは 2019 年の秋口である。学科会議で私が提案したことに対して、賛同を得られて私と高橋典史の 2 名で準備を進めた。準備作業としては、宇都宮大学などの先行事例や、東洋大学の入試制度の下調べをして、たたき台を作成した。それをもって、2019 年 11 月から 2020 年 3 月にかけて、高校教員、NPO 関係者、弁護士などにヒアリングした。

導入にあたって意識していたのは、インクルーシブな入試にするということであり、なるべく多くの若者が受験できるような出願要件にしたいということであった。また出願資格を文字化していくなかで、「管理」や「排除」のニュアンスを持つ表現を避けたりするよう努めた。日本語と英語の要件については、入学後に困らないようにすることだけでなく、高校までの努力を評価できるようにすること、さらに「外国ルーツだから入学できた」と周りの学生や教職員に思わせないようにすることなども意図し、設定した。

導入にあたっては複数回にわたって学内で調整をしたが、担当部局との調整は必ずしも順調に進んだわけではなく、「入試の意義には賛成だが」という枕詞とともにさまざまな懸念が示された。まず志願者がどれだけいるのか、ということが最初の懸念として出された。入試課としては受験生を増やすことを第一に考えるが、外国にルーツを持つ生徒対象入試を導入することが、それにつながるか疑問であると指摘された。そのため、確実に受験生の確保を見込める方法を求められ、指定校（NPO「指定校」という提案もあった）にするなどさまざまな提案がなされたり、逆に出願要件はむしろ絞らず、入国後の年数や日本語・英語の資格要件などを緩和して、多くの人が受けられるようにしてほしいと要望されたりもした。

この懸念は既存の枠に当てはまらない入試をつくる難しさとも関係している。外国にルーツを持つ生徒対象入試は、指定校推薦入試や学校推薦入試ではない。また本学

の入試制度のなかでは、自己推薦入試のひとつにすることも難しく、ひとつの新しい入試枠をつくらなければならなかった。入試要項も本入試のために新しくつくられる。そのため、わざわざ労力と費用をかけてやるからには受験生が集まる入試にしてもらい、志願者0人ということがないようにしてほしいとのことであった。

さらに、日本人学生が不公平だと思わないかという心配の声も上がった。「外国ルーツの生徒だけに、こういう入試があるのは日本人学生に対して不公平ではないか」と、新学科の入試全体を考え、不公平感が出ないようなひとまとまりの入試制度を考えることを要請された。そこで、学校推薦入試を新しく導入することでバランスを取ったが、「アファーマティブアクション」のような、こうした入試が社会で十分に理解されていないことを痛感させるものであった。

他にも、学校推薦入試にすることも提案された。そのほうが大学としては学生受け入れにあたって安心だということだが、評点平均値を設けなければならなくなるので、基準に到達しない学生は受験できなくなってしまう。日本語でさまざまなハンディキャップを抱え、学力ではなく日本語の問題から必ずしも試験で実力を発揮できない外国にルーツを持つ生徒を対象にする入試導入の背景を考えると、これは制度の趣旨と乖離してしまう。また、フランスなど移民第2世代の社会統合が長年、課題となってきた社会では、進路指導における差別は重要な問題のひとつであり、移民の子どもだから大学にはいけない、もしくは大学に行く必要がない、という前提で学校で進路指導がなされることがある。もちろん多くの高校の先生がそうした指導をするとは考えてはいないが、制度として設けるにあたっては、この種の問題が起き得るのではないかということは考えておく必要はあろう。このように、受験を希望するすべての人が受けられる入試にできるよう出願要件を検討し、さまざまな議論を経て、現在の形式になった。

3　学内外での入試の着目

この入試は、入試広報で特色のある入試として取りあげられたが、大学全体では十分に認識されていなかったと思う。その一方で、学外からは大いに着目され、外国にルーツを持つ生徒を支援する方々や高校教員からは関心を持ってもらえた。また志願者を集めるために、筆者と高橋典史で進路ガイダンスなどには積極的に参加するようにした。とくに東京では東京都国際教育研究協議会が主催している「外国につながる高校生のための進路ガイダンス」などに参加し、積極的に入試をPRした。

また冒頭にも書いたとおり、本入試を導入した「経験知」を共有していく重要性を痛感し、外国にルーツを持つ若者の高等教育への進学を社会課題として議論する機会を設けるようにした。2020年12月にはオンラインシンポジウム「外国にルーツを持つ若者の大学進学」を実施し、全国から約120名の方にご参加いただいた。シンポジウムでの成果をもとに、移住者と連帯する全国ネットワーク（移住連）の情報誌『Mネット』で、「外国にルーツを持つ生徒を対象とした大学入試とその課題」（2021年4月号）を掲載してもらい、2021年8月号では、「外国にルーツを持つ若者の大学進学」という特集を組んだ。

　こうしたなか、ありがたいことに学外からたくさんの声をかけてもらい、さまざまな機会をいただいた。たとえば、特定非営利活動法人glolabが大学や専門学校への進学を解説するYouTube動画を作成するということで、東洋大学の入試を説明したり、本学の学生が経験談を語ったりした。またフィッシュファミリー財団が移民・難民の背景を持つ者のための奨学金プログラム「JWLIスカラシップ」を創設したことにともない「外国ルーツの若者への進学支援−JWLIスカラシップを事例に−」というオンラインセッションを実施した。この奨学生に本学の学生が含まれていることなどもあって、筆者も登壇することになった。こうした縁などから、フィッシュファミリー財団の厚子・東光・フィッシュ氏らが東洋大学の総長と面談する機会に、筆者にも声がかかり、高橋典史とともに同席することになった。フィッシュ氏らは、総長に移民・難民を背景に持つ若者の大学進学の課題について説明され、国際社会学科の入試の意義についてもお話しくださった。教員だけではなかなか大学上層部に効果的に働きかけることができないものが、外部の方々の力添えもあって、大学内で入試の存在や意義を知ってもらうきっかけにできた。

　さらに筆者が2023年1月に開催したシンポジウム「外国にルーツを持つ子どもに対する日本語初期指導」で、本入試で入学した学生に経験談を話してもらった。シンポジウムには、この課題に関心を持つ職員も参加していた。このことをきっかけに2024年度の「東洋大学SDGs講座」というオムニバス型授業の初回に「外国にルーツを持つ若者のキャリアをめぐる課題と当事者の経験」と題して当事者に話してもらうことになっている。こうして、本入試の意義は大学内でも共有され、特に国際社会学科のカリキュラムと合致している入試と評価されるとともに、外国にルーツを持つ学生の存在がだんだんと学内で公に認識されるようになってきている。

　最後に、本入試は文部科学省の事例集などにも掲載された。まず2021年7月公表

の「大学入学者選抜関連基礎資料集 第5分冊（経済的な状況や居住地域、障害の有無等にかかわらず、安心して試験を受けられる配慮関係）」において、外国にルーツを持つ生徒の大学入学選抜区分の例として掲載された。さらに令和3年度（2021年度）「大学入学者選抜における好事例集」において、多様な背景を持った学生の受入れへの配慮として、本入試が紹介された（なお東洋大学からは、「独立自活」支援推薦入試なども掲載されている）。こ

の好事例集は、各大学が好事例と考えられる取組について申請し、提出された書面をもとに選定委員会が審査したものが掲載されているということであるが、「外国にルーツを持つ生徒対象入試」については、文部科学省から声がけがあり、情報提供したことを付言しておく。好事例集に掲載された反響は大きく、これをきっかけにいくつかの大学で入試が導入された。また入試課や筆者にいくつかの大学から問い合わせもあった。

　ただ東洋大学内では、まだ他学部・他学科に広がる動きは活発には見られない。他学部から入試の説明を求められたこともあったが、実現には至らなかったようだ。大学全体としては、大学業界全体の例に漏れず、18歳人口の減少に直面した入試改革を進めている。こうした流れのなか、外国にルーツを持つ生徒対象入試は、学部・学科で独自入試として導入することは制限しないが（この段階になったことは重要な一歩である）、全学的に積極的に導入するよう推進されてはいない。むしろ、入試改革のなかで、本学では「外国にルーツを持つ生徒対象入試」が広がることは難しくなっているのではないかという印象を筆者は受けている。

4　入学後のサポート体制構築の課題——高大域連携に向けて

1　入学後の学生の様子

　本入試を使って、2021年度は6名（男性2名、女性4名）、22年度は3名（女性3名）、

23 年度は 2 名（女性 2 名）、24 年度は 2 名（女性 2 名）の学生が入学した。中国ルーツの学生が多く、他にクルドとブラジルをルーツに持つ学生がいる。量的に多くの受験生が集まっているわけではないが、学科の定員が 150 名であること、ひとつの学科のみでの実施で国際系の学問に興味がある学生に対象が限られることなどを踏まえると、決して少ないわけではないだろう。

　本学科ではまだ卒業生を出していないため、学生の経験について現段階で記すことは控えたい（卒業時に学生には大学での経験を振り返ってもらうつもりである）。全体的に成績は中庸で、授業などにはまじめに取り組んでいる。ただ、日本語能力に関する課題はまだまだあり卒業までにさらに成長してもらいたいと思っている。またディスカッションなどへの参加に躊躇してしまう学生も多い。これは外国にルーツを持つ学生だけでなく、留学生にも言えることで、日本語能力への不安などから生じるそうだ。そのため、かれら自身の発言を促すだけでなく、「マジョリティ」の学生をどのように意識付けし、発言しやすい環境をつくるのか、教育上の工夫が求められるところである。授業での様子を見てみると、多様なルーツの学生がいることは「日本人学生」にとって重要な学習効果があることを実感している。しかし、多様な学生がただいるだけでは意味がなく、反対に外国にルーツを持つ学生を過度に目立たせることも良くない。教員が適切な仕掛けをしていくことが大切であろう。こうした点については合理的配慮が必要な学生の受け入れが教育内容ともつながることが多い福祉関係の学部学科での教育実践から学ぶことが多いのではないかと考えている。

　友人関係を見てみると、同じ国出身（特に中国）の留学生と中心的に交流する学生と、日本人学生と中心的に交流する学生にわかれる。これは語学力の問題や学生自身の意識の問題と関係しているようである。本学科は留学生も多く受け入れており、出身国は中国が大半である。そのため中国ルーツの学生同士で固まってしまう現象も見られ、中国語でコミュニケーションをとり、日本人学生と交わらない傾向もあり、教員としては少し心配している。「日本人学生」は留学生が固まっていると接しづらくなってしまうようであるが、ここにもやはりマジョリティである「日本人学生」がどのように外国にルーツを持つ学生や留学生とかかわっていくのか、という問題もあり、その背景を考え、「マジョリティとしての特権」を認識してもらいたいと思っている。

　一方で、外国にルーツを持つ学生に関しては、自分たちがどのようなキャリアを歩むのかも考えながら、大学生活を過ごしてもらいたい。しばしば、留学生に「同化」してしまう学生もいるのだが、その一方で学生と話していると自分が留学生よりも出

身国の言語（本学では特に中国語）ができないことも認識しているようである。また日本人学生と中心的にかかわる学生にとっても、他の日本人学生とまったく同様に過ごそうとする（「外国ルーツ」というラベルを貼られたくない）学生も見られる。もちろん、区別・差別なく大学生活を過ごすことは大事であるが、その一方で「日本人学生」と比べて、さまざまなハンディキャップを持つケースがあることも残念ながら事実である。自分たちの強みと弱みに向き合いながら、キャリアを考え、強みを伸ばし、弱みを克服できるよう、大学生活を過ごしてもらいたいし、教員としてはそのための機会を積極的に学生には与えていきたい。多様な学生を受け入れるからこそ、学生の持っている多様な状況に対して、各学生にあわせたアプローチが必要であると痛感している。

2　入学後のサポート体制

　本学では、外国にルーツを持つ学生に対して、特別な支援は行っていない。既存の大学内の支援体制を活用しつつ、日本人学生でも留学生でもない外国ルーツ学生特有のニーズに対応しきれない部分を補完するという方針をとっている。

　まず本入試で入学した学生は数名である。たとえば本学科での1年生基礎ゼミは8クラス設けているが、外国にルーツを持つ学生は1クラス1名いない状況となる。また入試は必ずしも組織的に積極的に導入されたわけではない。こうしたことから特別な支援を体系的に、特に予算を取って行うことが難しい。

　その一方で、本学では学生向けの支援が充実しており、何かを新しくはじめる必要性や正当性がなかった。まず日本語については、留学生に必修としている「日本語」の授業は履修できないことにしているが、卒業単位外で学内の留学生向けの日本語学習支援を受けることができる。「スーパーグローバル大学創生事業」に採択されたこともあり、本学には「留学生のための日本語プログラム」や留学生向けのライティングサポートなど支援がかなり多くあり、本学の学生は無償で受講できる。そして、こうしたプログラムは、留学生だけでなく外国にルーツを持つ学生も利用可能である。このことは筆者が担当部署に確認して、学生に周知し、利用を促すとともに、学科の教員にも情報共有している。また担当部署の職員にも留学生以外にもニーズがあることを説明し、情報を流してもらうようにした。学修上の支援についても、東洋大学全学生が利用できるラーニングサポートセンターを積極的に利用するよう学生に説明している。また、本入試で入学した学生の成績や履修状況については、教務課から情報提供を受け、必要に応じて個別の指導ができる体制にしている。

学生生活に関しては、筆者が声がけをして、外国にルーツを持つ学生の交流会を行うこともある。2021年度はコロナ禍のため開催が遅れたが9月にZoomで実施し、2022年度は5月に1・2年生合同で対面で行った。2023年度は1年生の様子などをみながら、総合的に判断して教員主導では行わなかったが、昨年度までにつくったつながりをもとに、学生同士で助け合っている様子が見られた。また1期生については先輩がいなかったことから筆者が担当する3・4年ゼミで他大学の外国にルーツを持つ若者が講演してくれる機会に招待したりもした。このように意識的に、上級生と学生をつないだり、学ぶ意義や自分たちのキャリアを考えたりする機会を提供するようにしている。こうした試みは筆者の個人的な取り組みとして行っている側面が強いが、ゆくゆくは学生同士のつながりから助け合ったり、外国ルーツという背景を活かして大学内で活躍できるようなしくみをつくったりし、その一環で支援体制が構築できるよう教員がサポートできるようになればと願っている。

教員の個人的な取り組みだけでは、アプローチできる学生とできない学生が出てきてしまうのも事実である。また、大学とはどのような場なのか、ということも考えさせられる。学生はさまざまな意味で自由な選択をしながら大学生活を送る。高校までの環境とは大きな変化があり、それはすべての学生にとってそうであろう。単位の実質化などが求められているが、日本の私立大学は、場合によっては「楽」に卒業もできてしまう。さらに大規模大学では、学生ひとりひとりへのきめ細かなフォローの機会も限られる。大学教員として、すべての学生に対して勉強への意欲を出させる教育の重要性を感じているが、そのなかでも「外国にルーツを持つ生徒対象入試」で入学した学生は大学での成長を見込んだ受け入れであり、大学で与えられる機会を最大限に活かしてもらいたいと思っている。そのためにも、大学とはどのようなところで、教員はどのような役割を担うべきなのか、を不断に問うていくことも求められよう。

3　高大域連携の可能性に向けて

筆者は外国にルーツを持つ学生など、多様な学生を受け入れるなかで、大学だけで対応する難しさを日々感じている。そのため、高校教員（主に都立高校教員）や市民団体（東京、神奈川、埼玉など）との定期的な情報交換、全国集会への参加を積極的に行っている。まず入試導入にあたって、知識提供や助言をいただいた。たとえば、担当する生徒の状況について意見をもらい、出願資格の検討に役立てたり、日本での在留期間などをどのように証明させるかなど、導入にあたってのテクニカルなアドバイスをもらっ

たりした。こうしたことは学内での調整でも大いに助けられた。また前述の通り、導入後も入試の社会的意義を大学関係者に理解してもらう機会になるなど、外部とのつながりは欠かせないものであった。

　さらに、学生支援においても連携する重要性を感じている。外国にルーツを持つ学生には特有のニーズがあり、その対応のためにもつながりをつくっておくことは重要である。卒業後の進路も日本人学生でも留学生でもないかれらに対して、何かしらのサポートが必要になることもあるかもしれない（もちろん、学生だけで道を切り拓くことの方が多い）。また在留資格に関してサポートすることも出てくるだろう。

　そして、さまざまな場で支援する子ども・若者の様子、受験生の動向や入学後の学生を見るなかで、長期的なキャリア教育の必要性を感じている。必ずしも移住することを望んだわけではないなかで日本に暮らす若者たちが、将来をどのように考えることができるのだろうか。何となく大学に行けば良いのだろうか。当たり前ではあるが、大学に入って終わりではない。多くの支援者が抱えている課題であろうが、大学としても中学校や高校におけるキャリア支援との連携が重要になってくる。

　そこで「外国につながる高校生のための進路ガイダンス」は当初、高校で実施しているものに参加させてもらっていただけだったが、高校の先生方と話し合うなかで、大学で実施し、高校生に大学に来てもらうことを提案して、大学と共催にするなどの試みもした。私の「日本人」のゼミ生などにも進路ガイダンスを手伝ってもらったり、外国にルーツを持つ学生にも声をかけたりもした。特に後者に関しては、学生にとっても「後輩」と接するなかで、自分の歩んできた道を振り返り、今後のキャリアに活かしてほしいという想いもあった。それ以外にも、せっかく大学の教員がかかわっているので、ガイダンスで「大学の授業体験」を行い、大学での勉強がどのようなものなのかイメージしてもらい、今後の学習の励みになるようにした。進路ガイダンスは一例であり、2023年度はそれ以外にも多文化共生教育ネットワークかながわ（ME-net）が実施している外国につながりのある高校生向け土曜学習支援教室（県川教室）の夏季教室で大学の授業体験や大学生との交流ワークショップを実施したり、特定非営利活動法人glolabの「NEWDOOR進学プレッププログラム」に参加する高校生を東洋大学に招待し、大学見学、授業体験、大学生との交流などを行ったりもした。

　高校、大学、地域社会が連携していくことによって、それぞれが補完し合いそれぞれの活動を充実させることができる。大学に目を向ければ、外国にルーツを持つ学生の支援だけでなくこうした連携のなかで、大学生が市民団体・地域社会でボランティ

アなどをしていく機会も増えてくる。学生たちが、学内で多様な背景を持つ「仲間」と共に学んだり、学外でボランティアを経験したりすることを通して、「勉強」だけでなく、「市民」としての素養を身につけることになるだろう。こうしたことは大学が「多文化共生社会」実現に果たせるひとつの貢献でもある。

4　おわりに

　「大学全入時代」に入り、外国にルーツを持つ生徒を対象にした入試を実施する大学はますます増えるであろうし、このような入試を経ずに大学に入学する学生もさらに多くなるだろう。こうしたなか、外国にルーツを持つ学生に対してどのようにサポートできるのか、できないのかを適切に判断し、責任を持って社会に送り出していくことが大学には求められる。定員を埋めるために大学に入学させ、必要な支援を行わず卒業させるということは避けなければならない。そのためにも大学はより一層、高校や地域社会との連携をさらに強化していくべきであろう。

　そして、国がしっかりとした政策や指針、支援を設けていく必要があることも忘れてはならない。外国にルーツを持つ若者の社会統合や大学進学という課題への認識をより一層高め、特別入試などを実施することに対する社会における理解を深めるとともに、適切なバックアップ体制を整えていくことが求められる。たとえば、日本学生支援機構の奨学金が「家族滞在」などの在留資格の学生を対象外とすることも大学進学の機会を減らすことになる。日本で育った外国にルーツを持つ若者を、これからも同じ社会に暮らす一員として捉え、かれらが社会で活躍できるようにするための制度をいかに整えていくのか、議論を深めていく必要があるだろう。

参考文献

日本学術会議 地域研究委員会 多文化共生分科会（2020）『提言　外国人の子どもの教育を受ける権利と修学の保障：公立高校の「入口」から「出口」まで』日本学術会議

樋口直人・稲葉奈々子（2018）「間隙を縫う：ニューカマー第二世代の大学進学」『社会学評論』68(4):567-83.

髙谷幸・大曲由起子・樋口直人・鍛治致・稲葉奈々子（2015）「2010年国勢調査にみる外国人の教育：外国人青少年の家庭背景・進学・結婚」『岡山大学大学院社会文化科学研究科紀要』(39):37-56.

第5章

宇都宮大学国際学部の実践——国立大初めての外国人生徒入試

田巻松雄

1　外国人生徒入試開始！

　宇都宮大学国際学部は、2016年度入試より、特別入試として「外国人生徒入試」（2021年度入試より外国人生徒選抜に改称）を導入した。外国籍で、日本国内で高等学校や中等教育学校もしくは外国人学校を卒業した（または卒業見込）者を対象にした特別入試であり、国立大学法人（以下、国立大学）では初めての試みであった。当時、公立・私立大学でもほとんど例がなかったのではないかと思われる。外国人生徒入試は、国際学部が地域のグローバル化に対する地域貢献として2010年度より進めてきた外国人児童生徒教育支援事業（以下、HANDS）を踏まえて、着想・導入されたものである。

　筆者は、2010年度より2021年度までの12年間、HANDSの代表者を務め、その間、国際学部長として外国人生徒入試の導入を図った。本章では、宇都宮大学国際学部の外国人生徒入試をいろいろな角度から振り返り、この制度の意義や課題を論じる。

2　外国人生徒の進学問題に関する問題意識

　国際学部には毎年のように外国ルーツの学生が入学してくる。ここでいう外国ルーツの学生とは、日本で生まれたか学齢期に来日して日本国内の学校で学んできた人を指す。かれらと接していると、一般的に、日本人学生にはない力強さとポテンシャルを感じる。それにはおそらく、日本語や外国籍等の面で苦労が少なくなかったことや、2つの言語や文化を有していることなどが関係しよう。

　しかし、一般に、外国ルーツの学生が学力試験を通じて国立大学に進学することには大きな壁がある。国際学部に入学してくる外国ルーツの学生の大半も、3年次編入学試験（小論文及び英語外部試験のスコアと面接）か推薦入試（面接）を通じての入学である。また、経済的理由で大学への進学が難しい外国ルーツの学生は少なくないと思われ

る。外国人生徒入試を開始するに至った根底には、モチベーションと潜在的能力は高いが日本語で学力や能力を発揮することが難しい外国ルーツの学生を積極的に受け入れて育てたいとの想いがあった。

外国ルーツの学生（以下、外国人生徒あるいは外国人児童生徒）の教育や進学問題に関する研究や地域貢献プロジェクトを踏まえて、以下の３つを大きな問題として捉えてきた。

①外国人生徒の高校進学率は日本人生徒に比べてはるかに低い。

②外国人生徒の高等学校中途退学率は日本生徒に比べてはるかに高い。

③外国人生徒の大学進学率は日本人生徒に比べてはるかに低い。

高校進学できない外国人生徒や高校からドロップアウトする外国人生徒は、将来、「下層」として日本社会に固定化されていくことが懸念される。進学格差の問題を放置することは将来の貧困・民族問題を作りだす。一方、外国人生徒は「グローバル人材」の大いなる候補生である。外国人生徒が「下層」に固定化されることを抑止するとともに、かれらが「グローバル人材」に成長することを促すような実践的な取り組みとそれを支える研究が強く求められていると考えてきた。

日本の学校で学ぶ外国人児童生徒は、「日本の学校で学ぶ児童生徒」と「外国人学校で学ぶ者」に大別される。

文部科学省「日本語指導が必要な児童生徒の受入状況等に関する調査（令和３年度）」（2022 年 10 月 18 日）から、日本で学んでいる日本語指導が必要な児童生徒の全体的な状況について 2021 年 5 月 1 日現在のデータを整理しておこう。

全国の公立学校に在籍している児童生徒のうち、日本語指導が必要な児童生徒数は、５万 8307 人で前回調査（平成 30 年度、以下同様）より 7181 名増加（14.0% 増）した。日本語指導が必要な外国籍の児童生徒数は 4 万 7619 名で前回調査より 6864 名増加（16.8% 増）した。日本語指導が必要な日本国籍の児童生徒数は 1 万 688 名で前回調査より 317 名増加（3.1% 増）した。

日本語指導が必要な外国籍の児童生徒の言語別在籍状況は、ポルトガル語 25.1%、中国語 20.9%、フィリピン語 15.7%、スペイン語 7.8% が上位を占め、この 4 言語で約 7 割を占める。

佐久間孝正（2006）が「教育現場での外国籍児童・生徒とは、日本国籍の有無に関わり無く、人間として最初に使用した言語が、日本語以外の外国人児童・生徒としたほうが正確」と主張するように、学校現場の指導で問われるのは外国籍ではなく、日本語を母語としない児童生徒である。日本語指導を必要とする児童生徒のなかで外国

籍の児童生徒が占める割合は約8割である。

　外国人学校とは、専ら外国人の子どもの教育を目的としている施設を指す。朝鮮学校等のオールドカマー系の学校とブラジル人学校のようなニューカマー系の学校に大別される。外国人の子どもの母国語教育や母国の教育課程に準拠して授業を行う外国人学校は教育課程や授業内容などの点から、認可を受けても「各種学校」となる。つまり、日本の正式な学校（一条校）とは認められない。無認可の私塾状態にある学校も少なくない。

　文科省は、2021年4月から5月にかけて、外国人学校の保健衛生環境に係る調査を実施した。外国人学校の児童生徒や教職員においてコロナ感染者やクラスターの発生がみられたことを受け、外国人学校の保健衛生に係る検討を行うために必要な基礎情報を把握することが調査の目的であった。この調査の概要から、現在の外国人学校数と在籍する生徒数のおおよその状況が理解される。

　調査対象は、以下の①～④のいずれかに該当する外国人学校（161校）であった。①都道府県から各種学校認可を受けた外国人学校、②各種学校でないが都道府県が把握している外国人学校、③日本インターナショナルスクール協議会の加盟校、④在京ブラジル大使館から認可を受けているブラジル学校。

　以上のうち、各種学校認可を受けた外国人学校は128校存在し、在籍する生徒等は2万6857名（2020年5月時点）であった。（準）学校法人立のものが多いが、株式会社や公益財団法人、一般社団法人等が設立しているものも含まれる。無認可施設の全体像は不明だが、私立高等学校等実態調査において都道府県から報告があった30施設（2020年5月時点）、国際的な評価機関の認定を受けている施設として26施設（2020年7月時点）、ブラジル政府からの認可校として6施設、その他外国人学校向けメールマガジンに登録のあった7施設の存在が確認されている（文科省、外国人学校の保健衛生環境に係る有識者会議（第1回）に提出された資料、https://www.mext.go.jp/a_menu/kokusai/mext_00002.html）。

　定住化傾向が強まる中で、日本の高校や大学への進学を希望する外国人生徒は増加しているが、日本語指導が必要な外国人生徒が学力試験を受験して高校や大学に進学すること及び外国人学校の修了生が学力試験を受験して日本の大学に進学することは容易ではない。特に外国人学校の修了生が学力試験で国立大学に入学することはまず無理である。

3　宇都宮大学国際学部とHANDS

宇都宮大学国際学部が国立大学唯一の国際学部として、「地域のグローバル化」に向き合い、グローバルな視点からの地域貢献の柱として進めてきたのが、外国人児童生徒教育支援のための HANDS である。

国際学部は、国立大学が法人化した 2004 年度から、宇都宮大学重点推進研究として、外国人児童生徒教育問題に関する研究プロジェクトを本学部教員の分野横断的な研究として開始した。本プロジェクトは、2007 年度より、本学特定重点推進研究として、教育学部との学内連携、県内主要地域の教育委員会・小中学校との学外連携の強化を軸に、研究内容を拡大・深化させた。また、地域の拠点大学である本学の国際学部が教育研究資源を有効活用し、地域のグローバル化に応えるための教育研究拠点を構築することの必要性が強く認識されるようになり、2008 年度に多文化公共圏センター（2011 年度より国際学部附属多文化公共圏センターに改称）が設置された。

HANDS は 2010 年度より文部科学省特別経費プロジェクトに採択され、外国人児童生徒の学習支援や高校進学支援のための事業を多面的に推進することとなった。主な事業として、多言語による高校進学ガイダンスの開催、『中学教科単語帳』（日本語⇔タイ語・スペイン語・ポルトガル語・中国語・フィリピン語・ベトナム語）の刊行、外国人児童生徒学習支援のための本学学生の派遣、外国人児童生徒教育に関わる教員が活用できるマニュアルの刊行、栃木県における外国人生徒の中学卒業後の進路調査、県内全域の教育委員会・小中学校長とのネットワーク構築などを行ってきた。

文部科学省特別経費プロジェクトとしての HANDS は 2015 年度で終了し、2016 年度からは多文化公共圏センターの事業として位置付けし直し新たなスタートを切った。以上の HANDS 諸事業の詳細については『宇都宮大学 HANDS10 年史──外国人児童生徒教育支援の実践』（2020 年 8 月）を参照されたい。

HANDS では、外国人生徒の高校受験に対する配慮として、都道府県単位で設けられている特別定員枠と特別措置についても協議を重ねてきた。特別定員枠とは、特定の高校で一般の生徒とは別に定員が設けられた上で、科目の軽減や面接などが行われる。特別措置とは、一般入試の定員内で、学力試験の免除、科目の軽減、時間延長、漢字のルビうち等が行われることをさす。

特別定員枠も特別措置も社会的に弱い立場に置かれている人々を政策的に優遇する

措置が必要だという考えに基づいたアクティブアクションと言える。このうち、外国人生徒の高校進学率を確実に上げてきたのは、特別定員枠であり、「志願者数が定員に満たない場合の対応」において「定員内不合格を出さない」方針が取られるとき、入学時の学力や能力に関係なく「受け入れて育てる」進路保障が徹底されることとなる。

　文部科学省（『令和４年度 高等学校入学者選抜の改善等に関する状況調査（公立高等学校）』。回答者は47都道府県教育委員会）の調査結果によると、外国人生徒を対象とする入試で「特別定員枠を設定している」学校を有する都道府県は47都道府県中17都道府県（北海道、福島県、埼玉県、茨城県、東京都、神奈川県、千葉県、福井県、山梨県、岐阜県、愛知県、三重県、大阪府、兵庫県、奈良県、広島県、大分県）であった。ただし、このうち、定員内不合格者がいなかったのは、6都府県（埼玉県、東京都、神奈川県、滋賀県、愛知県、大阪府）に限られている。

4　外国人生徒入試の導入

1　外国人生徒の大学進学

　外国人生徒の進路保障は、従来、高校進学のレベルで留まってきた。しかし、筆者は、HANDSや関連する研究を通じて、外国人生徒を積極的に受け入れて育成することが、国立大学の大きな社会的役割として求められているとの認識を強めた。ちょうどその頃、外国人生徒の大学進学をテーマとするシンポジウムなどが全国各地で開催されるようになった。

　2014年3月には、移住連（NPO法人移住者と連帯する全国ネットワーク）主催のシンポジウム「ニューカマーの大学進学―進学格差の是正に向けて」が開催された。2015年2月には茨城大学で、「国立大学に移住者の子どもが進学できるような特別枠」について考えるシンポジウム「大学の多様性をグローバルにローカルに考える」（宇都宮大学国際学部も共催）が開催された。

2　制度導入の要因

　新しい入試制度を導入するためには、学部教授会と全学会議での審議・承認が必要であり、そのうえで、最後は文部科学省の認可で決まる。教授会、全学会議共に、大きな反対論は出なかった。文科省の特別経費プロジェクトに採択されたHANDSを牽引してきた者が国際学部長として提案したことは、学部教授会で審議がスムースに進

んだことに一定の影響を与えたであろう。推薦入試や編入学試験を通じて入学してき
た優秀な外国人生徒の存在が制度導入を後押しした側面もあったかと思う。ただし、
新制度に対する強い支持や高い期待があったとはあまり言えない。もとより、これは
致し方ない側面もある。HANDS に直接関わっていた教員は数名で、外国人児童生徒
教育問題に対する関心や認知度は学部内でも決して高いものではなかった。全学レベ
ルではその傾向はより強かったと思う。

　全学会議の席上で、ある理事が「出来の悪い外国人を入れて大丈夫なのか」という
ような発言をしたが、この理事のように、大学生と言えば日本人学生と外国人留学生
しか頭に浮かばず、外国人児童生徒の存在を知らない人が全学会議メンバー（執行部）
の大半を占めていたと思う。提案している新制度の目的や意味も十分理解されない状
況のなかで、特に反対論が出なかったのは、HANDS のそれなりの実績と「とにかく
やる」という熱気に押されて、「やりたいならやってみれば」の突き放し的な態度が関
係していたと思われる。筆者の正直な心境としても、「積極的な理解や応援は無くて
良いから、邪魔はしてくれるな」であった。

　受入体制についての不安や心配は聞かれた。十分な準備をしていないで受け入れた
場合、教員の負担も大きいし、そもそも入学してきた学生たちが困るし、彼らを不幸
にしてしまうのでは？」という教員も何人かいた。負担から考え始める「負担論」は
自己防衛の考え方としてほとんど何も生み出さないがそれはそれとして、どのような
学生が入学してくるかわからないし、若干名なので一人ひとりの状況に寄り添えば対
応は十分可能と思っていた。

　文科省の対応は正直驚きであった。報告 15 分、質疑 15 分の計わずか 30 分程度
のやり取りで一発 OK が出たのである。同行した職員も話し合い終了後に立ちながら
「本当に良いのですね」と念を押したくらいである。「HANDS でのご実績もいろいろあ
るようですし、外国人学生を救ってあげて下さい」との趣旨の発言は印象的であった。

　その後、日本の高校と外国人学校に在籍する生徒両方を対象に出願資格について検
討を重ねた。関係者から様々な意見が出され、結論を出すことは簡単ではなかった。
状況を見ながら見直しを図ることが必要になるかもしれないことを意識しつつ、出願
資格について以下のように定めた。

　日本に在留する外国人（「出入国管理及び難民認定法」の第二条の二に規定する別表第二に定
める在留資格を有する者）で、日本語能力試験Ｎ１を取得していること、および実用英

語技能検定準2級以上かTOEICスコア450点以上を取得しており、次の（イ）又は（ロ）のいずれかに該当し平成28年3月31日までに18歳に達する者。

（イ）日本国内の小学校4年以上の学年に編入学した者又は日本での就学歴が9年以内の者で、高等学校もしくは中等教育学校を卒業した者および平成28年3月に卒業見込の者。

（ロ）文部科学大臣が日本の高等学校相当として指定している外国人学校（文部科学省「我が国において、高等学校相当として指定した外国人学校」）を修了した者および平成28年3月に修了見込の者（12年未満の課程の場合には、さらに指定された準備教育課程（文部科学大臣指定準備教育課程）を修了する必要がある）。

　日本の高校卒業者には、「小学校4年以上の学年に編入した者又は日本での就学歴通算9年以内」という条件を課した。この条件は、高校入試に関する特別定員枠と特別措置で多くの都道府県が課している「3年以内」の条件では定住化が進む外国人生徒の特別定員枠・特別措置の利用を妨げていることを踏まえて判断したものである。高校入試で「6年以内」とすると、大学入試では「9年以内」となる。外国人学校の修了者に対しては、就学歴や滞在年数に関して条件は課さなかった。

　選抜は、出願書類の他、小論文と面接を総合して行うこととした。宇都宮大学では2016年度に新学部「地域デザイン科学部」が設置されたことで、国際学部の定員は100人から90人となった。外国人生徒入試では、当初は数人の枠の設置も視野に入れたが、学部定員の減少、他の入試枠の定員への影響などを踏まえ、状況をみながら検討を続けることとし、募集定員は国際社会学科・国際文化学科とも若干名とした（国際学部は2017度より国際学科1学科となった）。

　外国人生徒入試の導入が確定的になった際、高等学校の進路指導の教員や外国人学校の関係者から「朗報」とか「画期的」という言葉をいただいた。移民問題、開発教育、人権問題に取り組む関係者から声をかけていただき『Migrants Network』（No.179、May 2015）、『DEAR』（Development Education Association and Resource Center　Vol.175, Feb 2016）、『外国人・民族的マイノリティ人権白書2016』（2016年4月）に寄稿させていただいた。2016年3月の神奈川県かながわ会議（第9期）の提言素案では、県内の大学入試における条件緩和に関する「施策化の提案」のなかに、大学の評価基準に、留学生ではない外国人学生の比率を加えることが効果的であること、その意味でも外国人が多い神奈川県で、外国人枠を特色として打ち出すことが地域と大学の協働の1つで

はないかと述べられ、これに似た取り組みとして本入試が紹介されている。

　2016年の夏は、愛知県と群馬県で開催された外国人学校の大学説明会で外国人生徒入試について説明する機会を得た。愛知県で開催された外国人学校向けの説明会で日本の大学が説明することはこれまでなかったという。2016年10月の日本社会学会の移民第二世代に関するテーマセッションで本入試について報告した際には、国立大学初めての試みとして注目された。

5　入学者の動向

　表1は、外国人生徒入試の受験者と入学者の動向を示したものである（2023年度は受験者は無し。2024年度は5名が受験し入学した）。

・2016年度〜2022年度までの受験者は29名、入学者は23名である。
・2022年度現在在籍者は16名である。
・受験者29名の国籍は、中国14名、ブラジル7名、韓国3名、ペルー2名、フィリピン・ロシア・インド各1名である。入学者23名の国籍は、中国11名、ブラジル5名、韓国3名、ペルー・フィリピン・ロシア・インド各1名である。
・出身校所在地は、岩手県、新潟県、群馬県、栃木県、茨城県、埼玉県、東京都、神奈川県、大阪府、愛媛県、兵庫県の11都府県である。
・表中には示されていないが、確認出来た出身高校18の種別は、公立全日制7、公立全日制特別定員枠校2、公立定時制1、中高一貫私立校5、私立全日制1、外国人学校2である。

表1　外国人生徒入試の受験者および入学者の動向（2016年度〜2022年度）

年度	受験者	入学者	出身校県名など
2016	2（中国、韓国）	2（中国、韓国）	神奈川県
2017	2（中国2）	2（中国2）	茨城県、栃木県
2018	3（ブラジル2、ロシア）	3（ブラジル2、ロシア）	新潟県、茨城県
2019	6（中国5、ブラジル1）	4（中国4）	東京都、茨城県、栃木県、大阪府
2020	9（中国3、ブラジル3、フィリピン、ペルー、韓国）	5（ブラジル2、中国、韓国、フィリピン）	群馬県、栃木県、茨城県、愛媛県
2021	4（中国2、韓国、インド）	4（中国2、韓国、インド）	埼玉県、茨城県、栃木県、東京都
2022	3（中国、ブラジル、ペルー）	3（中国、ブラジル、ペルー）	神奈川県、岩手県、兵庫県

『HANDS10年史』では、「外国人学生体験レポート」で9人の外国人生徒入試入学者が体験談を書いている。国際学部に進学するまでの経緯を簡潔に示しておこう。

A 小学校1年生の時に両親が日本に出稼ぎに来た。Aは母側の祖父母に預けられた。中国で中学一年生まで通い、2010年の8月に呼び寄せられる形で日本に来て、横浜の公立中学校に編入した。神奈川県の在県外国人等特別募集を利用して高校に進学した。大学進学は早くから意識していたが、センター試験は最初から無理だと悟って、AO試験の入試対策を頑張っていた。宇都宮大学を知ったのは担任の先生からもらった資料からだった。たまたま入試に求められる資格を全部クリアしていたので、受験することができた。N1を受けたのは高1の夏で、きっかけはボランティアの先生の助言だった。TOEICは高校の学科が積極的にすすめていたので、定期的に受けていた。宇都宮大学を受験しようと思ったきっかけとして、外国につながる子どもたちを支援するHANDSプロジェクトがあることが大きかった。

B 韓国の中学校卒業後、日本の高校に進学した。小さい頃からサッカーをしており、高校でもサッカーを続けたいと考えていたが、当時（2011～2012年頃）のサッカー日本代表のプレーに感銘を受け、日本への留学を決意した。進学した高校は私立の高校で、入試は国語・英語・数学の3教科の試験とであった。高校2年の夏に日本語能力試験N1を取得した。日本に留学すると決意した時点から日本の大学に進学することを想定していた。日本に留学して来た当初は、サッカーで大学に進学しようと考えていたが、サッカーをやめたあとは、正直大学で何を学びたいか良く分からなかった時期があった。高校3年生になり、大学進学について考える時期が来て、色々迷っていた時期に当時の担任の先生が、宇都宮大学国際学部に外国人生徒入試があると教えてくれた。宇都宮大学が国立大学だということもあり、受験をした。

C 2014年秋に中国の中学校を卒業してから16歳で宇都宮市へ来日。高校進学のため、中学校への入学を希望。約1か月、宇都宮市が運営する初期日本語教室で日本語を学んだ後、中学校2年へ編入。高校受験では、栃木県の「海外帰国者・外国人等の入学者の選抜に関する特別の措置」入試で、県立の国際系の高校を2校受けるが、いずれも不合格。その後、両親から定時制課程の高校について知らされ関心を持って受験、合格。大学進学に関しては、当初、AO入試での私学受験を計画するが、諸事

情で断念。その頃、国際学部の外国人生徒入試の情報を得る。もともと国際系の勉強に関心が強かったこともあり、受験を決める。約1年かけて、N1と英検に関する出願資格を得て受験。

D 中国の中学校1年時に在籍していた2013年5月に来日。日本の中学校に入る前に日本語学校での日本語学習を希望するが、なかなか良い環境・条件の学校が見つからず、最終的に多文化共生センター東京にたどり着く。センター東京のフリースクールで2014年6月から2015年2月まで約9か月学習する。千葉県内の自宅から約1時間半かけての通学であった。フリースクール終了後、両親が公立高校に入学した場合のいじめを心配して、自宅近くの中高一貫の私立学校を受験するが不合格。その後、茨城県にある中高一貫の私立学校を特別入試で受験し合格。特別入試は国語、英語、数学の三科目の筆記試験と面接であった。中学3年の時にN1を取得。国際学部の外国人生徒入試を知ったのは、親の紹介だった。自分に「ぴったりな入試」と思って受験したという。

E 2015年、中国での中学校を卒業したのちに来日。中学校3年次に編入し、約6か月、日本の中学校で学ぶ。高校進学に関しては、「普通の高校」は厳しいと思い、多くの留学生を受け入れる高校を選び、留学生入試で受験。試験科目は数学、国語と母語によるエッセイであった。また、両親が帰国してしまったので、寮が整備され、保証人代わりになってくれる高校を選ぶ必要があった。高校一年生の時から日本の国立大学へ進学することを希望していた。宇都宮大学のことをインターネットで知り、その後、オープンキャンパスに参加し、情報をさらに手に入れた。将来、国際社会で活躍したい希望があり、国際学部を志望した。一般入試なら、日本語の壁があるため、国立大学を受からないだろうと思っていた。この外国人を対象とする特別試験は自分に最適応ではないかと思ったという。

F 神奈川県で日系ブラジル人の両親から生まれる。数年間ブラジルに住み、日本に戻る。当初、ブラジルに帰る前提で来ていたので、日本の学校に通わず、ブラジル学校に通う。日本に戻ってきた時期がちょうどリーマンショックの時期と重なったため、2008年から2010年まで、通っていたブラジル学校の閉校が相次ぎ、転校を4回ほど繰り返した。2010年から通い始めた学校は高校卒業まで通い続けた（中高一貫

6年）。日本の大学への進学は中学校2～3年生の時に意識し始めた。N1を取得した時期にあたる。中学校卒業の時には日本の大学に進学しようと決意していたので、そのまま日本に留まった。様々な大学の説明会やオープンキャンパスに参加しているなかで、群馬県大泉町で行われた「ブラジル生徒向け大学進学ガイダンス」というイベントで宇都宮大学のブースを見つけ、外国人入試と宇都宮大学国際学部を知り、受験を決意した。

　G　ロシア生まれ。2008年10月にロシア人の母が日本人と結婚したため9歳で日本に移住することになり、日本の小学校4年生に3学期から編入する。小学校では、いじめなどはなく、周りに支えられた覚えがあるという。編入後半年ほどで日常会話ができるレベルまで上達し、5年生からは周りと同じペースで学習を進めることになったと振り返る。父が勧めた公立高校を目指し、外国人のための特別枠はなかったので、5科目試験の一般入試で受験、奇跡的に受かることができたと振り返る。日本語能力が大学を受験できるレベルには達しておらず、落ちる覚悟で受けた大学の受験に失敗して1年間浪人を経験。1年間通っていた予備校で担当の先生が宇都宮大学の外国人生徒入試を紹介してくれた。入試の存在を知った時点で、N1試験の申し込み締切の2週間前くらいだったので急いで申し込み受験した。

　F　ブラジルで生まれ、6歳の時に来日。学校は小学校から高校卒業までずっと1つのブラジル人学校に通い続けた。毎週2回は日本語を学ぶ授業があった。日本語の先生は日本人で、丁寧に授業をしてくれたと振り返る。高校2年の時に日本語能力試験N1を取得している。高校2から3年にかけて、専門学校や大学のオープンキャンパスなどをいくつか見学した。宇都宮大学は、初めて参加した大学のオープンキャンパスだった。ブラジル人学校卒業後に、ブラジル大使館主催の進学ガイダンスに参加した際に国際学部の外国人生徒入試の情報を得た。受験を決めた理由は2あり、一つは国立で学費が他の大学に比べて断然安いこと、そしてもう一つは自分が持っている外国語の能力が生かせると思ったからだ。「外国人入試はまさに私のように日本で外国人学校を卒業した外国人生徒のための入試だと思っている」と語る。

　H　中国生まれ、中学3年から日本の中学校に編入。中学校は外国人生徒が多く、外国人生徒に日本語を教える特別な教室があったほか、授業時には中国語の通訳をして

くれる人も常にそばにいる良い環境であった。同時に、市内にある国際交流センターにも通い、そこで無料で日本語や日本のことを学ぶことが出来た。高校受験では、私立高校と公立高校両方を受験した。公立高校は外国人特別定員枠を設けている高校で、数学、英語の試験に加えて、母語で書く作文の試験を受けた。日本の大学への進学を意識するようになった時期は高校一年生の時である。同じく外国人生徒特別選抜で入学した先輩の姿を見たりして、日本の大学に進学することは不可能ではないと考えていた。進学先を迷っていた高校２年の時、外国人生徒担当教員から宇都宮大学の外国人生徒入試を紹介された。宇都宮大学は国立大学であり、国際学部は歴史が長く、実績もあるという理由で受験することに決めた。

入学者23名の国籍は７つ、出身高校所在地は11都府県、出身高校の種別では、公立と私立、全日制と定時制、特別定員枠校、中高一貫の私立校、外国人学校があり、全体的に「多様な学生」を受け入れてきたと言える。

なお、募集人員は、開始時の若干名、2022年度入試からの５名を経て、2024年度から３名となった。若干名から５名への変更は、受験者が安定的に確保できる見込みが出てきたことを踏まえ決定された。５名から３名への変更は、新学部設置（2024年4月）を受けて、全学的な視点から要請されたものである。

6　意義、制度変更、発想の継承

1　意義

外国人生徒入試の意義は、直接的意義と間接的意義に大別できる。

直接的意義は、人数はわずかではあるが、本入試が導入されなければ国立大学への進学が叶わなかった外国人生徒に進学の道を開いたことである。

中高一貫の私立校出身者は体験談で以下のように書いた。

現在、日本語の壁に苦しめられ、自分の才能がうまく発揮できず、よい大学に進学しにくい外国人生徒がたくさんいる。国際学部の外国人生徒入試は彼らの状況を考慮し、作られた試験である。それは外国人生徒が大学進学のセーフティネットだと言える。

上記に示した９名の体験談は、この入試がなければ国立大学に進学できなかった可

能性が極めて高かったことをほぼ共通に語っている。

　また、本入試の直接的意義は、学部を飛び立っていくかれらの活躍によって評価されるものであろう。2019年度以前の入学者11名のうち2名が大学院進学、6名が就職している（2人は帰国、1人は不明）。2020年度以降の入学者のなかに現在のところ中途退学者はいない。外国人生徒入試導入にあたって、本入試入学者には他の入学者とは異なる特別な指導や配慮が必要になるかもしれないことを意識しつつ、受け入れ態勢について協議を重ねた。しかし、結果として、特別な指導や配慮を施すことはなかった。彼らの大半は特に1年前期の授業やレポートが大変だったと語るが、関係教員や学生の協力等を得つつ、学生生活を切り拓いていった。

　間接的意義としては、外国人生徒への入試における特別な配慮の必要性を広く投げかけるとともに、自ら制度設計して1つのモデルを実践したことであろう。ただし、このような特別入試は、私立大学では導入する動きが少しはあるものの、国公立大学では広がりを見せていない現実がある。樋口直人・稲葉奈々子（2017）は「間隙を縫うーニューカマー第二世代の大学進学」（『社会学評論』68（4））の末尾に、本入試に触れ、ルーツの多様性を保障する制度設計が大学に求められていると問題提起している。少し長くなるが、引用させていただく。

　この入試制度導入以前から、国際学部での勉学を志向して入学してくる外国ルーツの若者を学部の重要なメンバーとみなし、彼ら彼女らの強みを生かした活動を積み重ねてきた成果と言えるだろう。こうした学生は概ね不可視の存在とされてきたが、それは大学側が彼ら彼女らを見ようとしなかったからである。問題は第二世代ではなく包摂できない大学の側にあり、大学が変われば多様な学生に機会を提供しうることを、宇都宮大学の試みは示唆するだろう。……現在までの第二世代ニューカマーの大学進学の道は、彼ら彼女らが「自助努力」で探し当て、結果として開かれたものである。そのような偶然の産物としてではなく、ルーツの多様性を高等教育でも保障しようとする制度設計をすることが求められている。それこそが、「スーパーグローバル」を喧伝する大学が本来備えるべきグローバルスタンダードと言えよう。その意味で、アファーマティブアクションを他人ごとと見るのではなく、日本の大学が自らの課題として引き受けるべき段階に入ったことを、社会学者も自覚すべきではなかろうか（579-580頁）。

2 制度変更

　外国人生徒入試開始時の出願資格で、日本語能力についてはN1の取得を条件としたが、議論の過程ではN2で良いのではないかという意見があり、やや意見が分かれた。一方、在留資格と日本での就学歴については、意見が分かれることはなく資格を定めた。しかし、結果的に、在留資格と日本での就学歴について一部変更をすることとした。この点について簡潔に説明しておきたい。

　在留資格については、類似の入試を行っていた私立大学の出願資格を参考にして、「出入国管理及び難民認定法の第二条の二に規定する別表第二」に定める在留資格を有する者を対象者とした。具体的には、「身分または地位」に関する在留資格としてあげられている、「永住者」、「日本人の配偶者等」、「永住者の配偶者等」、「定住者」が該当する。

　外国人生徒入試開始情報が公開されて間もなく、ある集会で出会った横浜在住の外国人から、このような入試制度を導入したことに関する感謝の意を伝えられるとともに、「家族滞在」の在留資格でも受験が出来るようにしてほしいと意見をいただいた。この時点では、正直、家族滞在という在留資格の内容や問題に関する私自身の理解は非常に乏しいものであった。後日その方と改めてお会いし、お話を伺った。家族滞在の在留資格は、就労の在留資格をもって在留している外国人の扶養をうける配偶者または子という身分関係にある者に付与される在留資格である。家族滞在の子どもたちが増えていること、高校ぐらいまでは家族滞在で特に不自由を感じないが、高校卒業後の進路を考えたときに在留資格に関する問題に直面することになること、家族滞在の子どもたちが大学へ進学することは日本で安定した在留資格を取得する可能性を高めること、家族滞在では日本の大学や専門学校に進学するために奨学金を利用したくても申請資格が与えられていないケースが多いこと、等を知ることが出来た。現行の出願資格では家族滞在の子どもたちを受験の機会から排除してしまうことが認識されたため、早速、受験を可能とするための共通理解を学部・学内で図った。在留資格に関する出願資格は、2019年度入試から「日本国籍を有さず、出入国管理及び難民認定法により、大学入学支障のない在留資格を有する者または入学に関し当該資格を有する見込みのある者」に改めた。

　就学歴については、日本の学校を卒業したものには「就学歴9年以内」を課し、外国人学校卒業者には特に制限を課さなかった。外国人学校で学んだ者は、たとえ就学歴が長くても、日本の学校で学んだ者に比べて、受験上のハンディが大きいと考えら

れたからである。この就学歴に関する見直しは、教育課程 11 年の外国人学校に通う生徒の受験資格をめぐる検討が契機となった。大学受験には 12 年の教育課程を修了することが必要である。このため、教育課程 11 年の終了者はあと 1 年就学をすることが必要となる。文科省が指定する教育準備課程はかなり高額であるため、通信制高校に 1 年編入して 12 年の教育課程を修了するケースがあるという。この場合に問題となるのは、最終年度を通信制高校で就学することで、日本の学校の卒業扱いとなってしまうことである。例えば、外国人学校で 11 年就学し、12 年目の最終年度を通信制高校で就学した場合、日本の高校卒業となり、「就学歴 9 年以内」を充たさないので受験資格を得られない。このケースを含め、日本の学校と外国人学校を往還することや各国の教育制度の違いによって、当初想定していたものよりも複雑な就学歴が有するケースが存在することが理解されるようになった。そして、複雑なケースに対応できるような資格を具体的に定めていくことは、資格そのものが複雑化あるいは煩雑化してしまい、現実的に難しいことが認識された。この結果行きついた結論として、日本の学校を卒業したケースでも、就学歴の制限を課さないこととする変更を行った。

2020 年度入試より、日本の高校卒業者の就学歴に関する規定は、「日本国内の高等学校若しくは中等教育学校を卒業した者」とのシンプルなものとなった。これは誰ひとりとして受験機会から取り残さないための変更であったが、外国籍であれば誰でも受験が可能となった点で、大きな変更であったと言える。例えば、日本で生まれて日本の小中高でずっと学んできた者でも外国籍であれば受験できる。当初、外国人生徒入試は、主に学齢期に来日し、日本での就学歴が短く、日本語で行われる学力試験では合格が難しい生徒を想定していた。この変更は外国人生徒の受験機会を広げることを意味するが、受験層の質の変化をもたらすかもしれない。

3　発想の継承

外国人生徒入試は、2019 年度に実施された国際学部・国際学研究科外部評価において、「(多くの入試スタイルがあるなかで) 外国人生徒入試は画期的であると評価」、「入試が多様で、特に (地域の特徴も意識しての) 外国人生徒入試の導入を高く評価する」との評価を得ている。

筆者が、大学における外国人生徒入試を構想するうえで、最も参考になったのは、「受け入れて育てる」との精神に基づいた神奈川県や大阪府の高校入試における特別

定員枠である。一定の枠を設け、定員内不合格は出さないことで、「受け入れて育てる」発想が最も徹底化される。やや乱暴に言ってしまえば、この発想は受入れ時の学力や能力を問題にしない。何よりも学ぶ意欲を大事にして、学ぶチャンスを与え、その人の力を伸ばし、引き出そうとする。このような発想が最も遅れてきた学びの場は大学に他ならない。もちろん入試であるから限界や限定はある。宇都宮大学国際学部の実践もわずか数名を対象とする小さなものであるし、制度の在り方も変わっていくかもしれない。しかし、「受け入れて育てる」という発想は継承され、より重視されていくべきである。なお、外国人生徒への配慮は国際系の学部学科が率先して考えるべきものでもない。工学や農学を学びたい、あるいは教員として活躍することを希望する外国人生徒は少なくないであろう。外国人生徒の受け入れは、ダイバーシティへの適応力を醸成する学習環境の充実という点で、日本人学生の教育にとっても極めて有益という点も忘れてはならない。

参考文献

樋口直人・稲葉奈々子（2017）「間隙を縫う―ニューカマー第二世代の大学進学」（『社会学評論』68（4）、567-583頁。

佐久間孝正（2006）『外国人の子どもの不就学―異文化に開かれた教育とは』勁草書房。

田巻松雄（2015）「宇都宮大学国際学部が『外国人生徒入試』開始」『Migrants Network』No.179、May 2015、6-7頁。

田巻松雄（2016）「特集　宇都宮大学国際学部『外国人生徒入試』実施の背景と趣旨」『DEAR』（Development Education Association and Resource Center）Vol.175, Feb 2016。2-4頁。

田巻松雄「外国人生徒の大学進学」『外国人・民族的マイノリティ人権白書2016』2016年4月、37頁。

田巻松雄（2017）『未来を拓くあなたへ―「共に生きる」社会を考えるための10章』第10章「宇都宮大学国際学部の実践―HANDSと外国人生徒入試」下野新聞社、250-271頁。

田巻松雄編（2020）『宇都宮大学HANDS10年史』宇都宮大学。

教育組織における真の教育の理念の重要性

駒井　洋

　本小論の目的は、いかなる教育組織であろうと、真の教育の理念をもたなければならないということである。教育の理念が存在しないばあい、教育組織の未成熟の成員は方向性を失い、その教育組織は堕落し混乱することになろう。人間の集団には未成熟の成員が加わるが、この人びとには成熟した成員が生き方を教えなければならない。これが教育である。

　以下では、古典とされている教育論から、ルソーとカントの2大古典、教育方法論の古典、脱学校論の古典、被抑圧者の教育学をとりあげ、教育方法論および脱学校論については、真の教育の理念を持たないため限界があることを指摘する。[1]

1　教育論の2大古典

　以下では、まず18世紀に活躍したルソーとカントにおける教育の理念を概観する。ルソーは、『エミール』(1762年) において、われわれが生まれたときにはもっておらず、しかも大きくなってから必要とするものは、すべて教育によって与えられるとする。子どもの教育の理念は、子どもに本来的自由すなわち自然を返すことであり、自由の君臨と力の活用が原則とされる。これが子どもの真の幸福への途であ

る。この理念の背景にあるものは、フランス絶対主義社会の否定である。

　子どもの教育は、自然か、人間か、事物によってなされる。自然による教育とは能力や肉体的器官の内部的成長をもたらす。事物による教育とは、人間の外部にある事物との相互作用による経験にもとづく教育である。この三者による教育は一致していなければならない。人間の幼年期は、三つの段階を踏む。第一段階では、話し、食べ、歩くことができるようになる。第二段階では自己意識が生まれる。ルソーは、この段階での遠い将来を準備するための教育を、野蛮であるとして否定する。12～13歳になると青年期に入るが、これが幼年期の第三段階である。

　子どもの教育にとってきわめて重要なものは、善悪を判断し道徳を確立する良心である。これは人類の正義にたいする愛を創造し人類愛が生まれる。

　カントはルソーの教育論があまりにもおもしろく、欠かすことのなかった午後の散歩を休むほどであったという。カントは、『教育学について』(1803年) において、人間のなかには善の萌芽だけが存在しているということを確信していた。こうして、人間は善への素質を発展させなければならない

ということになる。この確信については、カントの3大批判のうちの実践理性批判がその根拠を提供しているとおもわれる。

カントは、教育の段階を擁護（保育・扶養）、訓練（訓育）、教授・陶冶の三つに分けた。擁護段階には乳児、訓練段階には生徒、教授・陶冶段階には弟子が対象となる。訓練段階には、人間性の支配のもとで未開状態と訣別しなければならない。教授・陶冶段階では、弟子は教授され自己改造して練達性を獲得する。カントの教育の理念は、正義の規則にしたがって統治される共和国の理念と一致し、未来のより幸福な人類への展望を示す。人類は、ひとつの世代が次の世代を教育するなかで、人間性のすべての本来的素質を自らのなかから取り出すように努力すべきである。

この2大古典においては、主として人間の幼年期が対象とされているが、それ以外の年齢層にも教育が拡大されなければならないことは当然である。

2　教育方法論の古典の限界

ここでは、教育方法について大きな影響を与えたペスタロッチとデューイの議論を概観する。

まずペスタロッチであるが、1798年に成立したスイス共和国によるシュタンツにおける処刑により多数の孤児が発生した。かれらを救うため、ペスタロッチは孤児院を設立し教育した。人生の喜びと幸福との基礎たる個人の本性の要求を満たす教育は、生活の必要ないし要求に基づいておこなわれなければならない。そのためには、言葉より作業場における労働による人間の形成が必要とされる。この方法によって、子どもの生き生きとした本性の力が発揮され、素質と能力が発展するのである。なお、この孤児院はフランス兵の侵入を恐れて閉鎖された。

デューイは1896年にシカゴ大学に実験室学校を設立した。デューイによれば、教育の目的は子どものlife（生命・生活・人生）の充実にある。遊びや仕事が行われる環境が設定され、そこで個人の活動力と要求に基づく経験の絶え間ない再組織ないし改造がなされる。その条件としては、共同の関心が共有されるなかで、社会集団の自由な相互交渉がなされなければならない。

さらにデューイは、学校という制度が暗記と試験ではなく、活動的な社会生活の場であるべきことを提唱した。かれの教育論は、20世紀のアメリカ社会に広く受け入れられたが、児童中心主義による逸脱も起こった。また学校と社会とのあいだの相互作用の確立を提唱したが、それには成功せず、社会改造の必要性が説かれた。

ペスタロッチによる作業場の重視であれ、デューイによる学校の再組織化であれ、いずれも教育方法によるアプローチが議論の中心に置かれ、どのような人間を形成するのかという教育の理念については、考察が不在であるといわざるをえない。

3　脱学校の議論の限界

この議論の代表者としては、イリイチとドーアをあげることができる。

イリイチ（1970）によれば、国家による学校制度とりわけ義務教育の弊害は、経済成長を指向し消費者社会のエートスをもたらす人間性を破壊するような価値の制度化が促進されることにある。そのため、社会

を脱学校化することが求められるとする。
ドーア（1976）によれば、教育制度が教育
ではなく、単なる能力検証・人間選別の装
置になりさがり、学歴エスカレーションが
世界的に出現している。これは社会の文化
の質的危機を意味するとされる。

　この両者の議論によれば、脱学校化すれ
ば真の教育が誕生することになる。しかし
ながら、形式的に脱学校化したとしてもそ
れは理念を問題としないから、真の教育の
創造とは無関係であることはいうまでもな
い。

4　「被抑圧者の教育学」における教育の理念

　パウロ・フレイレによる「被抑圧者の教
育学」（1970）では、刮目すべき教育論が
展開されている。被抑圧者は抑圧者による
抑圧の論理を内在化しているから、それか
らの解放が要求される。その際教育の本質
として、自由の実践としての対話がなされ
なければならない。その内容としては、民
衆をとりまく現実について民衆が抱く意識
があげられる。この意識は「生成テーマ」
と呼ばれる。

　対話的行動理論は、世界への介在を目標
とする課題提起教育をおこなう。それは歴
史的使命としての人間化をはかることを目
標とする。

（1）本項は、2018 年度科研費「将来の『下
層』か『グローバル人材』か―外国人児童生
徒の進路保障実現を目指して―」（研究代表 田
巻松雄）により 2019 年 6 月 18 日に宇都宮
大学で開催された研究会におけるコメント、
2020 年 8 月 29-30 日に宇都宮大学で開催さ
れた研究会における発表、2022 年度科研費
「外国人生徒の学びの場に関する研究―特別定
員枠校と定時制・通信制高校の全国調査」（研
究代表 田巻松雄）により 2023 年 12 月 17
日に宇都宮大学で開催された研究会における
発表を再構成したものである。

参照文献

J. J. ルソー（1762）戸部松実抄訳『エミール』
　　　中央公論社（世界の名著）、1966 年

I. カント（1803）「教育学」『カント全集第
　　　16 巻』理想社、1966 年

J. H. ペスタロッチ（1779-1780、1807）長
　　　田新訳『隠者の夕暮・シュタンツだ
　　　より』岩波文庫、1943 年

J. デューイ（1915）宮原誠一訳『学校と社
　　　会』岩波文庫、1957 年

J. デューイ（1916）松野安男訳『民主主義と
　　　教育』岩波文庫、1975 年

R. P. ドーア（1976）松居弘道訳『学歴社会
　　　新しい文明病』岩波書店、1978 年

I. イリッチ（1971）東洋・小澤周三訳『脱学
　　　校の社会』東京創元社、1977 年

P.　フレイレ（1970）三砂ちづる訳、『被抑
　　　圧者の教育学』亜紀書房、2018 年

コラム2

高校進学を振り返る

石　雯漢

　父親が日本で仕事をすることとなったことがきっかけで、私は日本へ来た。15歳の私は父親と日本へ来た直後、東京都にある中学校に入った。日本語が分からない私は学校の生活に慣れなく、同級生および先生とのコミュニケーションが当時の私にとって一番の壁だったと思ったが、現実はそうではなかった。私にとっての一番の困りごとは中学校以降の生活—高校進学のことであった。

　日本へ来た直後中学校の3年に入り、半年もないなかで高校受験をしなければならない。日本語がほぼわからない私は、受験対策として、国語の勉強を諦め、数学と英語に集中した。英語と数学がほぼ満点を取っていれば、国語の点数が悲惨になっても大丈夫だろうと思った。その傍ら、受験勉強に集中する一方で、高校の進学説明会にも積極的に参加した。

　家の近くにある外国人留学生を受け入れる公立高校を目指して、進学することを考えた。また、隣の町の私立進学校はうちの中学校へ来て優秀な学生をスカウトすることもあった。英語の成績が優れていた私もその進学校のスカウト候補になった。中国の高校受験の成績（中学校内1000人中で22位）をその進学校に提出したところ、「ぜひうちの高校にチャレンジしてみて、入っ

てください。」と言われた。これは非常に嬉しいことだったが、その高校に進学することは現実的に無理であった。それは在留資格に関係する。

　外国人留学生である私の場合、良い成績を取っても、良い高校に入れるとは限らない。学力以外に一つ大事なものがある。それは留学ビザである。父親の日本での仕事は一年しかなかったため、私は留学ビザを発行してくれる高校にしか行けない。だから、家の近くの公立高校とその私立進学校へは行きたくても行けなかった。なぜなら、学校の担当者と相談した結果、学校が留学ビザを発行することは出来ないことが分かったからである。それらの学校が受け入れている外国人の学生は、両親のどちらかが日本に長期滞在しており、日本でいわゆる住居を持っている学生である。保護者がいない未成年の高校留学生を受け入れることが出来ないのである。

　だから、私は外国人留学生にビザを発行できる高校へ行かざるを得なかった。その後、父親が文科省が承認している高校に関するほぼすべての情報をインターネットで収集した。その結果、静岡県のオイスカ高校、千葉県の暁星国際高校、青森県の山田高校、福岡県の福岡第一高校、徳島県の明徳義塾高校が外国人留学生を受け入れるこ

とが分かった。正直どこに行くのか非常に迷った。外国人留学生を受け入れる学校の大半はスポーツでの活躍を希望する学生を募集する傾向があって、進学校が非常に少ない印象があった。

　色々選定をして、オイスカ高校と暁星国際高校の入学試験を受けて、どちらも受かった。オイスカ高校は当時中国語がわかる先生がいて、入学試験は中国語のエッセイと数学、英語の試験だった。暁星国際高校は普通の国数英の試験であった。具体的にどのぐらいの点数を取ったのかわからない。英語と数学に関して自信があって高得点だったと思うが、国語は全然できなかった記憶がある。結局、暁星国際高校の学費が非常に高いため、オイスカ高校を選んだ。オイスカ高校へ入学後、学校が私の保護者の代わりとなって留学ビザを発行してくれた。これでやっとビザの問題を解決できた。

　当時、中国から欧米へ高校留学することは珍しくなかったが、日本へ留学するのは非常に稀なことであった。私がその時知っている限りで、欧米では外国人留学生を受け入れる高校が非常にたくさんあった一方で、日本では10校程度しかなかった。しかも、外国人留学生を受け入れる日本の高校はスポーツに力を入れる高校が多く、進学に力を入れる進学校は少なかった。日本の高校へ留学する人が少ないため、留学生を受け入れる進学校が少なかったのか、あるいは日本で留学生を受け入れる進学校が少なかったから日本へ留学する人が少なかったのか、この質問に対して色々考えたが、今でも答えがわからない。

　入学した後に他の留学生と同じく、学校の寮に入った。学校の寮は留学生だけでなく、野球部、サッカー部の学生や一般の日本人学生もいる。1年生から3年生合わせて、寮生は約100人いた。留学生も1年から3年合わせて60人ぐらい在籍していた。ただし、サッカーを目指す韓国の学生と野球を目指す台湾の学生が多かった。ベトナム、タイ、インド、フィリピン、中国、香港の留学生もいたが、大半高校卒業後自分の国へ戻って進学した。日本でしっかり勉強して、日本の大学を受けようとする人は非常に少なかった。これも仕方ないことである。日本の高校へ進学したら、日本人と同じ扱いとなり、大学入試の時に留学生試験を受けられず、センター試験と一般入試で受験しなければいけない。日本語が全然わからない外国人高校生として、高校の三年間で、日本語の勉強と高校の一般科目の勉強を両立し、日本人学生と一緒に受験して合格することは至難の業だといっても過言ではないだろう。

　私は、高校一年生の時に日本の国立大学への進学を目指すことを決めた。宇都宮大学のことはインターネットで知った。その後、オープンキャンパスに参加し、情報をさらに手に入れた。宇都宮大学国際学部は一学年大体100人の学生がいる一方で、33名の教員がいる。先生と学生の距離が近く、教育水準が高いだろうと思った。また、私は高校で様々な国の人と共に勉強した。将来、国際社会で活躍したいから国際学部を志望した。一般入試を受けるなら、日本語の壁があるため、国立大学は受けらないだろうと思っていた。宇大国際学部の外国人学生を対象とする特別試験は私に最適だと思った。

外国人生徒を受け入れる特別な制度に恵まれて、国立大学である宇都宮大学へ進学できたが、最初の頃は非常に苦労した。やはり言語の壁もあって、授業の内容を全部しっかり聞き取れることも難しく、数千字のレポート作成も非常に困難であった。幸いに大学の先生たちから手厚いサポートをしてもらいながら、学力を徐々に身に着けていった。しばらくの間は、勉強するので精一杯でアルバイトの時間が少なく、学費や生活費のことでも苦労した。幸い一生懸命勉強したおかげで、4年連続で学年トップの成績を取り、ほぼ毎年授業料は減免措置を受けることが出来た。加えて、文部科学省の学習奨励費と似鳥国際奨学財団とロータリー米山奨学財団の奨学金をもらうこともできた。そのおかげで、お金の支障がなく大学で精一杯勉強できた。卒業後、都内にある米国メーカーに就職することができた。

第2部
学校―公立夜間中学、
高等学校定時制・通信制課程

第6章

外国人生徒が学ぶ学校——公立夜間中学と定時制高校を中心に

田巻松雄

1 本論の目的

2023年10月現在、公立夜間中学は全国17都道府県で44校ある。戦後に開設された夜間中学は当初昼間に勤労する生徒に夜間での授業を提供する形で始まり、その後、「中学校を卒業していないこと」と「学齢を超えていること」を基本要件として生徒を受け入れてきた。文部科学省の「令和5年度 夜間中学等に関する実態調査」（当時の40校を対象）によると、2022年5月1日現在、全生徒数は1558人、そのうち日本国籍を有していない者は1039人で全体の66.7%を占めている。

文部科学省の「日本語指導を必要とする児童生徒の受入状況調査」により、日本語指導が必要な外国人生徒の高等学校課程別在籍者数とその割合をみると、2021年5月1日現在、全日制は2044人（47.6%）、定時制2197人（51.2%）、通信制54人（1.2%）となっている。定時制課程在籍者は全日制課程在籍者を上回っている。

中学校では公立夜間中学に、高校では定時制課程に外国人生徒の集中化傾向がみえる。本論はこの事実に着目して、外国人生徒が学ぶ学校として公立夜間中学と定時制課程を取り上げ、歴史を概観したのち、最近の動向を見ながら、外国人生徒の視点からそれぞれの意義と課題を俯瞰することを目的とする。なお、公立夜間中学と高等学校定時制課程（以下、定時制）は戦後、勤労青少年の学びの場としてスタートした共通性を有する。そして、現在、公立夜間中学では、外国人生徒に加え、義務教育未修了者、形式卒業生（入学希望既卒者）など、年齢も国籍も多様な生徒が学んでいる。定時制課程は、中学時の不登校生徒および全日制中途退学を経験した生徒、特別な支援を必要とする生徒、外国籍生徒および日本語の指導が必要な生徒、経済的に困難を抱える生徒、非行・犯罪歴を有する生徒等の多様な生徒の学び場としての性格を強めている。つまり、公立夜間中学と定時制は多様な学習者の受け皿となっている点で共通する。また、公立夜間中学卒業者のなかの進学者の大半は定時制へ進学しており、学び

の場としてのつながりが強いという関係性も有している。

2 公立夜間中学

1 歴史

　尾形利雄／長田三男（1967）は、夜間中学開設の経緯を詳細に述べている（以下、公立夜間中学を夜間中学と表記）。戦後間もない時期には経済的事情で中学校に行くことのできない生徒が全国で輩出されていた。「この中学校の長欠者・不就学者になんらかの方途を講じて就学の機会を与え、義務教育を修了せしめたいという意図から、一つの便法・苦肉の策として始められたのが、中学校における夜間の補習事業であった。これがいわゆる『夜間中学校』発足の端緒となった」(54頁)。夜間中学は昼間就学を原則とする義務教育の原則から言えば変則的な形態であり、学校教育法に規定のない制度であった。「ゆえに夜間中学校は、地方教育行政当局の裁量により、試験的・暫定的に認められたものに過ぎなかった」(133頁)。試験的・暫定的に認められたもので法的根拠を欠くという性格は、実に2016年12月に「義務教育の段階における普通教育に相当する教育の機会の確保等に関する法律」（教育機会確保法）が公布されるまでの長きに渡った。教育機会確保法の制定によって、夜間中学は法的根拠が整備され、公教育制度において正統な位置を占めるようになった。

　法的根拠を欠いた夜間中学は本来「あってはならない」ものであるが、そこでしか学ぶことが出来ない多様な学習者のための「なくてはならない」学校として存続してきた。江口（2020）は、教師たちが夜間中学を「あってはならないが、なくてはならないもの」と表現し、その矛盾を自覚的に引き受けつつ、その存在意義を再定義し続けてきた点に注目しながら、夜間中学の成立と再編を様々アクター相互間の影響関係を射程に入れて論じた。江口によると、夜間中学の変容は6つの時期区分で捉えられる。①成立期（1947〜54年）、②縮小期（1955〜66年）、③再編期（1967〜73年）、④拡充多様期（1974〜89年）、⑤グローバル期（1990〜2013）、⑥制度化期（2014〜現在）。

　夜間中学は再編期以降、ほぼ学齢生徒の学びの場から学齢超過義務教育未修了者の学びの場へと変容する。そして、再編期以降、夜間中学は在日朝鮮人に加え、1965年の日韓基本条約締結後に帰国した韓国帰国者、1972年の日中国交回復後の中国帰国者、インドシナ難民、そして1990年以降の新渡日外国人（ニューカマー）など、多

様な外国人学習者の学びの場ともなってきた。全国夜間中学校研究大会（全夜中研）は、1990年から「日本（20歳未満と以上を区分）」「在日韓国・朝鮮」「引揚」「移民」「難民」「その他の外国人」という生徒層分類を開始し、92年以降は国籍別生徒数を公表してきた。80年代までは大きな割合を占めた「日本」「在日韓国・朝鮮」は減少を続け、2008年には「その他の外国人」（最近の渡日者など）が最大の割合を占め、今日まで続いている（江口、55頁）。

　東京都では、韓国からの帰国者への対応から1971年に夜間中学3校に日本語学級が開設された。この開設の背景については、大多和（2017）の研究が詳しい。帰国者の定住のための政府の政策として計画的に夜間中学が受け皿になったわけではない。国の政策として何ら対策が立てられないままに引揚事業がすすめられたことにより、行き場・学び場のない学齢期を過ぎた帰国者が口づて、人づてに夜間中学に入学することとなったのである。留意すべきは、韓国での高校や大学卒業者も包括して夜間中学の対象とされたことであり、生活する上で必要なスキルとしての日本語教育を夜間中学で行うことが行政的にも容認されていたことである。日本語が通じない生徒の受入は夜間中学で初めての経験であり、現場教員は経験のない日本語教育の課題を背負うことになった。

　東京都では、その後1970年代、中国からの帰国者受け入れへの対応として、夜間中学2校に日本語学級が開設された。現在、東京にある8校の夜間中学のうち5校で日本語学級が設置されており、2021年度の学級数は5校で7学級である。他の地域の夜間中学では、日本語学級は設置されていない。

　夜間中学は、時代時代の状況の中で、画一的に目的や対象を定めるのではなく、そこでしか学ぶことが出来ない多様な学習者を概ね希望者は誰でも受け入れる「受け皿」として柔軟に対応してきた。ゆえに、関係者は夜間中学の存在意義を絶えず再定義する必要があった。また、「中学」ではあったが、例えば、生活のための日本語学習など、学習者のニーズに合わせて中学の教育課程以外の学びを実践する場でもあった。

2　近年の夜間中学―文部科学省実態調査より

　文科省による夜間中学等に関する3回の実態調査から、教育機会確保法制定（2016年）以降の夜間中学における外国人学習者の動向を総数、20代以下の人数、入学理由、卒業者の状況、国籍・地域別の5点で整理しておこう。数値は2017年7月1日（対象は31校）、2020年1月1日（対象は33校）、2022年5月1日（対象は40校）

のものである。

　「日本国籍を有しない者」（以下、外国人学習者あるいは外国籍）の総数は、1356 人（全体の80.4%）、1384 人（80.0%）、1039 人（66.7%）と推移した。20 代以下（16 〜 29 歳）の人数と全体に占める割合は559 人（41.2%）、597 人（43.1%）、413 人（39.8%）である。入学理由は、「日本語が話せるようになるため」、「読み書きができるようになるため」、「高等学校に入学するため」、「中学校教育を修了しておきたいため」、「中学校の学力を身に付けたいため」等の選択肢があるなか、いずれの年度でも「日本語が話せるようになるため」が最も多く、451 人（33.3%）、654 人（47.3%）、290 人（27.9%）と推移した。「高等学校に入学するため」は、246 人（18.1%）、217 人（15.7%）、181 人（17.4%）と推移し、上位2 番目か3 番目で2 割弱を占めている。

　卒業後の状況では、2016 年度卒業生344 人のうち高校進学者155 人（45.1%）で、外国籍卒業者では268 人のうち126 人（36.6%）が、日本国籍卒業者では76 人のうち29 人（8.4%）が進学した。2018 年度卒業生262 人のうち高校進学者は154 人（58.8%）で、外国籍卒業者217 人のうち127 人（48.5%）が、日本国籍卒業者では45 人のうち27 人（10.3%）が高校進学した。2021 年度卒業生264 人中のうち、高校進学者は129 人（48.9%）で、外国卒業生では182 のうち97 人（36.7%）が、日本国籍卒業生82 人のうち32 人（12.2%）が高校進学した。国籍・地域別では、いずれの年度でも中国が一番高いが、ネパール人の増加が注目される。すなわち、ネパール人の人数と全体に占める割合は、225 人（16.6%）、272（19.7%）、233 人（22.4%）と推移している。

　2022 年度の外国人学習者の人数は2020 年度に比べて300 人以上減っているが、コロナ禍の影響や調査日時の違いなどが要因として考えられる。20 代以下の外国人学習者の全体に占める割合は例年4 割前後を占めており、日本人学習者の割合よりも高い。入学理由として高校進学をあげた者の割合は、外国籍と日本国籍であまり差はない。卒業後の状況では、外国籍者の場合は4 割程度が、日本国籍者の場合は1 割前後が高校進学しており、4 倍程度の開きがある。そして、高校進学者の8 割前後を外国人学習者が占めている。以上の整理から、近年の夜間中学は、若年の学齢超過外国人が高校進学並びに日本語学習を目的に学ぶ場としての性格が強いことが確認される。

3　定時制への進学

　『第62回　全国夜間中学校研究大会　大会記録誌』にある「第四分科会」(引揚帰国者・新渡日外国人教育)では、東京の公立夜間中学2校の教員が、ネパール人生徒の急増を踏まえて、「ネパールの生徒を中心とした各校の状況報告」をしている。それによると、2016年10月1日現在、東京にある8校の夜間中学には140名のネパール人生徒が在籍していた。年齢は、10代が3分の2を占め、入学目的では、進学をしたい、中学校を卒業したい、日本語を学びたいという生徒が多かった。144人中102人の生徒が高校進学を希望しており、希望先としてはほとんどが定時制であった。

　荘敏霖は、『東京都夜間中学校研究会　50周年記念誌』の附録資料であるDVDに収録されている1960年度から2010年度までの「都夜研ニュース」の電子データや他の「都夜研ニュース」の電子データなどを利用し、1993年度から2020年までの東京都内夜間中学の卒業生の課程別(全日制、定時制、通信制)進学状況をまとめている(荘　2022)。それによると、まず、1993年までの高校進学者は50人程度で推移したのに対し、それ以降は増加傾向を示した。2022年度(53人)以外はすべての年度で60人を超え、2008年度から2010年度の3年間は100人を超えた。次に、定時制に進学した者が例年多いことが確認された。すなわち、定時制進学者は平均すると7割前後で推移しているが、8割を超えている年度もあった。2016年度～2020年度までの定時制進学者の占める割合は83.0%、62.5%、81.3%、84.4%、83.0%と推移している。外国籍・日本国籍別の内訳は分からないが、本節で示したデータと照合すると、外国人生徒卒業生の多くは定時制へ進学している。

　2021年に訪問できた神奈川県下の2校の公立夜間中学の状況を見ておこう。

　まず、M校における2014年度以降の卒業生数は、以下のようになる。()内の数値は外国人生徒数を示す。2014年度10人(9人)、2015年度9人(7人)、2016年度9人(8人)、2017年度2人(1人)、2018年度12人(10人)、2019年度14人(12人)、2020年度6人(5人)。毎年卒業生の大半が外国人生徒であることが明らかである。次に、外国人卒業生の課程別進学状況をみると、2014年度8人(定時制6人、全日制2人)、2015年度5人(定時制3人、全日制2人)、2016年度7人(定時制5人、全日制2人)、2017年度1人(全日制1人)、2018年度10人(定時制6人、通信制4人)、2019年度7人(定時制5人、全日制2人)、2020年度5人(定時制4人、全日制1人)となっている。外国人卒業生の大半が高校へ進学していること、進学先では、卒業生が1人だった2017年度を除き、どの年度も定時制が全日制を上回っていることが理

解される。

　次に、N校における2014年度以降の卒業生数は、2014年度7人（同様に外国人生徒の人数：7人）、2015年度7人（6人）、2016年度4人（3人）、2017年度11人（10人）、2018年度4人（4人）、2019年度7人（4人）、2020年度5人（4人）となる。次に、外国人卒業生の課程別進学状況をみると、2014年度6人（定時制4人、2人）、2015年度1人（定時制1人）、2016年度2人（定時制2人）、2017年度7人（定時制5人、全日制2人）、2018年度2人（定時制1人、全日制1人）、2019年度3人（定時制3人）、2020年度2人（定時制2人）となっている。2015年度は卒業生7人のうち1人しか進学していないが、他の年度は卒業生の半数以上は進学しており、進学先としては定時制が少なくとも50%を占め、多い時には全員が定時制へ進学していることが理解される。

3　定時制

1　歴史と概要

　高校は、全日制、定時制、通信制の3つの課程に分かれる。2019年度の課程別生徒数を示しておくと、総数は336万6065人で、全日制308万6434人（91.7%）、定時制8万1935人（2.4%）、通信制19万7696人（5.9%）となる。全日制308万6434人のうち、公立は205万2788人（66.5%）、私立は102万5170人（33.2%）、国立は8476（2.7%）である。定時制8万1935人のうち、公立7万9290人（96.8%）、私立2645人（3.2%）である。通信制19万7696人のうち、公立5万6373人（28.5%）、私立14万1323人（71.5%）である。定時制生徒は公立の定時制に集中しており（96.8%）、通信制生徒は私立の通信制に多い（71.5%）ことが分かる。

　定時制は、通信制とともに、中学卒業と同時に働かなければならない勤労青少年に高等学校教育を受ける機会を保障するために、1948年に全日制と同時に発足した制度である。法制上は教育の内容・程度とも全日制と全く同一で、教育の機会均等の実現を図る制度として、世論の大きな期待と支持を持って発足した。定時制は、発足後当初の数年間は学校数・生徒数とともに急激な発展をみるが、1953年頃を頂点に伸び悩みになり、その後停滞状況が長く続く。『夜間中学・定時制の研究』はその停滞状態の長期化の現実を政府の税制措置の問題点、施設・設備の不備の慢性化の視点などから分析している。

定時制で正社員、パート等働きながら学ぶ者の割合は、1982年82.7%であった
ものが、1994年には69.9%、2011年には42.0%にまで減少した。そのうち定職
者の割合は、68.4%、34.7%、2.7%へと大きく落ち込んだ。文部科学省（2013）は、
このような経済社会の変化を踏まえ、定時制では通信制とともに、働きながら学ぶ勤
労青年の数が減少する一方、○全日制課程からの進路変更等に伴う転入学・編入学者
（中途退学経験者）、○中学校までの不登校経験者など自立に困難を抱える者、○過去
に高等学校教育を受ける機会がなかった者など、様々な入学動機や学習歴を持つ者が
多くなっており、制度発足当初とは著しく異なった様相を生じているとし、従来から
の勤労青年のための教育機関としての役割だけでなく、多様な学びのニーズへの受け
皿としての役割を増していると述べた。

　多様な学びのニーズの1つが、外国人生徒、特に日本語指導が必要な生徒のニー
ズである。文科省「日本語指導が必要な児童生徒の受入れ状況調査」結果（対象は公立
の学校）から、日本語指導が必要な高校生の増加と定時制への集中化傾向が顕著であ
ることが分かる。すなわち、日本語指導を必要とする外国人高校生は、1999年892
人、2005年1128人、2012年2137人、2018年3677人と増え続け、2021年
には4295人となっている。日本語指導を必要とする高校生の課程別内訳の人数で
は、2008年度まで全日制在籍者が常に半数を超えていた。2010年度に全日制在籍
者と定時制在籍者の数が逆転し、その後も定時制在籍者の占める割合が常に5割を超
えている。高校生の総数に占める定時制生徒の割合がわずかに2%程度であることを
踏まえると、日本語指導を必要とする外国人生徒の定時制課程への集中は著しいもの
がある。なお、通信制では外国人生徒はほとんど増えていない。これには文字コミュ
ニケーションを軸とする教育課程が日本語を母語としない生徒には困難であることが
関係しよう。

　定時制課程は通信制と共に、多様化・複雑化する生徒の貴重な受け皿になっている
が、多様化・複雑化する生徒への対応には様々な困難が伴う。日本語を母語としない
外国人生徒への対応の困難さは、中退率の高さに現れている。文科省は、2017年度
中の日本語指導が必要な高校生等の中退・進路状況について、外国出身者ら日本語指
導が必要な高校生の中退率はおおむね10人に1人に当たる9.6%で、1.3%だった高
校生全体に比べ、7倍以上高いとする調査結果を発表した。この調査は、2017年度
に公立高校などに在籍したり、卒業したりした生徒を対象とした。日本語指導が必要
な生徒は3933人で、378人が中退していた。また、2017年度に卒業した704人

のうち、大学や専門学校などに進学したのは 297 人で 42.2%。高校生全体の 71.1%
と大きな差がついた。卒業後、就職したのは 245 人で、このうち非正規の仕事に就
いたのが 40.0%（98 人）。進学も就職もしなかったのも 18.2%（128 人）いた。高校生
全体ではそれぞれ 4.3% と 6.7% で、日本語指導を必要とする外国人生徒の厳しい進
路状況が明らかとなっている。2021 年 5 月 1 日現在で行った調査結果では、日本語
指導が必要な高校生等の中退率は、前回 9.6% から 5.5% に改善したものの全高校生
に対する割合は依然として高い（全高校生 1.0%）ことが確認されている。

2　札幌大通高校の事例

　『定時制・通信制課程における多様なニーズに応じた指導方法等の確立・普及のた
めの調査研究』では、北海道札幌市立大通高校ほか 5 校が外国人生徒に関する優れた
教育実践を行っている高校として取り上げられている。筆者は、札幌市立大通高校を
3 度訪問し、校長や外国人生徒担当者ら関係者から話を聞く機会を得た。そこで、札
幌市や大通高校の理念や教育実践は多様な学習者を受けいれる学びの場をつくり育て
ていくうえで非常に示唆に富むことを強く感じた。いくつかの特徴を記す。

　大通高校は北海道にある高校で唯一外国人生徒のための特別定員枠（海外帰国生徒枠
5 名程度）を有する高校である。2000 年に札幌市教育長名で出された「新世紀を展望
した魅力ある札幌市立高等学校のあり方について（諮問）」には、新定時制高校の基本
理念として「地域連携」と「社会包摂」が掲げられていた。2003 年 2 月札幌市は札幌
市立高等学校教育改革推進計画を策定し、午前、午後、夜間の三部制や単位制を取り
入れた新しいタイプの定時制高等学校を交通利便地に 2008 年 4 月に開校すること
を決定した。それが、定時制単位制普通科の高校である大通高校である。

　大通高校の特徴は、第一に、「色々な人が共生して学べる環境」が目指されているこ
とである。学校パンフレットには、「こんな人には向いているかもしれません」として、
働きながら学びたい、年齢がかなり上だが高校で学びたい、学校に登校していなかっ
たが今度はしっかり学びたい、自分の個性を発揮して取り組みたいことがある、日本
語がまだ得意でないが日本の高校で学びたい、色々な年齢の人や地域の人と学んだり
交流したい、という 6 つのタイプの人に相応しい高校と位置付けている。つまり、多
様な人々を積極的に受け入れようとしている、

　第二に、多様な学びの場を保障するために、ユニークな入試が行われている。自己
推薦入学者選抜では、提出書類は調査書と自己推薦書、検査実施科目は作文と面接の

みで、学力ではなく意欲があるかどうかで判断される。海外帰国生徒等枠の入試では、日本語の試験はない。一般入学者選抜では調査書が不要で学力試験のみが行われる。調査書を不要としているのは、不登校生徒でもチャンスがあるようにとの配慮だという

　第三に、地域社会に開かれた学習が目指されている。「社会に近い、開かれた高校です」がスローガンとなっている。札幌市をはじめとする地域社会で活動している人材や団体に協力してもらいながら、最先端の学校教育環境づくりに取り組む。この点は、多様な生徒を受け入れるので、教員だけでは十分な指導や支援が出来ないという、極めて明快な発想に基づいている。訪問時に面談できた校長は、「多様な生徒を受け入れているので学校の教員だけでは全く十分な指導は出来ない。この点は明白なので、地域の人々に支えてもらうことが不可欠」と言い、「社会に近い、開かれた学校」を目指していると強調した。そして、スクールカウンセラーやキャリアソーシャルワーカーを複数配置して、中途退学しても卒業してもつながりを保ち続ける学校づくりが目指されている。

　第四に、「ナナメの関係」が重視されてきた。2012年度より、学校関係者（教職員及び地域住民、外部識者）を構成員とする「学校運営推進委員会」を発足させ、2016年度には、当委員会を「保護者、地域住民、教育委員会が学校の方針決定について一定の権限をもって学校運営に関与する組織」として、「学校運営協議会」として再編した。従来、学校は文部科学省や教育委員会とのタテの関係、教職員のヨコの関係を重視していたが、学校運営協議会の導入によって、保護者や地域住民、外部識者といったナナメの関係を生みだし、活性化することが重要と明確化された。この発想に基づき、札幌市教育委員会の助成を受けながら「大通高校支援事業」として13事業が実施されてきた（市立札幌大通高等学校『創立10周年記念誌』2018年10月29日、100頁）。総じていえば、大通高校は「ソーシャル・インクルージョン」（社会包摂）の実現を標榜し、学校と社会の協働の拡充を目指してきたと言える。

　大通高校の渡日帰国生徒教育の特徴については、石川（2023）が詳しく論じている。石川は、外国人非集住地域と言われる北海道において外国人教育を支える論理を導き出すことを目的に、大通高校で特別入試枠が設置された経緯や教育実践、及び教育支援ネットワークの在りようを分析した。具体的には、渡日帰国生徒教育に関わる資源の配置として、カリキュラム（日本語科目・母語支援）、教員配置・体制（国際クラスの設置・遊語部という部活動等）、学校外部資源との連携体制に着目し、その特徴と意味を分

析した。その結果として、多様な生徒の学びの場として構想された定時制単位制ならではの「公正」さに根差した教員・学校文化の様相を明らかにしている。

4　現代的意義の再定義、連携、学び合い

　夜間中学と定時制は、「多様な学びの場」としての性格が強く、外国人生徒を含め、多様な学習歴と学習ニーズ、課題を抱えた生徒を受け入れている。従って、一人ひとりのニーズに寄り添い個性を尊重しながら、豊かな学力や人間性を育む教育が求められる。容易に想像されるように、これは簡単ではない。本論の最後に、「受け入れて育てる」点に注目し、夜間中学と定時制の全体的な課題について考えておきたい。

1　夜間中学

　夜間中学は、外国人生徒の他、義務教育未修了者、形式卒業生（入学希望既卒者）に貴重な学びの場を提供してきたが、何よりも数の少なさが問題とされてきた。2017年7月1日現在では、夜間中学は8都府県（東京都、神奈川県、千葉県、大阪府、兵庫県、京都府、奈良県、広島県）に31校設置されている状態であった。東京近郊と大阪近郊に集中しており、北海道・東北・中部・四国・九州・沖縄地方では1校も設置されておらず、地域的な偏りが顕著であった。現在、夜間中学を取り巻く環境は大きく変化している。教育機会確保法の制定と国がすべての都道府県・政令指定都市で最低1校の夜間中学設置を促していることにより、戦後初めて新設が相次いでいる。冒頭で述べたように2023年10月時点で、公立夜間中学は全国17都道府県44校まで増え、2025年度までに28都府県58校に広がる予定である。

　このような近年の動向を踏まえ、夜間中学拡大の積極的意味とそこに潜む問題性を同時に捉える研究が必要となろう。問題性については、当座の「受け皿」であった戦後の夜間中学が、七十余年を経て、別の形の受け皿としての役割を期待されていること、および現行の教育法体系における不満や矛盾についての抜本的な改定を尽くすことなく受け皿を大きくしている面等を問題視することが問われる（立花　2023）。教育機会から取り残されてきた多様な学習者が学ぶ夜間中学では、学習者の多様な学力、特性、ニーズ、生活状況に寄り添い配慮した柔軟な教育が目指されてきた。実践面では、この実績を大事にするとともに時代・社会の変化に伴う新しいニーズを踏まえ、どのような学校づくりが目指されるのかが問われる。

2　定時制

　定時制が多様な人材をどの程度まで受け入れるかは、多様な人材の受け入れを使命
と位置付ける高校の動向、特別入試枠の設置の他、定員割れしている場合の対応にも
影響される。ここでは、「志願者数が定員に満たない場合の対応」について言及してお
きたい。

　「志願者数が定員に満たない場合の対応」は都道府県別でかなり大きな違いがある。
この実態について、文部科学省は令和4年度に初めての調査を行っている（『令和4年
度 高等学校入学者選抜の改善等に関する状況調査（公立高等学校）』。回答者は47都道府県教育
委員会）。質問は以下の3つである。1つは、「志願者数が定員に満たない場合の合否
の決定に関する方針」で、これには3つの回答が用意された。ア　文書、口頭、申し
合わせ等により、原則として定員内不合格を出さないよう取り扱っている、イ　定員
内不合格を出す場合、教育委員会との協議を要することとしている、ウ　各校長の判
断に委ねられている。2つ目は、令和4年度の高等学校入学者選抜において定員内不
合格となった者の数と定員不合格を出した学校数。3つ目は、定員内不合格に関し
て、所管の高等学校に対して行っている取組等について（自由記述）である。

　1つ目の質問に対する回答結果は、ア 22、イ 15（アとイは複数回答可）、ウ 19で
あった。定員内不合格者は29県で延べ1631名であり、そのうち、延べ505人は
最終日程の入試で不合格となっている。定員内不合格者がいなかったのは、6都府県
（埼玉県、東京都、神奈川県、滋賀県、愛知県、大阪府）で、6県（青森県、山形県、福島県、
群馬県、佐賀県、沖縄県）は「把握していない」とし、定員内不合格者が5人以下だった
6道府県（北海道、福井県、京都府、兵庫県、和歌山県、熊本県）は個人の特定を避けるた
め、人数を公開していない。全国都道府県の約5割が原則として定員内不合格者は出
さない方針をとっているが、約7割が「定員不合格を出している」実態が確認される。
定員内不合格があった学校数は563であり、そのうち最終の日程において実施され
る選抜において定員不合格があった学校数は260であった。

　一般に、日本の高校における多くの入試においては、「入学資格は、中学卒業また
は同等以上の学力があることとしている」（学校教育法 47条）として、適格性に基づ
き入学者を選抜する適格者主義がとられてきた。この適格者主義が外国人生徒の高校
進学を阻む大きな壁となってきた。「日本語指導を必要とする生徒」が定時制に集中し
ている現実は、適格者主義ではなく、「受け入れて育てる」発想が徐々に拡大してきた

ことを背景としよう。今後、志願者が定員に満たない場合の対応の在り方は外国人生徒の高校進学に大きな影響を与えるし、今後の高校入試選抜の改善を検討していくうえで大きな論点となっていくであろう。

3 連携、学び合い

夜間中学と定時制間の連携はより一層重要になるだろう。連携の1つの意味は多様な学び場である共通性をベースにして教育実践を学びあうことである。この場合、上述した「ナナメ」の関係を重視する発想は、極めて重要かつ現実的であると思われる。文部科学省の委託調査でも、「調査研究のまとめ」の「多様なニーズへの対応について国や自治体は学校をどのように支援していくのか」において、「教育活動を効果的に進めるためには、SC や SSW、ハローワークや自治体、大学等の関係機関や専門職の連携が欠かせない」と指摘している（170頁）。この点で、「ナナメ」に着目して、夜間中学や定時制の現状と課題を問いかける調査研究が問われよう。

「外国籍生徒、日本語の指導が必要な生徒のニーズ」に応じた指導方法等の分類項目と項目別取組回答の割合は、「専門職との連携」34.0%、「外部機関との連携」5.2%で、まだまだ不十分であることが明らかとなっている（163頁）。他のニーズに対する調査結果も同様の傾向を示している。

連携のもう一つの意味は、夜間中学から定時制へと学びをつなげることである。進学を希望する夜間中学卒業者の進学先は定時制に集中している。この点を踏まえれば、近年、定時制への進学や定時制との学び合い・交流を意識して夜間中学が設置されていることは注目に値する。

徳島県は、2020年4月に全国で初めての県立夜間中学を開設した（徳島県立しらさぎ中学校）。2017年の「義務教育国庫負担法」の一部改正により、都道府県が夜間中学を設置する場合においても、教職員給与等に要する経費が国庫負担の対象に加えられた（国が3分の1、都道府県が3分の2）ことが制度上の理由としては大きい。県立を選択した教育環境上の理由としては、充分な教員配置と広域からの生徒受け入れを可能とする点が挙げられる。当初は、夜間学級が構想されていたが、単独校が選択された。そして、定時制のノウハウを活かす「学び直しの拠点」とするために、定時制高校（徳島県立中央高校）への併設という形が取られた。県立、単独校、定時制高校への併設の3つの特徴は、それまでの夜間中学にはないもので、新しい夜間中学を目指す革新的な試みと言える。

筆者が居住する栃木県でも 2026 年 4 月に県立の夜間中学が県南の栃木市にある学悠館高校のなかに設置されることが決定された（下野新聞　2024 年 2 月 7 日）。学悠館高校は、昼夜間開講の定時制と通信制を持つ単位制の県立高校（フレックス・ハイスクール）である。定時制では、「学力検査は行わず、面接及び作文をもって代えることが出来る」フレックス特別選抜が実施されている。フレックス特別選抜の定員は各部各学科の募集定員のそれぞれ 50％程度となっている。

　最後に、時代が大きく変容する中、夜間中学と定時制の現代的意義について議論を重ねていく必要性を強調したい。問いとしてとりわけ重要なのは、以下の関連する 2 点である。第一は、年齢、国籍、背景が多様な人々が一緒に学ぶ「多様な学びの場」であるがゆえの学びの特質とその独自な意義をどのように捉えるかという課題である。第二に、夜間中学と定時制の特質や経験を踏まえ、本来の学びの場とはこうあるべきだという、いわば教育の原点を追究し発信していくことである。それは、他の教育機関が学ぶべき多くの知見となるであろう。その際、歴史や制度の研究に加えて、教育機会から取り残されてきた人々に対して、諸外国がどのような代替的な学びの場や学び直しの場を提供しているかについての研究と、夜間中学や定時制で学ぶことの意義を多角的に問いかけることを可能とするライフヒストリー研究が極めて大きな意味を持つと思われる。

参考資料

尾形利雄／長田三男（1967）『夜間中学・定時制の研究』校倉書房

江口怜（2020）「夜間中学の成立と再編──「あってはならない」と「なくてはならない」の狭間で」木村元編著『境界線の学校史──戦後日本の学校化社会の周縁と周辺』東京大学出版会、52-91 頁

石川朝子（2023）「定時制単位制高校における外国人生徒の教育を支える論理──外国人特別入試枠をもつ市立札幌大通高校の事例から」佐々木一隆／田巻松雄編『外国人生徒の学びの場　多様な学び場に着目して』下野新聞社、42-58 頁

井田綾（2022）「外国人生徒の高等学校定時制課程における学びの現状と課題」『夜間中学と定時制高校──現状を知り、多様な学びの場の可能性を考えよう』（研究代表者　田巻松雄）宇都宮大学、251-260 頁

大多和雅絵（2017）『戦後夜間中学校の歴史　学齢超過者の教育を受ける権利をめぐって』「第七章　東京都の夜間中学校における日本語学級の開設課程」六花出版、275-314 頁

市立札幌大通高等学校『創立 10 周年記念誌』平成 30 年 11 月 29 日

荘敏霖「公立夜間中学の高校進学——神奈川県および東京都内公立夜間中学校を中心に」『夜間中学と定時制高校』

立花有希（2023）「夜間中学・定時制高校の制度と機能——ドイツとの比較を通して」佐々木一隆／田巻松雄編『外国人生徒の学びの場　多様な学び場に着目して』下野新聞社、29-41 頁

田巻松雄・栃木典子・中野真紀子（2018）「外国人生徒の学ぶ場——定時制通信制課程、夜間中学、多文化共生センター東京」『将来の「下層」か「グローバル人材」か——外国人児童生徒の進路保障実現を目指して』平成 29 年度科学研究費補助金成果報告書（研究代表者　田巻松雄）

田巻松雄（2021 年 3 月）「地域により開かれたセンターへ —多様な学びの場を地域で支えるために」『宇都宮大学国際学部附属多文化公共圏センター　年報』第 13 号、101-106 頁

田巻松雄（2021）「コロナ禍のこんな時こそ、夜間中学の必要性はいよいよ増している」『宇都宮大学国際学部附属多文化公共圏センター　年報』第 13 号、44-59 頁

東京都夜間中学校研究会／多文化共生教育研究部（2022 年 1 月）『夜間中学校に学ぶ帰国者及び外国人生徒への教育のあゆみ〜日本語学級開設 50 周年にあたって〜（1971 〜 2021 年）』。

全国夜間中学研究会『第 62 回　全国夜間中学校研究大会　大会記録誌』2016 年度

全国定時制通信制高等学校長会編著（2019 年 11 月）『定時制・通信制課程における多様なニーズに応じた指導方法等の確立・普及のための調査研究』文部科学省平成 30 年度委託調査研究報告書、ジアース教育新社

横溝環（2022）「茨城県における定時制高校および中学校夜間学級の現状と課題——現場の声を多くの人に届けたい」『夜間中学と定時制高校』61-94 頁

文科省「『日本語指導が必要な児童生徒の受入状況等に関する調査 (令和 3 年度)』の結果について」文科省『平成２９年度夜間中学等に関する実態調査』（2017 年 7 月 1 日）

文科省『令和元年度夜間中学等に関する実態調査』（2020 年 1 月 1 日）

文科省『令和 4 年度　夜間中学等に関する実態調査』（2022 年 5 月 1 日）

文部科学省『令和 4 年度 高等学校入学者選抜の改善等に関する状況調査』（公立高等学校）』（令和 5 年 3 月）。

第 7 章
東京における定時制高校──多文化共生とインクルーシブな学校へ

角田　仁

1　はじめに

　これまで定時制高校は就労する青年たちの学び舎として見られてきた。しかし、この間大きく定時制高校は変容している。定時制高校に通っている生徒たちは、著しく多様化がすすむ一方で、これまでもそうであったが、これまで以上にセーフティネットとしての教育的・社会的な役割が一層高まりつつある。そして、現在多くの外国につながる子ども・若者たちが定時制高校に通っている。定時制高校では、外国につながる子ども・若者たちはどのような状況に置かれ、学校現場ではどのような課題があるのだろうか。

　本稿では、東京における定時制高校の歴史、動向、現状、課題を整理したうえで、夜間定時制高校の教育の取り組みの経験を生かした多文化共生とインクルーシブな学校作りが必要であることを述べたい。日本語の特別の教育課程の導入については M 高校の実践を詳述する。

2　定時制高校の位置づけ

　定時制高校はいつごろ日本の学校制度のなかに位置づけられたのであろうか。文部科学省の「学制百年史」の「六　戦後の教育改革」によれば、「高等学校は教育における機会均等の原則を実現する学校として大きな役割を果たすようになった」とされ、戦後の混乱期において、新たな教育機会を求めた人たちにとって、全日制高校に入学したいが、通うことができない青少年を対象に定時制高校が開設され、当時必要な教育機関として位置づけられた。戦後、すでに 1955 年において、全国で 3188 校もの定時制高校が置かれており、1953 年には定時制高校に通う生徒は急増し、実におよそ 56 万人を超える生徒が通っていた。

東京都立高校の場合、多くの高校で定時制高校が併設され、その学校数はおよそ
100校にものぼった。都内の伝統校と言われる都立高校では、多くの高校に定時制
課程が置かれ、昼間の生徒が下校すると定時制生徒が学校の門をくぐるという姿は、
自然な学園風景であった。都立高校は朝から夜まで生徒が継続して通う学び場とし
て、その役割をはたしていた。

　しかしながら定時制高校の生徒数と学校数はこの1950年代がピークであって、
2019年には生徒数が約8万になり、学校数も639校となり、生徒数は約7分の1、
学校数も約5分の1にまで減少した。日本社会の変貌、高度経済成長の高まりと終
焉、地方から大都市への人口移動、経済的な安定などを背景に、大都市で昼間、フル
タイムの社員として就労する高校生は減少し、定時制高校は「働きながら学ぶ」高校
としての役割が低下していくことになった（文部科学省　2020）。

3　変容する定時制高校

　定時制で「働きながら学ぶ生徒」の姿が変容していく。具体的には、就労してい
る生徒も「パート等」の非正規就労、いわゆる「アルバイト」の生徒たちが多くなる。
1982年には、定時制の生徒の就業状況は「正社員」が68.4％であったのが、1994
年には34.7％、2016年には2.2％へと急減した。他方で「パート等」の生徒は、
1982年には14.3％であったのが、1994年には35.2％へ、2016年46.2％へと逆
転することになる。日本の経済・産業構造の変化、つまりフルタイム（正規労働）の減
少とパート・アルバイト（非正規労働）の増加という経済・産業界の流れが、定時制高

定時制高校に在籍する生徒の実態等

	定時制
小・中学校及び前籍校における不登校経験がある生徒	39.1%
外国とつながりがある（外国籍・日本語を母語としない）生徒	6.6%
ひとり親家庭の生徒	36.9%
非行経験（刑法犯罪等）を有する生徒	7.7%
特別な支援を必要とする生徒	20.1%
心療内科等に通院歴のある生徒	9.2%

（出典）「定時制・通信制高等学校における教育の質の確保のための調査研究」報告書（平成29年度文部科学省委託事業）
　　　　公益財団法人　全国高等学校定時制通信制教育振興会、平成30年2月

校の生徒たちの就労状況に反映していくことになる。

　そして、定時制高校は、在籍している生徒の就労状況の変化だけでなく、多様な背景のある生徒が通う学校へと転換してきたのである。たとえば、「不登校」(多様な学びの必要な生徒)、一人親家庭、そしてさまざまな「支援」の必要な生徒が増え、近年増加しているのが外国とつながりのある生徒である。

　また、定時制生徒数の減少は、定時制高校の見直し、「統廃合」と再編をもたらし、夜間定時制高校だけでなく、午前や午後の時間帯にも授業を置く多部制(昼夜間、三部制など)、多様な選択科目を置く単位制、通信制課程を併用する定時制高校などの「定時制高校改革」が、各県ですすめられてきた。東京都立高校では100校あまりあった夜間定時制高校が、現在では15校になる一方で、三部制定時制高校やチャレンジスクール、カリキュラムも単位制や総合学科、3年で卒業できる(三修制)、二学期制、分割募集入試の導入など、「新しいタイプ」の定時制高校が生み出されていくことになった。しかしながら、この「新しいタイプ」の定時制高校は、一方で、教育行政の「効率化」という性格を帯びており、比較的に規模の大きな定時制高校が誕生することになった。1学年で8〜10クラス、すべての学年を合わせると32〜40クラスというそれまでの定時制高校とは異なる大規模な定時制高校が、いくつかの小さな夜間定時制高校を「統廃合」して再編成され開校していく光景も見られた。

4　「新しいタイプ」の定時制高校の課題

　でははたして「新しいタイプ」の定時制高校が、多様な生徒たちを積極的に受け入れ、質の高い教育活動と支援体制を構築することができるようになったのだろうか。そして、近年増加している外国につながる子ども・若者たちを受け入れることに前向きな姿勢を持つようになったのだろうか。

　これまで地元にあった定時制高校が無くなり、通うことができなくなり、遠距離通学せざるを得ない生徒たちのことは知られている。そもそも多くの多様な生徒たちを1箇所に集めて、大きな学校にしてしまうことが、教育的にどのような結果を招いてしまうのかは、経験的にも定時制高校にいた教職員なら容易に想像がつくだろう。多様な背景のある生徒たちは、できるだけ個別に寄り添う教育と支援が必要なのは、教育現場においては必要不可欠なことと認識されているだろう。

　これまでの伝統的な夜間定時制高校は、小規模な学校としての性格(スモール・ス

ケール）を生かして、多様な背景のある生徒に寄り添う教育と支援を実践してきたことは知られている。他方で、あたかも「工場」のようなローテーションでスケジュールが組まれる多部制で学級数の多い学校にはどのような課題があるのだろうか。ある三部制高校では、二部と三部の生徒の入れ替わり（夕方16〜17時ごろ）のサイクルの効率を図るため、生徒の登下校と交流の場となっている生徒玄関ホールの電気を数十分間ものあいだ消灯し、下校を促す生徒指導をしている。照明を消されることで二部の生徒たちは下校する時間が到来したことを、身体感覚で受けとめ、三部の生徒たちの登校に「迷惑」がかからないように帰宅、もしくはアルバイトに行くのである。このため、これまであたりまえのように見られた、放課後の生徒たちの語らいや交流などの「放課後の学校風景」を見つけることができなくなっている。生徒同士が相談し合う時間が消滅し、かつてどこの高校にもあった「居場所」としての学校の機能を果たすことが難しくなってきたのである。このような大きな多部制の定時制高校は、外国につながる子ども・若者を受け入れる力はあるのだろうか。

5　高校中退の現実から

　高校は、知られているように「適格者主義」（高校に入学するためには必要な学力や日本語力が求められるという考え方）が強く、全日制高校だけでなく、「新しいタイプ」の定時制高校（三部制高校）もこのような傾向がある。転学試験を例にあげると、自分に合った定時制高校を受け直すことがある。全日制高校から定時制高校へ、三部制定時制高校から夜間定時制高校へ、そして近年は定時制高校から広域通信制高校へと転学する生徒が見られる。定時制高校同士の転学では、ほとんどが「新しいタイプ」の定時制高校（三部制高校）から夜間定時制高校への転学であり、その逆は少ないと思われる。その理由は「適格者主義」があるからである。成績がふるわなかった、学校に通うことができなかった、この学校に合わなかったなどの理由で、転学や中退が毎年のように見られる。経験的にも、ある定時制高校の転編入学試験は、おもに全日制高校から「希望」してくる生徒たちを受け入れる受験機会である。全日制高校で「学校と合わなかった」生徒たちがたどりつく場が定時制高校に他ならない。

　また、定時制高校の中でも新しい三部制高校から夜間定時制高校への生徒の転学が見られる。「新しいタイプ」の三部制定時制高校は、全日制高校の「適格者主義」に近い教育姿勢を持っている。たとえば制服がある、校則が比較的厳しい、授業は個別に

寄り添うよりは、画一的な一斉授業になりがちであるなど、伝統型の夜間定時制高校とは異なるところがなくもない。これに対し、伝統型な夜間定時制高校は、生徒に寄り添う傾向が高いので、「適格者主義」の傾向が最も低いと言える。

　東京都立高校では、一時期、各高校の中退率と中退生徒数を教育委員会のホームページで公開してきた。定時制高校の中で夜間定時制高校と「新しいタイプ」の三部制定時制高校を比較してみると興味深い数字が見て取れる。三部制の定時制高校の中には、年間100名近くの退学者を出してきた高校があることもわかる。この数字は、生徒の学びの保障という側面からも懸念されるところであり、コロナ禍以後の三部制大規模定時制の状況を今後も注視していきたい。ここで、従来型の定時制高校（学年制）と新しいタイプの定時制高校（多部制・単位制）では中退率が大きく変わらないのであるが、夜間定時制高校よりも中退率が高い「新しいタイプ」の高校もある。なぜそのような数字になるのか、「新しいタイプ」の高校が生徒の実態に対応してはいないのではないか、と思えなくもない。かつて小規模な夜間定時制高校を「統廃合」を推進した教育行政は、小規模の夜間定時制高校は教育効果が「低い」ので、教育効果を「高める」ためには規模を大きくする必要があるという理由で、「新しいタイプ」の大きな定時制高校を開設してきた。しかし、この数字を見る限りでは、教育行政の総力をかけて定時制高校を「再編」した結果としては、「期待外れ」であったと言わざるを得ない。高校中退という、最も重要で深刻な教育課題の解決は簡単ではない。規模が大きい学校の限界、「適格者主義」を超えることの難しさ、単位制高校が孕む矛盾などさまざまな理由が考えられるが、この高校中退者の中に外国につながる高校生もいる

○夜間定時制高校（学年制）の中退生徒数と退学率				
2015	小山台 13（8.6%）	足立 60（19.8%）	南葛飾 18（8.3%）	町田 45（14.8%）
2016	小山台 20（8.6%）	足立 48（16.1%）	南葛飾 22（10.1%）	町田 28（10.1%）
2017	小山台 12（10.9%）	足立 48（16.1%）	南葛飾 20（9.2%）	町田 28（11.1%）
○「新しいタイプ」の定時制高校（多部制・単位制）の中退生徒数と退学率				
2015	浅草 72（10.3%）	一橋 73（12.2%）	荻窪 46（6.6%）	八王子拓真　57（5.9%） 飛鳥 24（16.1%）
2016	浅草 85（11.8%）	一橋 83（10.6%）	荻窪 55（7.9%）	八王子拓真　57（6.1%） 飛鳥 29（20.0%）
2017	浅草 92（12.7%）	一橋 91（12.9%）	荻窪 78（11.1%）	八王子拓真　53（5.6%） 飛鳥 19（17.6%）

・飛鳥定時制は、「新しいタイプ」の単位制普通科夜間定時制高校
・定時制高校の退学率（2017/h29）は、学年制：11.0%、単位制：8.9%。

（東京都教育委員会のホームページより）

「児童生徒の問題行動・不登校等生徒指導上の諸課題に関する調査」令和5年（2023）10月4日
https://www.kyoiku.metro.tokyo.lg.jp/administration/statistics_and_research/delinquency.html

と思われる。

　この都教育委員会の調査では、「不登校」（多様な学びの必要な生徒）の生徒も、全日制、定時制にかかわらずあまり減少していない。気になるのは、定時制高校は「学校生活・学業不適応」の理由が多いところである。「生徒に寄り添う」教育を実践してきた定時制高校にも通うことが難しい生徒たちがいることがわかる。日本語の支援が必要な生徒たちが同様にこの数字に含まれていると思われる。

　文部科学省が二年ごとに公表している「日本語指導が必要な児童生徒の受入状況等に関する調査結果について」（令和3年及び5年）によると、日本語指導の必要な高校生の高校中退率は2018年が9.6％、2020年が6.7％である。減少しているとは言え、すべての高校生の中退率（2018年は1.3％、2020年は1.0％）よりも6〜7倍以上も高いことがわかっている。ところでこの中退率の数値は、調査対象校で、その年に何人中退がいたのかという調査である。ここで、入学した生徒が中退せずにどれだけの生徒が卒業したかという「卒業率」という調査もあってよいと感じている。したがって、同じ中退率でも入学した生徒が何人中退したのか、という調査も可能である。

　ここである都立夜間定時制高校での調査を紹介したい。都立B高校定時制では、1998年〜2005年の8年間で、外国につながる生徒が42人、日本語指導が必要な生徒が23名在籍していた。しかし高校中退した外国につながる生徒は27人、日本語指導が必要な生徒が15人であった。外国につながる生徒の64.2％、日本語指導の必要な生徒の65.2％が中退していた。

　また、都立C高等学校定時制においては、2005年〜2013年の9年間では、外国につながる生徒84人中37人が中退、内日本語指導が必要な生徒43人中、13人が中退している。同様の中退率は44％と30％になる。高校の違い、時期の違いはあるにせよ、深刻な数字である。文科省の高校中退率の全国調査では浮かんでこない実態である。

　高校中退や不登校などの増加に対応して、教育行政の姿勢も変化してきている。都立高校ではこのような教育課題のある高校を対象にして、ユース・ソーシャル・ワーカー（YSW）の制度が導入されてきた。都教育委員会（地域教育支援部）の事業として、高校現場に毎週派遣され、生徒や保護者への相談やアドバイス、学校内での情報共有、支援体制の確立などの取り組みがすすんできた。これまで中退や不登校などさまざまな課題に対応することが難しい事例について、学校内で「自立支援」等の担当教員が置かれ、YSWを構成員として、関係者（管理職、担任、学年団、生徒部、養護教諭、

スクールカウンセラー、校医、巡回医等）と連携して取り組むようになってきた。このような取り組みのなかで、外国につながる生徒の事例も取り上げられるようになってきたことは望ましい。

6　外国につながる生徒の実態

　全国の定時制高校において、外国につながる高校生の増加が見られる。東京都立高校の場合は、東京都教育委員会によれば、2023 年度に定時制高校に通う外国籍の生徒は 477 人、全日制高校では 996 人である。都立高校の数は 186 校あるが（2022年度）、その内訳は、定時制高校 54 校（生徒数 9664 人）、全日制高校 132 校（生徒数11 万 5059 人）であり、全日制高校の生徒総数は定時制生徒の約 11 倍であることから、外国籍の生徒が定時制高校に通っている比率が高いことがわかる。

東京都立高校における外国籍生徒の変遷

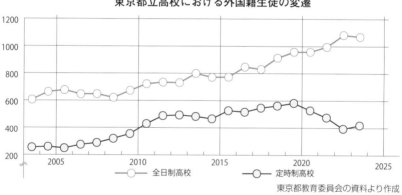

東京都教育委員会の資料より作成

　東京都立 K 高等学校定時制の場合を紹介したい。都立 K 高等学校定時制は品川区にある交通便利な場所にある学校である。住宅地と商業地の中にあり、交通の便がよいため、都内の新宿区など離れたところからも通学してくる生徒がいた。2007 年には数カ国の生徒しかいなかったが、次第に外国につながる生徒が在籍するようになり、出身地や言語、国籍なども実に多様な学校になっていった。7 年後の 2013 年には、15 地域の外国にルーツのある生徒が学ぶ定時制高校となった。生徒たちはベトナムやミャンマーなどの難民認定を受けた生徒たち、家族滞在や無国籍の生徒など、生徒の在留資格も多様であった。

7 高等学校で日本語の特別の教育課程がスタートする──M高校の実践

　都立M高等学校定時制は多摩地域にある夜間高校である。普通科、学年制、クラス数6クラス、生徒数110名の小規模な学校である。生徒の多くは、中学校時代不登校や長期欠席であった生徒、全日制高校から転入してきた生徒、さまざまな特性のある生徒や多様な学びの環境が必要な生徒たちであり、近年では外国につながる生徒も入学してきている。外国につながる生徒は全校生徒111名（2023年11月現在）の内、約10％であるが、その内、日本語指導が必要な生徒は5名である。地域的な特徴として、M市は多摩地区の中で八王子市に次ぐ外国人人口の多い自治体である。また、近接する神奈川県の相模原市や座間市、大和市は外国人住民が多い地域であり、日本語教育や支援への対応が課題となっている。

1　日本語支援

　M高等学校定時制では、これまで日本語指導の必要な生徒を対象に、1年生の国語科：国語総合3単位と公民科：現代社会2～3単位、2年生の国語科：国語総合3単位と地歴科：世界史A2単位、3年生の国語表現2単位と地歴科：日本史B3単位、4年生で公民科：政治・経済2単位の「取り出し授業（多展開授業）」を開講してきた。また、授業の担当者はこれまで日本語指導経験のある先生方（非常勤講師の先生、国語科1名、地歴・公民科2名）であり、地域のM市の国際交流センターで日本語の支援をされている中学生教室の先生や中国帰国生徒等受け入れ校で母語の中国語を活用される先生など経験豊富な方々である。

　日本語支援の側面から教科の授業を多展開する「取り出し授業（多展開授業）」が開講できているのはとても有意義なことである。しかしながら、教科の「取り出し（多展開授業）」だけでは、日本語学習が不足している生徒たちもいる。

2　日本語指導の必要な生徒たちの状況

　日本語指導の必要な生徒は5名在籍しているが、内訳は3年生が1名、4年生が4名である。母語別の内訳は、フィリピン（タガログ）語1名、ネパール語1名、中国語3名である。生徒達は小学校の高学年から中学校にかけて来日しており、日本語学習歴はさまざまである。

　5名の生徒は、小学校や中学校において、日本語指導を受けたり、学校だけでな

く、M市国際交流センターで週一度、土曜日に子ども教室や中学生教室に通っていた。M市国際交流センターは、ボランティアによる日本語教室であり、M市内で日本語を学んでいる子供たちが集まり、日本語を学ぶだけでなく交流活動にも参加し、日本語指導の必要な生徒にとっての居場所になっている。このように本校に入学した生徒たちは、一定の日本語学習歴があるものの、高校入学後、授業の内容を理解するために日本語の学習がさらに必要である。このため、教科・科目の「取り出し授業（多展開授業）」だけでなく、初期の日本語を含めて体系的な日本語学習の機会が求められていた。この状況は他の都立高校定時制においても同様であり、「取り出し授業（多展開授業）」はあくまで、教科・科目の授業であるため、時間をかけて日本語をしっかり学ぶ機会があることが望ましい。

3　地域の日本語支援者との出会い

生徒Aさんの場合

　2021年にこの高校に入学してきたフィリピン・ルーツの生徒Aは、小学校6年の後半に来日し、隣の神奈川県の小学校に入学し、個別の日本語指導を受けた。さらに同市内の中学校に入学し、個別の日本語指導を受けていたが、家庭の事情で、東京都M市の中学校に転入してきた。この中学校でも個別の日本語指導を受け、中学校の先生のすすめで本校定時制課程に入学した。

　入学した頃は、日本語での会話が難しく、学校の手続きやガイダンスの時間では、本人が持っているスマートホンの翻訳機能を活用してやり取りをする他なかった。この機能は、学校のプリントなどを、スマホの写真機能のレンズで瞬間的に読み取り、日本語から英語に変換するというものである。これまで音声によって日本語を生徒の母語に翻訳する機能を持つ機器も知られていたが、学校の文書を教員が日本語で音読し、それを生徒の母語に変換し、生徒が聞き取るという方法以外にも、このように日本語の文書を一括変換し、生徒が文書の内容を読み取り、把握するという方法も有効であり、学校現場で活用できることが分かった。通訳と翻訳という2つの方法を組み合わせることで日本語指導の必要な生徒とのコミュニケーション活動が拡がることは意義があると思われる。

　Aは、「取り出し授業（多展開授業）」を、国語科：国語総合3単位と公民科：現代社会2単位を受講することになったが、日本語の様子から判断すると、日本語を習得するための機会は不十分であることは明白であった。このため、私は担任として、日本

語学習の機会を確保するため、地域や関係者をリサーチすることにした。

　その過程において、Aが受給していた外国人生徒向けの奨学金の理事の方と出会うことができた。Aは、家庭の経済的な状況もあり、外国人の高校生を対象とした奨学金を受給することになった。その選考において、奨学金の理事の方が、Aさんの日本語力の不十分さに驚き、このままでは高校を卒業することが難しい、との危惧をお持ちになった。その後、本校の地域で日本語支援を担ってもらえる支援者をリサーチしていただいた。また同じ頃、地域のM市国際交流センターのスタッフにもこちらから相談することもできた。このような地域への働きかけにより、M高校に近いところにあるO大学の日本語教育の研究者・K先生を紹介していただくことができた。K先生は大人や留学生の日本語教育のご専門であるだけでなく、他の自治体での子どもの日本語教育の助言者、協力者としてもご活躍されていた。

　このK先生をそれぞれからご紹介をいただくことができ、M高校の生徒の日本語学習についての助言、協力を求めたところご快諾いただいた。この出会いが、本校の日本語指導体制を大きく動かしていくことになった。

地域の大学と連携した日本語補習の開始

　地域にあるO大学の先生と打ち合わせを重ね、Aにどのような日本語指導ができるのかを検討した。大学側からは、日本語指導のスケジュール、内容、方法等についてご提案をいただいた。M高校からは学校としての体制、環境づくり、校内の合意形成、生徒と保護者との同意などをお伝えした。この話し合いを通して、大学側としては、M高校の始業前の午後4時から午後5時の間にオンラインを主にした日本語指導を実施してはどうか、との提案をいただき、定時制の教職員、関係者、施設を共有している全日制など関係者とも話し合いの機会をもった。その結果、日本語の補習を実施することになり、この頃、学校に新たに配布されたノートパソコンと学校内のWi-Fi機器などネットワーク環境を活用することもできることが分かり、連携をスタートすることになった。

　O大学との連携開始後、大学の先生に対象生徒の日本語の状態のアセスメント、日本語学習のテキストの紹介、テキストを活用したオンラインの授業などを進めていただいた。授業では日本語教育を勉強している複数の学生にも協力いただき、大学の先生によるプログラムを実施した。Aは、出席も良好で、ほとんど休まずに1年間かけて日本語を学ぶことができた。2年生進級後も、オンラインでの補習を受けることに

なった。オンラインでは「聞く、話す、読む、書く」の4技能をすべて学ぶことはできない制約もあるが、コロナ禍でもあり、オンラインでの日本語学習は一定程度有効であった。

4　日本語の特別の教育課程の導入を前にして

　2022年8月、東京都教育委員会から、国の制度が変わり、すでに小学校、中学校段階で導入されていた日本語の特別の教育課程が、高等学校でも始まるという情報提供の説明会があった。

◆国による日本語指導の制度化
○平成26年1月に小・中学校において「特別の教育課程」が制度化
○令和4年3月の学校教育法施行規則の改正により、高等学校において「特別の教育課程」が制度化
○令和5年度より実施
◆東京都の取り組み
○東京都教育ビジョン（第4次）に施策の必要性を記載
○日本語指導を必要とする全ての生徒が、特別な指導を受けられる環境を整備

　説明会の資料によれば、高等学校で日本語の個別学習を制度として確立し、単位認定するというものである。この授業では、3つの担当者が置かれ、日本語の授業を制度として確立するというものであり、これまでにない大きな制度改編と言える。数十年前までは、日本語ができない、わからない生徒は、日本語学校へ行くなどしてある程度の日本語を身に付けてから、高等学校に入学するのが望ましいという声も聞かれたが、今後は、日本語の力の如何にかかわらず、高等学校で日本語指導を制度として用意することで、日本語指導の必要な生徒に日本語学習の機会を提供するということになった。このことは高等学校の教育の転換を促すことになると言えるものである。一方で、高等学校の現場では、この制度の導入を前にして、どのようなカリキュラムの工夫や受け入れ体制、環境整備を実現できるのか議論することに直面するに至った。

　都立高校の中には、日本語指導の必要な生徒が新入生の半分にもなった学校、10ヵ国を超えるルーツの生徒が在籍している学校など、実に多言語、多国籍の生徒が在籍しているのが実情である。このことは、東京の国際化、世界のグローバル化を背景に、

都立高校においても多文化共生が到来していることを示している。とくに定時制高校において、その傾向が強いことは文部科学省の全国的な調査からも明らかである。

　このような背景の下で、日本語の特別の教育課程の制度化が図られたとも言えよう。

　東京都教育委員会による説明会はその後、教育課程説明会など複数の説明の機会があり、追加の資料やQ＆Aなども配布され、本校の副校長からも電話での問い合わせを行った。この説明会と資料のなかで、日本語の特別の教育課程の実施にあたっては、複数の教員による見立てが必要であること、最終的には学校長が判断するということが示された。実際、これまで教科・科目の「取り出し授業（多展開授業）」を開講するにあたり、教科担当や担任教員が生徒の入試の成績や入学当初の様子を観察し、学校長が実施の有無を判断していたが、特別の教育課程の開始にあたっては、

　　　○日本語指導の必要な生徒本人又は保護者からの希望
　　　○入学者選抜の結果や入学者説明会での様子の見取り
　　　○出身中学校からの引継
　　　○担任や教科担当等の気付き

の4つの例が示されており、このような希望、観察、引継、気付き等を踏まえて、日本語に関わるアセスメントを実施するとされた。アセスメントの方法は、「日本語の能力に応じた特別の指導を担当する教師ら複数人により、多面的な観点で把握・評価した結果を参考にすることが望ましい」とされ、現状では既存の日本語能力試験の模擬テスト等を参考にすることも示された。

　特に特別の教育課程の開始にあたっては、生徒及び保護者からの希望、が例として明示されたことはポイントである。これまでは生徒及び保護者からの希望があったとしても受け入れる学校側の事情で日本語指導の体制がとれない場合が多々見られたが、今後は希望があれば、制度として取り組んで行くことが期待されることになる。また実施の判断過程においても、複数の教員の観察、把握、アセスメント等の結果等が明示されていることからも、学校全体で取組み、日本語指導の専門的な視点を踏まえることとなっている。

　M高等学校定時制においても新たに、管理職、教務部、日本語指導の在籍している

クラス担任からなる「多文化共生・日本語支援委員会」を立ち上げ、カリキュラムの変更や時間割の工夫、予想される課題、解決方法などの議論をすすめることになった。

5　日本語の特別の教育課程の導入の決定へ

「多文化共生・日本語支援委員会」での話し合いとともに、企画調整会議、職員会議でも話し合うことになり、学校全体での合意形成を図ることとなった。一方、これまで始業前の日本語の補習を二年間お願いしていた地域のO大学の日本語教育のK先生にも、特別の教育課程の制度について説明し、日本語指導のカリキュラムについてご意見をいただくことになった。

K先生からは、カリキュラム案として、生徒の個別の指導計画と日本語指導者の体制、時間割案など、詳細で丁寧な資料をいただくことができた。学校側で管理職を中心に、K先生からのご提案とご説明をいただくなかで、その実施可能性についても担当教員とで話し合うことになった。

次に、生徒への聞き取り（ヒアリング）を実施した。ヒアリングは担任だけでなく、管理職も含めて複数の視点で実施した。生徒には来年度の授業の時間割の資料を提示し、選択科目及び必履修以外の科目と日本語の授業を示し、どちらを選択しますか、といった内容のヒアリングを行った。フィリピン、ネパール、中国の生徒たちのヒアリングを個別に行い、4名の生徒が4単位分、1名の生徒が6単位分の日本語の授業を受けたいとの希望があった。3年生1名、4年生4名が次年度の授業から日本語の授業を受けたいという要望が示された結果を受けて、企画調整会議での検討、職員会議での説明と報告を経て、最終的に学校長が特別の教育課程の実施を決定し、都教育委員会に申請する手続きを行うことになった。その後、O大学のK先生に学校の判断をお伝えし、高大連携で日本語の特別の教育課程を実施していくことに了承していただいた。

特別の教育課程の実施の方法であるが、都教育委員会から示された方法は、文部科学省と同じく、①週時程に組み込んで指導、②年度当初や長期休業中などに集中的に指導、③「①、②」を組み合わせて指導する、という方法であるが、M高校は①の週時程に組み込んで指導を採用することになった。その理由は、特別の教育課程の対象となる生徒たちは3年生、4年生を想定していることから、1～2年生と異なり、時間割上に必履修教科・科目が少ないことと、始業前と放課後における実施体制の確立

はまだ時間がかかるという判断であった。

● M 高等学校定時制の「特別の教育課程」の実施方法

学年制のため必履修科目が1～2年に多く、3～4年は少ない。

①授業時間内で実施：教育課程の『一部に替える』

新3年生（1名）、新4年生（4名）が受講したい意向を表明したため、3年生と4年生の時間割のなかで、必履修以外の科目を替えて実施予定。

②長期休業中（夏休み）は補習として実施可能。

③始業前・放課後の実施（16～17時、21～22時）：教育課程に『加える』（1年生に対象生徒がいた場合）。新1年生の場合、必履修と重なり、この時間帯しか空いていない。新3・4年生の希望者も対象。課題は、生徒が参加できるか（部活動、面談等との重なり）、夜遅い時間帯の指導人材を確保できるか。

【新年度の実施に向けた校内の体制づくり】

・日本語指導担当者の決定　・日本語指導コーディネーターの決定　・時間割の編成

・個別指導計画の準備　・多文化共生・日本語支援委員会の推進

・その他　他校生の通級の可能性の検討。外部組織（大学等）との連携の推進等

生徒	学年	「日本語」に置き換えた必修選択科目
A	3	必選〈音楽Ⅱ、書道Ⅰ、生活産業〉、物理基礎
B	4	数学Ⅱ、生物
C	4	必選B（古典A、地理A、地学基礎、英語会話）
		必選芸（音楽Ⅱ、美術Ⅱ、工芸Ⅰ、書道Ⅰ）
D	4	必選B（古典A、地理A、地学基礎、英語会話）
		必選芸（音楽Ⅱ、美術Ⅱ、工芸Ⅰ、書道Ⅰ）
		英語表現
E	4	必選B（古典A、地理A、地学基礎、英語会話）
		英語表現

6　準備から実施へ

M高校における、特別の教育課程の導入作業について（2月～4月にかけて）は次のように行われた。以下、各分掌、担当者の動きについて触れる。

◆大学のK先生との打ち合わせ

①　5名の生徒への日本語指導計画の作成

②　日本語指導支援員の確保及び打ち合わせ

③　生徒へのアセスメントの実施

④　生徒情報の把握

◆学校内

⑤ 教務部で時間割の作成

    生徒の時間割と日本語指導支援員との調整

    大学側より日本語指導支援員を推薦

⑥ 日本語指導担当教員の委嘱

    5名の専任教員が担当となる

⑦ 日本語指導コーディネーターの委嘱

    1名が担当となる

⑧ 経営企画室と予算の配布の確認と執行への準備

⑨ 管理職

    都教委への書類の提出、日本語指導支援員の勤務体制整備

⑩ 環境整備

    ・全日制との教室の共有についての打ち合わせ

    ・日本語指導支援員の職員室内レター等の用意

    ・教室（2教室）の掲示物の準備

    ・教室のロッカーの準備（教材の管理と保管）

    ・生徒出席簿の準備

◆高校と大学との打ち合わせ

⑪ 打ち合わせを大学とオンラインで実施する。

⑫ 生徒状況、アセスメントの準備、時間割の調整

⑬ 連絡方法

    日本語指導支援員と学校側との連絡方法は、Teams を活用し、予定、計画、当日の準備、実施状況、課題等を共有し、意見交換

◆アセスメントの実施

⑭ 3年生の生徒1名と4年生の生徒1名は日本語補習の結果の確認。

⑮ 4年生3名については情報がないため、筑波大学の SPOT のオンラインでの日本語力判定を使用。

⑯ 日本語指導支援員によるアセスメント結果についての共有

このような準備活動を通して、特別の教育課程の授業の導入・実施へと到った。

7　特別の教育課程の実施状況

①生徒の状況

　特別の教育課程は5名の生徒が対象となっている。生徒たちのアセスメントの実施状況は次の通りである。内、2名の生徒の指導目標は次のとおりである。

生徒	学年	ルーツ	国籍	母語他	来日	滞日歴	日本語レベル	教科のための知識・技能等
A	3	フィリピン	日本	タガログ語 英語	小6	6年	話す：N5-N4 聞く・読む：N4 書く：N5	遅滞
B	4	ネパール	ネパール	ネパール語 英語	中3	3年半	話す・聞く：N4 読む・書く：N4	学年相応
C	4	中国	日本	中国語	中1	6年半	話す・聞く：N4-N3 読む・書く：N4	遅滞
D	4	中国	中国	中国語	中2	8年半	話す・聞く：N4-N3 読む・書く：N4	遅滞
E	4	中国	中国	中国語	小5	7年半	話す・聞く：N2 読む・書く：N2	学年相応

生徒	学年	指導目標
A	3	・全体：N4後半レベルの文法・表現の基礎力・運用力を身につけ、複文での産出ができるようになる。教員に主体的に質問をしたり、困っていることについてお願いをしたり、友達との会話で自ら会話を切り出したりすることができるようになる。 ・姿勢：自律的に学ぶ姿勢を身につける。宿題の管理・取組を含め、復習の習慣を身につけることができる。
E	4	・全体：本人が希望する大学への進学に向けてN1レベルの語彙力、読解力を身につける。また、JLPT N1に合格することができ、自信をつけることができる。進学・大学受験に向けて希望する大学の情報を収集し、受験に必要な準備をすることができる。 ・姿勢：自律的に学ぶ姿勢を維持し、目標に向けて前に進むことができる。

②生徒の時間割

　5名の生徒それぞれの時間割は次の通りである。授業時間内で組み替えている。

③特別の教育課程を実施してみて、どのように生徒は変容したのか

◆生徒の日本語を学ぶ姿勢が高まり、生徒が授業を楽しみにしている。

◆生徒が母語で日本語指導支援員や学生と会話をすることで、学校内での前向きな姿勢が見られるようになってきた。学校生活の悩みや進路のことなど話せるようになった（母語のできる支援員と学生がいる）。

◆生徒が国際交流の部活動へも積極的に参加するようになった。部活動に母語ので

次元	平常時程	月曜日			火曜日	水曜日	木曜日		金曜日	
0	16:00～17:00									
給食	17:15～17:35									
1	17:40～18:25 (45分)	生徒C	生徒D	生徒E	生徒C・生徒D		生徒A		生徒B	
		支援員①		支援員②	支援員⑤		支援員⑥		支援員④（オンライン）	
		高校教員			高校教員		高校教員		高校教員	
2	18:30～19:15 (45分)	生徒D	生徒A	生徒E	生徒C・生徒D		生徒C・生徒D	生徒E	生徒A	生徒D	生徒E
		支援員①		支援員②	支援員⑤		支援員⑥	支援員⑤	支援員①		支援員2
		高校教員			高校教員		高校教員		高校教員	
3	19:25～20:10 (45分)	生徒A		生徒B		生徒B				
		支援員③				支援員④				
		高校教員				高校教員				
4	20:15～21:00 (45分)	生徒B				HR			総合	
		支援員④								
		高校教員								
放課後	～22:00					国際交流サークル	**2023年4月11日時点の体制**			

きる学生にきていただくことで、励まされ、楽しく活動している。

◆特別の教育課程で日本語を学ぶことが、教育相談、進路支援、エンパワーメント、不登校の防止、多文化交流によい影響を与えている。

◆大学と連携することで、日本語指導を通して高校教育の可能性が拡がっている。

8　課題と今後に向けて―学校の教育活動全体を通しての日本語指導

　日本語指導の場は日本語の授業だけにとどまらない。個々の生徒の状況にもよるが、特別の教育課程は個別の指導を行うもので、生徒一人一人に合わせたものになる。実際は、日本語の特別の教育課程の授業だけでは日本語学習の時間は不足するため、ホームルーム、学校行事、部活動、進路キャリア指導などさまざまな機会を活用する必要があり、教科・科目との連携が大切である。このため、特別の教育課程の日本語指導担当者と教科・科目の担当者とがどう連携できるのかが課題である。M高校では9月に特別の教育課程の日本語指導支援員と教科・科目の国語科と地歴・公民科の教員（講師の先生）とが、日本語指導コーディネーター同席のもと、意見交換の機会を初めて持つことができた。それぞれの授業の様子や授業目標、教材の種類、課題などについて率直に話し合えたことは貴重であった。今後は「取り出し授業（多展開授業）」だけでなく、他の教科・科目の教員とも情報の共有等、連携していくことが課題である。

　また、特別の教育課程の授業自体、持続的な工夫が必要である。漢字だけ、文法だ

けを繰り返すなどの授業だけでは生徒の学習意欲が高まらないことが指摘されている。このため、生徒のこれまでのライフヒストリーや進路キャリア形成に関わるテーマなども大学から提案をいただいている。また同様に、オープンキャンパスや校外学習、文化祭での日本語体験の発表などさまざまな創意工夫ある授業のアイデアもいただいている。さらに日本語教育を受講している大学生が授業に協力していただけることで、生徒たちにとって授業の出席の向上や意欲の喚起などの点で高い効果をあげている。このように、地域の大学と連携することは、定時制高校の教育内容の充実、改善、開発が図られ教育的な意義が高いことがわかった。このため、各地域の定時制高校が地域の大学と連携した日本語指導・支援体制の取り組みを期待したい。

8　おわりに──定時制高校の存在意義の見直し　多文化共生とインクルーシブな学校へ

　東京都立の定時制高校では、伝統的な夜間定時制高校への生徒の応募が減少してきていることや、三部制など大きな定時制高校での高校中退や「適格者主義」等が課題となっている。

　公立の定時制高校の役割とは何か。多様な生徒を受け入れてきた経験と、社会的な課題に対応し、多文化共生や進路保障の取り組みを重ねてきたことにあるのではないか。いま全国で始まりつつある日本語指導・支援の取り組みをあげるまでもなく、公教育の社会的な使命と役割を担ってきたのが定時制高校である。今後もその教育活動が期待されている。

　多様な生徒たちを受け入れ（インクルーシブ）、「不登校」（多様な学びの必要な生徒）、一人親家庭などの経済的な困難な生徒（セーフティネット）、日本語支援の必要な外国につながる生徒（ダイバーシティと多文化共生）に積極的に向き合う学校が一層求められている。学校の目標、カリキュラム、学校組織、支援体制などを見直し、生徒を学校に合わせる「適格者主義」と画一的・形式的な学校や効率化を求める学校教育の在り方から、生徒に学校を合わせ、生徒に寄り添う学校教育へと転換することがまさに求められている。そのためにも、全国の夜間定時制高校の教育の取り組みの経験を生かし、定時制高校の役割を再確認することが必要であろう。

参考資料

「定時制課程・通信制課程の現状について」（文部科学省初等中等教育局参事官・高等学校担当、令和2年5月12日）

「定時制・通信制高等学校における教育の質の確保のための調査研究」報告書（平成29年度文部科学省委託事業）、公益財団法人　全国高等学校定時制通信制教育振興会、平成30年2月

　本稿は、「日本語の特別の教育課程の実施の現状」『第60回東京都定通教育指導体験発表会』（2024年1月）における報告及び拙稿「夜間定時制高校の現状と課題──多様性とセーフティネットへの転換」、『明日を拓く』東日本部落解放研究所、第137号、2023年9月、に加筆修正したものである。

第8章

北関東（栃木・茨城・群馬県）における定時制課程

田巻松雄・井田　綾

1　日本語指導が必要な生徒が集中する定時制課程

　定時制・通信制高校では、社会の変化に伴い全日制課程からの編入学や不登校経験者の転入学、日本語を母語としない生徒など、様々な入学動機や学習歴を持つ生徒を受け入れており、制度発足当初とは状況が著しく異なっている。従来の勤労青年のための教育機関としての役割に加えて、学校教育のセーフティネットとしての役割や生涯学習の役割を併せ持ち、今後さらにそのような役割が増大し、期待されていくと思われる。

　こうした教育現場の状況を踏まえ、全国定時制通信制高等学校長会は、文部科学省の2018年度委託調査研究として、全国47都道府県の定時制・通信制課程を置くすべての学校を対象として、「定時制・通信制課程における多様なニーズに応じた指導方法等の確立・普及のための調査研究」を行った。この調査研究は、(1)不登校生徒、中途退学を経験した生徒のニーズ、(2)特別な支援を必要とする生徒のニーズ、(3)外国籍生徒、日本語の指導が必要な生徒のニーズ、(4)経済的に困難を抱える生徒のニーズ、(5)非行・犯罪歴を有する生徒のニーズの5つを対象に実施された。全国定時制通信制高等学校長会の加盟校639校に各都道府県の連絡協議会を通してアンケート調査を実施し、各校のアンケート結果を掲載するとともに、優れた教育実践を行っている高等学校22校を選出し、指導内容、指導方法、シラバス等を報告書にまとめた。アンケート回答校数は、43都道府県405校（私立高等学校10校も含む）で、回答率は63.4であった。「外国籍生徒、日本語の指導が必要な生徒」が在籍し、そのニーズが確認された課程数は167で、全体の14.7%を占めた。

　日本語指導が必要な高等学校の生徒を全日制・定時制・通信制の課程別に見てみると表1の通りとなる。日本語の指導を必要とする外国籍の高等学校生徒は、2005年度には1000人を超え、その後も増加を続け2018年度には3677人で3.6倍になっ

ている。課程別で見ると、2010年度には、定時制在籍者数1058人が全日制在籍者数878人を上回り、2018年度在籍者数の課程別割合では定時制が56.8%、全日制が42.7%、通信制0.54%となり、定時制が6割に近づいている。2016年度の課程別の割合である定時制53.1%、全日制46.3%、通信制0.58%と比較しても、定時制の割合が3%程度増えていることが分かる。さらに、2021年度調査では、全日制が2309人、定時制が2439人で共に2000人を超えた。高校生の総数に占める定時制生徒の割合がわずかに2%程度であることを踏まえると、日本語指導を必要とする外国人生徒の定時制課程への集中は著しいものがある。一方で、通信制の在籍生徒は2018年から2021年までの3年間で、20人から60人へと増えているものの僅かである。

表1　日本語指導が必要な外国籍生徒の高等学校課程別在籍者数の推移　単位（人）

年	全日制	定時制	通信制	合　計
1999	555	333	10	901
2000	506	390	21	917
2005	677	533	32	1,128
2006	648	459	21	1,242
2007	681	483	18	1,182
2008	740	591	34	1,365
2010	878	1,058	44	1,980
2014	1,031	1,231	10	2,272
2016	1,351 (46.3%)	1,547 (53.1%)	17 (0.58%)	2,915
2018	1,569 (42.7%)	2,088 (56.8%)	20 (0.54%)	3,677
2021	2,309 (48.0%)	2,439 (50.7%)	60 (1.25%)	4,808

＊（　）は、全日制・定時制・通信制合計に占める割合。
「日本語指導が必要な児童生徒の受け入れ状況等に関する調査」により作成

　なお、日本語指導が必要な生徒を国籍別にみたものが表2である。例年、9割近くが外国籍生徒となっている

表2　公立高等学校における日本語指導が必要な生徒数の国籍別推移　単位（人）

年度	外国籍	日本国籍	合計
2008	1,365	197	1,562
2010	1,980	244	2,224
2012	2,137	273	2,410
2014	2,272	332	2,604
2016	2,915	457	3,372
2018	3,677	495	4,172
2021	4,292	516	4,808

文部科学省「日本語指導が必要な児童生徒の受け入れ状況等に関する調査」より作成

日本語指導が必要な生徒の全日制への進学には、特別定員枠や特別措置が一定の影響を与えている。田巻は 2018 年度入試のデータを使い、特別定員枠の効果を検討した（田巻　2018）。特別定員枠を利用した 2018 年度入試での合格者数は、多い順に、神奈川県 137 名、東京都 116 名、大阪府 85 名、千葉県 32 名、愛知県 26 名、茨城県 15 名、岐阜県 10 名、福島県 7 名、奈良県 6 名、山梨県 5 名で、計 439 名であった。2016 年 5 月 1 日現在の日本語指導を必要とする外国人高校生徒数は 2915 名で、1 学年あたり 1000 人と仮定すると、特別定員枠の合格者は入学者全体の 4 割を少し超える程度であった。

　特別定員枠で受験するには、渡日後の在留期間を 3 年以内とする等の制限があるため、公立の全日制高校に入学することには未だに大きな壁がある。また、利用者・合格者の地域的な集中傾向も大きな問題と言えるだろう。すなわち、神奈川県・東京都・大阪府での合格者数 338 名は、全体 439 名の 77.0％を占めている。約 10 人のうち 8 人は上記 3 地域の合格者である。

　こうした状況下で、高校進学を希望する外国人生徒は学力の面で全日制に比べて入りやすい定時制高校を選択しているケースが多いと言える。外国人生徒の定時制への進学を促す他の要因としては、年齢、国籍、生活環境などが多様な生徒が在籍しており、全日制のような学力主義・集団行動・画一的な雰囲気が希薄で、比較的「学びやすい」学校文化や環境が存在することも大きいと思われる。そして、全日制で学ぶことが困難な外国人生徒を積極的に受け入れ育てることを使命と位置付ける比較的規模の大きい定時制高校の存在も彼らの進学を後押ししている。

　「定時制・通信制課程における多様なニーズに応じた指導方法等の確立・普及のための調査研究」では、「外国籍、日本語指導を必要とする生徒」への優れた教育実践を行っている学校が 5 校取り上げられている。札幌市立大通高等学校、群馬県立太田フレックス高等学校、静岡県立浜松大平台高等学校、愛知県立刈谷東高等学校、三重県立飯野高校の 5 校である。この調査研究が目指したように、多様な学習ニーズに応える学校づくりを追求していくためには、様々な学校の教育実践について情報を共有していくことが極めて重要な課題であろう。本稿では、北関東 3 県（栃木・茨城・群馬県）に着目し、定時制高校の全体的状況を俯瞰したうえで、「多様性」を重視する高校を 1 校ずつ取り上げ、特徴的な教育実践を論じる。

2　定時制高校の全体状況

　本節では、栃木・茨城・群馬3県の2023年度入試合格状況のデータから、各県における定時制高校に関する全体状況を整理する。次に、「定時制・通信制課程における多様なニーズに応じた指導方法等の確立・普及のための調査研究」から「外国籍生徒、日本語の指導が必要な生徒の学習ニーズ」に関する回答結果を掲載する。そのうえで、データの不足から極めて断片的なものに留まるが、定時制における外国人生徒や日本語指導を必要とする生徒の在籍状況について整理する。在籍状況に関するデータの入手は一般的に言って困難である。理由としては、まず、教育委員会や各学校HPからこの種の正確なデータを確認することは困難である。次に、学校側が正確な把握をしていない場合がある。筆者らが訪問したいくつかの高校は、入学試験を受けて合格・進学してきた生徒なので、生徒の国籍別状況について把握する必要は特に感じていないと回答した。そして、正確な実態を把握している場合でも、個人情報の観点から情報提供に消極的なケースもあると思われる。

1　栃木県

　表3と表4は、栃木県立定時制高校の2023年度入試合格状況を示したものである。

　栃木県には定時制課程を持つ高校が8校ある。学悠館高校はフレックス特別選抜と一般選抜合わせて定員200名（それぞれ100名程度）であり、学悠館高校を除く7校の学科別定員はすべて40名である。学悠館高校の定員数が突出している。8校全体の定員は560名である。

　2023年度入試合格状況から、以下の事実が理解される。受検人員が選抜定員を上回ったのは、学悠館高校フレックス特別選抜のⅠ部普通科とⅡ部普通科、および学悠館高校一般選抜Ⅰ部普通科のみである。すなわち、学悠館高校を除く7校ではすべて定員割れをしている。定員割れをしている7校では、受験者の大半は合格しているが、足利工業と大田原東では3名の不合格者が出ている。このうちの2名は外国人生徒であった。^{（注1）}

　「定時制・通信制課程における多様なニーズに応じた指導方法等の確立・普及のための調査研究」で、「外国籍生徒、日本語の指導が必要な生徒の学習ニーズ」があると回答した高校は5校で、ニーズへの対応は以下のようにまとめられている。

表3 栃木県県立高校定時制一般選抜入試合格状況（2023年度）

		一般選抜定員	受検人員	合格人員
宇都宮工業	午後部（普通科）	40名	32名	32名
	夜間部（工業技術）	40名	16名	16名
宇都宮商業	普通	40名	9名	9名
	商業	40名	13名	13名
鹿沼商業	商業	40名	5名	5名
学悠館	Ⅰ部普通	36名	53名	36名
	Ⅱ部普通	36名	34名	34名
	Ⅲ部普通	20名	3名	12名
足利工業	工業技術	40名	14名	13名
真岡	普通	40名	20名	20名
大田原東	普通	40名	20名	18名
矢板東	普通	40名	7名	7名
合計		452名	226名	215名

表4 学悠館高校フレックス特別選抜入試合格状況（2023年度）

部・学科	募集定員	出願者	合格者
Ⅰ部普通科	40名程度	93名	44名
Ⅱ部普通科	40名程度	70名	44名
Ⅲ部普通科	20名程度	11名	20名
合計	100名程度	174名	108名

○宇都宮商業高等学校（夜間定時制）：板書や試験問題、配布物などにルビをつける。

○学悠館高等学校（昼夜間定時制）：○学校設定科目「にほんご」を開設し、「話す・書く・読む・聞く」活動を通して日本語の基本的な知識と技能を身につけられるようにしている。講師の方には、外国人生徒の指導に関わる保護者の対応もお願いしている。○試験問題ではルビ付きを用意。また、単位取得に係る保護者通知には、日本語、英語、スペイン語の3か国語で準備したものもある。

○足利工業高等学校（夜間定時制）：外国籍の生徒等で日常生活でも日本語がうまく通じないレベルの生徒に対しては、クラスの連絡において別プリントを用意。授業においては、板書の漢字にふりがなをふる、スマホの翻訳機能の使用を認めるなどの対応をしている。

○真岡高等学校（夜間定時制）：始業前に非常勤講師による日本語指導を週3回実施している。テキスト「みんなの日本語」を使用。外国籍の生徒5名程度が参加している。

○大田原東高等学校（夜間定時制）‥試験問題や授業で使用するプリントにルビを
ふるなどの対応をしている。・国の支援金、給付金の申請書類を文科省のHPか
らダウンロードし外国語の書類にて対応している。

　「日本語指導が必要な児童生徒の受け入れ状況」（2021年5月現在）によると、栃木
県における「日本語指導を必要とする高校生は、外国籍49名、日本国籍3名の計52
名であった。筆者は、2010年度より県内すべての公立中学校を対象に「外国人生徒
進路状況調査」を実施してきた。2021年度調査では、日本語指導が必要と判断され
ていた35名の主な進学先は、私立全日制12名（34.3%）、公立全日制10名（28.6%）、
一般選抜公立定時制5名（14.3%）、フレックス特別選抜公立定時制3名（8.6%）であ
る。2022年度調査では、41名の主な進学先は、公立全日制17名（41.5%）、私立全
日制6名（14.6%）、一般選抜公立定時制5名（12.2%）、フレックス特別選抜公立定時
制3名（7.3%）であった。このデータを参考にすると、栃木県では、日本語指導を必
要とする高校生の2割程度が定時制に在籍していると推測される。なお、公立全日制
への進学には、栃木県の外国籍生徒を対象とする「海外帰国者・外国人等の入学者の
選抜に関する特別の措置」が大きく関係していると捉えられる（田巻　2023）。

2　茨城県

　表5は、茨城県立定時制高校の2023年度入試合格状況を示したものである。

　茨城県には定時制課程を持つ高校が13校ある。定員が100名を超える高校は、
茎崎160名、高萩120名、水戸南120名、鹿島灘120名、結城第二120名の5校
で、それ以外の高校の定員は80名と40名である。13校全体の定員は1000名で
ある。合格人員では結城第二が91名で一番多く、茎崎90名、水戸南71名がそれ
に次いでいる。三部制（午前・午後・夜間）を取っているのは、茎崎、鹿島灘、結城第
二の3校である。

　2023年度入試合格状況から、以下の事実が理解される。受験人員が選抜定員を上
回ったのは、IT未来（午前）、結城第二（午前）、結城第二（午後）の3つで、それを除
く学校・部では定員割れをしている。水戸南（昼間・夜間）、鹿島灘（午後）、石岡第一、
茎崎（午前・午後）では、定員内不合格者が出ている。

　「日本語指導が必要な児童生徒の受け入れ状況」（2021年5月現在）によると、茨城
県における「日本語指導を必要とする高校生は、外国籍106名、日本国籍13名の計
119名であった。「定時制・通信制課程における多様なニーズに応じた指導方法等の

確立・普及のための調査研究」では、茨城県の高校は１校も掲載されていない。「令和
５年度茨城県立高等学校入学者選抜実施状況報告書」(2023年５月)には、「外国人特例
選抜」結果が掲載されている。それによると、75名の受験者のうち合格者は73名
で、そのうち定時制進学者は３名(鹿島灘、土浦第一、結城第二、各１名)であった。茨
城県では、結城第一と石下紫峰２校が2022年度入試より外国人特別定員枠を拡大
しており、両校への進学者は57名である。このデータを踏まえると、茨城県の定時
制に在籍する外国人生徒は僅かであると思われる。

表５　茨城県県立高校定時制入試合格状況 (2023年度)

		一般選抜定員	受験人員	合格人員
高萩	普通(午前)	80名	47名	47名
	普通(午後)	40名	14名	14名
日立工業	総合	40名	3名	3名
太田第一	普通	40名	2名	2名
水戸農業	農業(昼間)	40名	14名	14名
水戸南	普通(昼間)	80名	58名	54名
	普通(夜間)	40名	18名	17名
IT未来	IT(午前)	40名	46名	40名
	IT(午後)	40名	23名	25名
鹿島灘	普通(午前)	40名	24名	24名
	普通(午後)	40名	12名	11名
	普通(夜間)	40名	4名	4名
土浦第一	普通	40名	26名	26名
石岡第一	普通	40名	7名	6名
竜ケ崎第一	普通	40名	17名	17名
茎崎	普通(午前)	80名	68名	65名
	普通(午後)	40名	28名	23名
	普通(夜間)	40名	2名	2名
結城第二	普通(午前)	40名	61名	40名
	普通(午後)	40名	42名	40名
	普通(夜間)	40名	11名	11名
古河第一	普通(夜間)	40名	14名	14名
合計		1,000名	541名	499名

3 群馬県

　表6と表7は、群馬県立定時制高校の2023年度入試合格状況を示したものである。

　群馬県には定時制課程を持つ高校が13校ある。定員が100名を超える高校は、太田フレックス240名の1校で、それ以外の高校の学科別定員はすべて40名である。13校全体の定員は760名である。

　合格人員では三部制（Ⅰ部昼・Ⅱ部昼・Ⅲ部夜）を取っている太田フレックスが146名で一番多く、伊勢崎工業20名、高崎工業16名、普通科の沼田14名以外は一桁である。

　2023年度入試合格状況から、以下の事実が理解される。受験人員が選抜定員を上回ったのは、太田フレックスのⅠ部のみで、それを除く学校・部では定員割れをしている。群馬県内の定員内不合格の状況については不明である。

　「日本語指導が必要な児童生徒の受け入れ状況」（2021年5月現在）によると、群馬県における「日本語指導を必要とする高校生は、外国籍77名、日本国籍5名の計82

表6　群馬県立高等学校定時制入試合格状況（2023年度）

学校名	学科	募集定員	志願者数合計	合格者数
前橋工業	機械	40名	9名	9名
	建築	40名	1名	1名
高崎工業	工業技術	40名	16名	16名
桐生商業	商業	40名	8名	8名
桐生工業	工業技術	40名	8名	8名
伊勢崎工業	工業技術	40名	20名	20名
沼田	普通	40名	14名	14名
館林	普通	40名	6名	6名
渋川工業	工業技術	40名	7名	7名
藤岡中央	普通	40名	8名	8名
富岡	普通	40名	8名	8名
安中総合学園	普通	40名	8名	8名
桐生市立商業	商業	40名	9名	9名
合計		520名	122名	122名

表7　群馬県立太田フレックス高校入試合格状況（2023年度）

学校名	学科・コース等		募集定員	志願者数合計	合格者数
太田フレックス	普通	Ⅰ部（昼）	80名	97名	76名
	普通	Ⅱ部（昼）	80名	64名	63名
	普通	Ⅲ部（夜）	80名	7名	7名
合計			240名	168名	146名

名であった。

「定時制・通信制課程における多様なニーズに応じた指導方法等の確立・普及のための調査研究」で、「外国籍生徒、日本語の指導が必要な生徒の学習ニーズ」について回答した高校は4校で、ニーズへの対応は以下のようにまとめられている。

○高崎工業高等学校（夜間定時制）：複数教員で対応の授業については、同一教材での個別指導。単独の授業では個別課題の実施及び別時間帯における個別補習などを実施している。

○伊勢崎工業高等学校（夜間定時制）：1・2年の国語総合の授業で2人の教員によるティームティーチングを行っている。T2が教室内で別教材を使用して漢字指導を行っている。

○太田フレックス高等学校（昼間定時制）：群馬県の委嘱事業である「外国人児童生徒教育・心理サポート事業」を利用し、「学習サポートクラブ」として年29回（1回につき2時間30分）の学習支援を行っている。

○藤岡中央高等学校（夜間定時制）：始業1時間前に登校し、各教科担任が日替わりで個別に補習を行っている。

群馬県では、これまで外国籍や日本語指導を必要とする高校生の多くは太田フレックスに集中してきたと捉えられる。

3　3校の事例

1　栃木県立学悠館高等学校

学悠館高校は、県南の栃木市にある定時制課程と通信制課程の独立校である。県内唯一のフレックス・ハイスクール（学習時間が選べる定時制・通信制高校）で、外国籍の生徒や不登校の生徒等、多様化・複雑化する生徒が学びやすい学習環境づくりを目指してきた高校である。「栃木県高等学校再編計画」（2004年3月）において、単位制による定時制・通信制独立校であるフレックス・ハイスクール設置が打ち出された。設置する基本的な考え方としては、以下の6点が挙げられている（15頁）。

◇基本的な考え方

ア 学習目的、学習歴、学習時間帯などがそれぞれ異なる多様な生徒が学ぶ場として単位制による定時制・通信制独立校を設置します。

イ 定時制課程においては、午前、午後、夜間など複数の部を設置し、他の部の単

位や通信制課程の単位を併せて修得することにより、3年での卒業も可能とします。

ウ 通信制課程においては、定時制課程の単位を併せて修得することも可能とします。

エ 多様な教科・科目を開設し、多様な生徒の様々な学習ニーズに応えます。

オ 生涯学習の観点から、社会人入学制度や科目履修制度を導入し、広く社会人に高校教育を提供します。

カ 多様な就学希望者が、年度の途中からでも入学できるよう、前期・後期の2学期制の高校とするとともに、転編入定員を設けます。

　フレックス制とは、ライフスタイルに応じて、学校で学習する時間帯を選択できるしくみのことをさす。学悠館では、午前、午後、夜間の3部制である。単位制のため学年はない。外国人生徒の在籍状況に関しては、断片的なデータしか得られていない。参考までに、定時制課程では在籍生徒数568名（2017年7月1日現在）のうち22名が外国人生徒（Ⅰ部7名、Ⅱ部7名、Ⅲ部8名）で、母語別内訳は、スペイン語9名、タガログ語8名、ポルトガル語3名、その他2名となっている。

　教育課程上の大きな特色は、学習指導要領で定められた教科・科目と学校で独自に設定した教科・科目、あわせておよそ100科目・360講座が開講されていることにある。学校設定教科のなかには「日本語」がある。学生一人一人が進路選択に合わせた時間割を作成する。所属する部以外の授業も併せて履修することで3年での卒業も可能となる。

2 茨城県立水戸南高等学校

　横溝が担当する茨城大学人文学部現代社会学科2021年度「社会調査実習Ⅰ」では、学校現場の声や思いを届けることを目的に、茨城県内の定時制高校3校（茨城県立日立工業高等学校、茨城県立水戸農業高等学校、茨城県立水戸南高等学校）と中学の夜間学級（常総市立水海道中学校夜間学級）を対象とする調査を行った（横溝　2022）。定時制3校を対象とする調査ではいずれも外国人生徒の在籍状況やかれらのニーズに対応する教育課程・指導体制の詳細については明らかになっていないが、茨城県の定時制課程についての数少ない調査として、各高等学校の特徴を多角的に捉えている。この3校のなかでは水戸南高校が「多様性」と「自由」を特に重視しており、このため、外国人生徒の一定数の存在と今後の増加が推測される。水戸南での授業見学では、外国人生徒が

確認されている。この理由から、ここでは水戸南高校を取り上げておきたい。

　水戸南高校は、茨城県内で唯一の定時制と通信制の独立校である。働きながら高校を卒業しようとする人々のために1971年に定時制・通信制の独立校として発足した。1991年には定時制に単位制が導入され、夜間制に加え昼間制が設置された。昼間制（8時45分から15時）と夜間制（17時30分から20時45分）の二部制である。在籍生徒数は、2021年現在、定時制昼間制は1年72名、2年68名、3年48名、4年14名で、総数は202名である。学級数は8学級である。定時制夜間制は1年14名、2年13名、3年14名、4年4名で、総数は45名である。学級数は4学級である。

　水戸南高校全体の特徴は、(1) 単位制、(2) 自由度の高さ、(3) 多様性、(4) 教職員の対応、(5) 進路指導、(6) 少人数制、(7) 給食の側面から整理されている。自由度の高さに関しては、水戸南高校には制服はなく、服装・髪型は自由とされている。また、昼間制においては、火曜は午前中のみの授業となっている。そのため、午後は自分の時間として自由に使うことができる。アンケートの回答にも、〈進学して良かった点〉として「校則等に縛られない自由」が多く挙げられていた。さらに、〈服装・髪型が自由な点〉については70%以上の生徒が肯定を示していた。卒業生の1人は3つの自由を魅力としてあげている。校則の縛りのない自由、授業を選択できる自由、そして、自由な時間がたくさん作れる自由である。

　多様性では、年代や国籍をはじめとした様々な属性の生徒が同じ教室で学習していること、並びに、各々の生徒が抱えるバックグラウンドも多様であることが指摘されている。また、生徒が多様であることは、アンケートでも〈進学して良かった点〉として挙げられていた。教職員の対応で興味深いのは、多くの先生方が、生徒たちの自主性を促し尊重するためにも「生徒を待つ」ことは大切であるという考え方を共有している点である。これは、時間をかけて生徒に丁寧に接することを心がけてる姿勢とつながっている。そして、少人数制が重視されている。昼間制の1学年の英語・国語・数学は習熟度別クラスで各クラス26名程度、2年次以降でも少人数クラスが実施されている。夜間制では1学年が7人でも、2つのクラスに分けているという。生徒全員に目が届くようなクラス編成を行っているという。これらの把握を通して、水戸南高校が多様な生徒にとっての重層的な居場所になっていることが明らかにされている。

　卒業までの学習計画を自分で作ることは単位制高校として共通している。定通併修

科目の受講により3年間での卒業が可能である。高等学校卒業程度認定試験、各種検定試験などで単位が認められることも大きな特徴と言えよう。

3　群馬県立太田フレックス高等学校

　同校は、「定時制・通信制課程における多様なニーズに応じた指導方法等の確立・普及のための調査研究」で「外国籍、日本語指導を必要とする生徒」への優れた教育実践を行っている学校として取り上げられているので、少し詳しくみておきたい。

　太田フレックス高校は、外国人集住地域である群馬県太田市に位置する定時制（三部制）と通信制を併設する普通科単位制高校で、2004年10月に群馬県教育委員会「フレックススクールの基本構想」に基づき設置された。2021年度の在籍者数は定時制526人（I部午前224人・II部午後246人・III部夜間56人）、通信制430人、在籍生徒合計956人。定時制ではI・II・III部でそれぞれ2クラスを置き、合計6クラスを設置している。職員数は定時制74人、通信制15人（非常勤講師含む）。創立以来、学習不適応や不登校傾向のある生徒の「学び直し」の場としての機能を果たしており、同校入学を機に、それまでの不登校、引きこもり傾向を克服し、卒業した事例は少なくない。さまざまな困難を抱える生徒の学びの場となっている。外国につながりのある生徒が多数在籍する状況もその一つであり、日本語の指導が必要な生徒への支援として日本語能力育成のための学習のサポート事業が放課後の時間帯を利用して行われている。

　定時制在籍生徒の居住区域は、太田市・伊勢崎市・邑楽郡大泉町の3市町合わせて437人で、定時制生徒526人のうち83.1％を占める。同校が立地する群馬県東毛地区は外国人の集住地域であり、保護者が外国籍で本人も外国籍であるケースも多いが、日本国籍で外国につながりのある生徒も多数在籍している。学校長からの聞き取り（2017年9月11日）によると、全生徒約500人のうち、約100人が外国籍であり、さらに日本国籍であっても約100人が外国につながる可能性があるという。2016年度から2021年度の同校における外国籍生徒の在籍状況を見ると、毎年度、I部とII部を合わせて、80人から100人程度の外国籍生徒が在籍しており、在籍生徒数の約20％を占めている。2021年度は在籍生徒数470人中、外国籍生徒96人（20.4％）国籍数11カ国。国籍別では、6年間の合計で見ると、ブラジル、ペルー、フィリピンの上位三カ国で、85.7％を占める。その他、ボリビア、アルゼンチンなど南米系をはじめ、国籍は10数カ国に及び、母語も多様である。

同校では多国籍かつ多様な母語を持った生徒が在籍している中で、外国籍生徒や日本語の指導が必要な生徒に対して、教育課程上の学校設定教科・科目に日本文化や『ポルトガル語基礎』、『スペイン語基礎』など、母語に関わる科目を設置（表8）し、日本語の能力育成に加えて、日本の歴史や文化への理解を深めたり、彼らのアイデンティティの育成や思考力の養成に必要な母語教育についても重要な位置づけをしている。

日常の教育活動場面でも、ゆっくりと丁寧な日本語の発話に注意する、配布印刷物には総ルビを施すなどの配慮がなされている。また、教科指導においても、教科担当は日本語の支援が必要な生徒たちに対して様々な工夫をしている。特に、国語や地歴・公民科で難を抱える場面も多く見られ、地歴公民科では、資料を多用したり、他教科でもルビを付ける場合が多い。また、2021年度から全ての生徒にパソコンが配布されたため、翻訳アプリ等を使って、授業を進めることが可能になった。

2023年度からは、日本語が教育課程上の位置付けに変わり、同年10月から群馬県は太田フレックス高校を研究校に指定している。

表8　学校設定教科・科目＊は、日本文化や母語に関わる学校設定教科・科目

教科	科　目
国語	＊ことばと生活・現代文セミナー
地理歴史	＊日本理解・社会基礎
数学	みんなの数学（数学Ⅰの履修前に履修できる）
理科	フレックスサイエンス
芸術	陶芸・演劇入門・演劇表現
外国語	英語セミナー・＊スペイン語基礎・＊ポルトガル語基礎
情報	webデザイン
＊日本文化	＊茶道・＊華道・学習言語としての日本語

出所：2023年度実施「教育課程表」より筆者作成

本校は、2012年度から、NPO法人Gコミュニティとの連携により、外国人生徒向け学習支援「学習サポートクラブ」（略称　学習クラブ）の活動を行っている。「学習クラブ」の活動内容は、地域のボランティアによる日本語の学習支援だけでなく、大学入学試験や就職試験の作文、面接対策、プレゼンテーションの練習など、卒業後の進学・就職支援や授業の補習、日本語検定対策などに係わる支援活動など広範囲に渡る。2021年度の「学習クラブ」参加人数は29人。実績としては、2020年度は、「学

習クラブ」で大学入試のサポートをしながら、「総合型選抜で県内の4年制大学に進学することができた生徒もいる」。日本語指導を必要としている生徒の中には、潜在的な学力は高いが日本語の能力が十分でなく本来の力を出せない生徒もいる。こうした生徒たちの進路選択の幅を広げる上でも同校では学校と地域のNPO法人との連携が上手くいっている例といえる。

　同校校長によると、「さまざまな学習歴のある生徒がいる中で、少人数制は採用しているものの授業の的が絞りにくい」などの困難がある中で一人一人の生徒の学習ニーズに応えるべく教科担当がさまざまな工夫をしているという。外国籍の生徒については、日頃の担任業務においても言葉の面で対応に苦慮する場面が多く、保護者との連絡を取る際にポルトガル語やスペイン語の通訳の必要性を感じている。外国人生徒については、卒業後は「必ずしも日本で働くことを希望する生徒ばかりではなく、日本で高校卒業資格を得ることを目的としている」生徒もいる。日本語と母語の両方を活かして、「日本と母国の橋渡しができる人材に育ってもらいたい」と、彼らの持つ能力を十分に活かせる方法を探っている。(2021年12月14日　校長インタビュー)

　NPO法人Gコミュニティとの連携による日本語支援の活動は、日本語指導が教育課程上の位置付けとなった2023年度も継続して行われている。Gコミュニティの本堂晴生代表によると、「学校側は教育課程上の科目として、日本語授業を実施し、NPOは個別指導をすることで互いに補完し合っている」という。放課後学習クラブの特徴は、年度初めに各支援員が担当する生徒を決めて、一対一で指導することで、個々の生徒の状況に応じた対応をきめ細やかに行うことができる点にある。これまで、同学習クラブの支援により、日本語検定2級以上や実用英語検定準1級などを取得し、大学進学に結びついた例もある。

　活動は、毎年度6月から翌年1月までの期間に、週1回放課後13:30～17:30の時間帯で全29回行われており、例年20人程度が参加している。参加生徒の国籍は、これまではブラジル、ペルー、フィリピン、ネパールが多かったが、近年ではパキスタンやスリランカ、バングラデシュが増加している。(2024年3月11日　NPO法人代表インタビュー)

4　おわりに

　学校教育のセーフティネットとしての定時制の役割は今後一層拡大していくと思わ

れる。今回取り上げた3県の中では、群馬県で定時制進学希望者の増加傾向が顕著である。

2024年度群馬県公立高校入試における定時制過程の選抜志願者数を2023年度と比較すると、太田フレックス高校では学校別志願者数（Ⅰ部・Ⅱ部・Ⅲ部合計）が175人から188人に増加しており、その他の定時制高校12校全体でも、2023年度の122人から160人へと増えていることが分かる。フレックス・定時制全体の志願者数の合計は、2023年度の297人から2024年度は348人に大幅に増加している。背景には外国人住民の増加が関係しよう。群馬県の発表によると2023年12月末時点の県内外国人住民の総数は、7万2315人で、2022年12月末時点に比べ6989人（10.7％）増加し、過去最多となっている。

定員40名程度の小規模校と200名程度の大規模校のそれぞれの固有の意義と役割分担も大きな論点となる。群馬県では、これまで外国籍や日本語指導を必要とする生徒は太田フレックスに集中する傾向があった。この点、群馬県が2024年度入試から、海外帰国者を対象とする選抜とは別に「外国人生徒等入学者選抜」を新たに設けたことは注目される。要項では、「外国人生徒等のうち、県内に居住又は居住を予定する者が、全日制課程選抜、フレックススクール選抜、定時制課程選抜及び連携型選抜を受検する場合は、外国人生徒等入学者選抜によることができる」としており、対象となる外国人生徒等について「外国籍を有する者又は国籍に関わらず日本語以外の言語文化を持つ者とする。」と明記されている。応募資格では、「県内に居住又は居住予定で、外国籍を有する者にあっては、入国後の在留期間が通算で6年以内の者」等の条件が定められている。学力検査等については、「全日制課程選抜における検査は、「第3　全日制課程選抜検査（学力検査等）」に準ずる」とした上で、学力検査を実施する教科を「数学」及び「英語」とし、「国語」に替えて日本語による「作文」、「社会」及び「理科」に替えて日本語又は英語による「面接」を実施することとしており、「フレックススクール選抜及び定時制課程選抜における検査については、高等学校長が定めるもの」としている。（「令和6年度群馬県公立高等学校入学者選抜実施要項」）

栃木県では高等学校再編計画の中でフレックス・ハイスクールの新設と既存の定時制の統廃合が進められようとしている。すなわち、栃木県教育委員会は、「第三期県立高等学校再編前期実行計画」（2023年7月）において、県央地域で2027年度、県北地域で2029年度にフレックス・ハイスクールを設置する方針を公表した。この方針により、県央の宇都宮工業と宇都宮商業は2027年度、県北の大田原東と矢板東

は 2029 年度に募集を停止し、フレックス・ハイスクールに統合されることとなる。

　日本語指導が必要な生徒を含む多様な生徒を「どの程度、どのように受け入れて、どのように育てていくのか」。定員内不合格者の扱い（志願者数が定員に満たない場合の対応）、入試の在り方などの入り口の議論と多様な学習ニーズに対応する教育実践の在り方について、多角的な観点から議論を積み上げていく必要がある。

参考文献

荒牧重人ら（編者）（2017）『外国人の子ども白書　権利・貧困・文化・国籍と共生の視点から』明石書店

井田綾（2022）「外国人生徒の高等学校定時制課程における学びの現状と課題」『夜間中学と定時制高校―現状を知り、多様な学びの場の可能性を考えよう』（研究代表者・田巻松雄）宇都宮大学、251-260 頁

朝比奈なお（2013）『見捨てられた高校生たち　知られざる「教育困難校の現実」』学事出版

田巻松雄（2018）「高校入試における特別定員枠の現状と課題」平成 29 年度文部科学省科学研究費補助金基盤研究 (A)「将来の『下層』か『グローバル人材』か―外国人児童生徒の進路保障実現を目指して」（研究代表者　田巻松雄）104-109 頁

田巻松雄（2022）「栃木県における外国人生徒の進路状況―12 回目の調査結果報告―」『宇都宮大学国際学部研究論集』54 号、39-48 頁

田巻松雄（2023）「栃木県における外国人生徒の進路状況―13 回目の調査結果報告―」『宇都宮大学国際学部研究論集』56 号、27-38 頁

手島　純（2007）『格差社会にゆれる定時制高校　教育の機会均等のゆくえ』彩流社

宮島喬（2014）『外国人の子どもの教育　就学の現状と教育を受ける権利』東京大学出版会

宮島喬（2014）『多文化であることとは　新しい市民社会の条件』岩波書店

横溝環（2022）「茨城県における定時制高校および中学夜間学級の現状と課題―現場の声を多くの人々に届けたい―」『夜間中学と定時制高校―現状を知り、多様な学びの場の可能性を考えよう―』（研究代表者　田巻松雄）宇都宮大学、61-94 頁

参考資料

全国定時制通信制高等学校長会編著（2019）『文部科学省平成 30 年度委託調査研究報告書　定時制・通信制課程における多様なニーズに応じた指導方法等の確立・普及のための調査研究』

群馬県立太田フレックス高校「令和 4 年度　学校案内」／「令和 3 年度　学校要覧」

群馬県立太田フレックス高等学校ホームページ https://otaflex-hs.gsn.ed.jp/（2024年3月16日最終閲覧）

文部科学省 「高等学校における日本語指導の制度化及び充実方策について（報告）」

（令和3年9月）高等学校における日本語指導の在り方に関する検討会議 https://www.mext.go.jp/content/20211013-mxt_kyokoku-000018412_02.pdf（2021年10月18日最終閲覧）

文部科学省 「日本語指導が必要な外国人児童生徒の受入れ状況等に関する調査」各年盤

群馬県ホームページ https://www.pref.gunma.jp/site/kyouiku/181617.html（2024年3月16日最終閲覧）

第9章

通信制課程──もう一つの可能性

小綿　剛

1　通信制課程とは

　高等学校の通信制課程とは、教室での授業を中心とする全日制や定時制の課程とは異なり、生徒が自宅等で与えられた教材に基づき個別に自学自習し、レポートを郵送等により学校に提出して添削指導を受けることを主な学習活動としている課程である。添削指導と並んで、単位数に応じて決められた時間数は学校に行き、面接指導（スクーリング）を受けることも課せられている。レポートの提出状況とスクーリングの出席状況、また科目によっては試験等も行って単位を認定する。高校卒業に必要な単位数を取得すると卒業が認められ、全日制課程や定時制課程と同等の卒業資格が得られる。

　もともと高等学校の通信制課程は、高等学校教育の機会に恵まれない勤労青少年に後期中等教育の機会を提供するものとして、定時制課程とともに戦後に制度化された。通信教育そのものは全日制や定時制の課程の一部として、すでに 1948（昭和 23）年に始まっており、1955（昭和 30）年からは通信教育のみによる高等学校卒業が可能とされていたが、制度として正式に位置づけられたのは 1962（昭和 37）年施行の改正学校教育法からである。この時、独立通信制や広域通信制（後述）の制度化も同時になされた。

　その後、社会構造の変化に伴い、通信制で学ぶ生徒たちの背景も大きく変化してきた。全日制高校や定時制高校からの転編入者や中学校までの不登校経験者、何らかの理由で過去に高校教育を受ける機会がなかった人など、挫折や困難を経験した人たちが多くなっている。その意味で通信制課程は学び直しの場として、また高校教育から取り残された人のセーフティーネットとして、大きな役割を果たしている。憲法上の「教育の機会均等」を保障する仕組みということもできよう。

2 通信制課程のしくみ

　高等学校の通信制課程には、大きく分けて二つのカテゴリーがある。狭域通信制と広域通信制である。狭域通信制は本校所在地の1都道府県のみか、隣接する1つの都道府県（併せて2都道府県）に在住する者を対象に生徒を募集している（実際にはほとんどが1都道府県に限っている）。一方、広域通信制は本校所在地も含めて3都道府県以上の地域から生徒を募集することができる。対象地域は全国47都道府県とする場合と、地域を限定する場合があり、学校によって異なる。

　広域通信制の場合、各地域に居住する生徒のために各地に分校や学習センター、サポートセンターなどが置かれていることが多い。生徒は自分の家から近い学習拠点で学ぶことができる。また、他の高校などを協力校として連携しているケースもある。

　通信制課程の設置者は、大きく分けて公立と私立に分けることができる。公立の通信制課程は各都道府県ごとに最低1校は設置されている。広島市立の1校を除き、すべて都道府県立高校であり、すべてが狭域通信制となっている。一方、私立の通信制の場合、一番多いのは学校法人が運営している学校であるが、2003年に施行された「構造改革特区」法により、条件を満たせば株式会社やNPO法人でも学校設立が可能となったため、かなりの数の株式会社立の通信制高校が開設された。しかし税制上の優遇措置がないなどの理由でのちに学校法人に転換したケースも多数ある。私立の通信制の場合は、狭域通信制と広域通信制が混在している。

　通信制課程の設置形態として、独立校であるか併置校であるかという違いもある。独立校は通信制課程のみが設置されている高校であるのに対し、併置校は全日制課程や定時制課程のある高校に一緒に置かれており、多くは全日制や定時制の授業のない土曜日や日曜日にスクーリングを行っている。

　通信制課程の大きな特徴としては、教育課程の自由度が大きいということがあげられる。ほとんどの高校は単位制のシステムをとっていて、学年制のようにその年に取らなければならない授業は決まっておらず、所定の単位を修得すれば卒業できる。また転編入生の場合、前在籍校で取得した単位を生かすことができる。卒業に必要な単位数も、ほとんどの学校で学習指導要領に定められた高校卒業に必要な単位数の下限である74単位となっている。指導要領で定められた必履修科目を受講しなければならないのは全日制課程や定時制課程と同じだが、それ以外の教科・科目については各学校ごとに定められており、学校設定教科・科目が多いなど、多様な履修が可能に

なっている学校が多い。

　通信制課程で単位を修得するには、レポートを提出して添削指導を受けることと、スクーリングに通って面接指導を受けることが必要とされている。しかし、表１に示すように、その必要回数と時間はかなり少ない。たとえば必履修科目である数学Ａ（２単位）を修得するには、６回のレポート提出と２単位時間の面接指導を受ければよい。また、ラジオ・テレビ放送やインターネット等を利用して学習する場合、必要な面接指導等の時間のうち、10分の６を免除することができると定められているため、スクーリングの負担はさらに軽くなる（特に必要がある場合には、複数のメディアを利用することにより10分の８まで減じることができるとされている）。

表１　添削指導及び面接指導時間の標準（１単位当たり）

各教科・科目	添削指導（回）	面接指導（単位時間）
国語、地理歴史、公民および数学に属する科目	3	1
理科に属する科目	3	4
保健体育に属する科目のうち「体育」	1	5
保健体育に属する科目のうち「保健」	3	1
芸術及び外国語に属する科目	3	4
家庭及び情報に属する科目並びに専門教科・科目	各教科・科目の必要に応じて２～３	各教科・科目の必要に応じて２～８
※学校設定教科に関する科目のうち専門教科・科目以外のものについては、各学校が定めるものとする		

（高等学校学習指導要領第１章第２款５）

　こうした全日制課程や定時制課程にはない単位認定の方法により、通信制課程では自分のペースで学ぶことができ、スタートラインも目指すゴールも異なる多様な生徒に対して教育機会を提供している（「高等学校通信教育の現状について」）。

　通信制課程の理念としては、「自学自習」が基本となっている。しかしながら現実には独力でレポートを完成させるのに困難を抱える生徒は多い。そこで主に私立の通信制高校では、決められたスクーリング以外にも自校の施設（学習センター）でレポート作成の補助を行っている。また自校の学習センターではなく、提携する他の教育機関（サポート校と呼ぶ）で学習の補助を受ける仕組みを持っている学校も多い。また、各都道府県の教育委員会が指定する「技能連携校」で、主に職業に関する科目や専門科目を履修すれば、高校の卒業単位として認めることで、卒業をしやすくするしくみを持っている通信制高校もある。こうした仕組みを持つ通信制高校の場合、「通信制」でありながら、生徒は毎日、あるいは週に数日、登校して学習することになる。

スクーリング以外の学習センターやサポート校での授業は、学習指導要領に定められた正規の授業ではないため、生徒の関心・興味・ニーズに応じた講座を開くことが可能である。また、こうした講座の講師には高校の教員免許が必要ではないため、それぞれの分野の専門家が指導することも可能で、生徒が特定の分野で自分の能力を伸ばしていけることを謳っている通信制高校やサポート校もある。そうした実態はこれまでの全日制や定時制の学校とは大きく異なっており、いわばオルタナティブ・スクールに準じた学校ということもできる。

　このように、全日制や定時制の高校に比べて、それぞれの学校で決められることがはるかに多いため、通信制高校の教育内容は学校ごとに大きく違っている。「通信制課程」という一つの枠組みで全体像をとらえることは不可能に近い。逆に言うと通信制課程の高校でどのような教育が行われているかは、一つ一つの高校に直接当たらなければ、把握することができないということができる。

3　通信制課程の現在

　前述のように、高等学校の定時制課程は戦後、後期中等教育の機会に恵まれない勤労青少年の教育機会の確保のために生まれたものであったが、現在では大きくその姿を変えてきている。

　通信制高校を進学先に選んだ生徒の背景にあると考えられるのは、小学校・中学校での不登校経験である。現在の統計方式になってから、不登校児童・生徒（年間30日以上欠席した児童・生徒）の数は20年間で小学校で約8倍、中学校で約3倍に増えた。2022（R3）年度の調査では小中学校での不登校者の数は過去最多の29万9000人となっていて、さらに増加が見込まれる（「児童生徒の問題行動・不登校等生徒指導上の諸課題に関する調査」）。こうした子どもたちの進学先として通信制高校は大きなウェイトを占めている。実際、高等学校の通信制課程に在籍する生徒の実態調査によると「小・中学校及び前籍校における不登校経験がある生徒」の全生徒に対する割合は狭域通信制で48.9％、広域通信制では66.7％にのぼっている（「定時制・通信制高等学校における教育の質の確保のための調査研究」報告書）。

　不登校経験のある生徒にとって、毎日登校して決められたカリキュラムをこなす全日制や定時制の学校はハードルが高い。その点最小限のスクーリングの登校ですむ通信制高校は通いやすく、また不登校の原因として人間関係を挙げている生徒にとって

は、集団参加を強制されない通信制は居心地がいいともいえる。前記調査報告書によれば、その他にも「特別な支援を必要とする生徒」や「心療内科等に通院歴のある生徒」など、在籍生徒の背景は様々であるが、いずれにしても既存の全日制や定時制課程ではなく、柔軟な対応が可能であるとする通信制課程を選択する生徒が急速に増えて来ているということができる。また、入学試験についても、公立通信制を中心として学力試験を行う学校も存在するものの、多くは面接と作文のみで選考を行っており、その点でも入学のハードルは低い。

［表2］に示したように、高等学校の生徒数は全日制・定時制の生徒数は全体として減少傾向にあるが、通信制課程は全体として増加傾向にある。また、公私別でみると、公立の通信制課程の生徒数は減少傾向にあるのに対し、私立通信制課程の生徒数は急増している。

私立通信制課程の生徒が急増している原因のもう一つは、広域通信制の学校が近年

表2　課程別高等学校生徒数の推移

		1990 (H2)	1995 (H7)	2000 (H12)	2005 (H17)	2010 (H22)	2015 (H27)	2020 (R2)	2023 (R5)
全日制・定時制		5,623,336	4,724,945	4,165,434	3,605,242	3,368,693	3,319,114	3,092,064	2,918,501
通信制	公立	97,271	97,330	107,854	93,770	86,843	66,702	55,427	57,437
	私立	69,715	56,653	74,023	89,748	100,695	113,691	151,521	207,537
	計	166,986	153,983	181,877	183,518	187,538	180,393	206,948	264,974

（「学校基本調査」文科省による）

数多く設立され、入学生徒数を増やしていることがあげられる。広域通信制の場合、募集を行う各都道府県に分校や学習センターを置けば、多くの生徒を入学させることが可能となる（ただしスクーリングを行う校舎については条件があるため、必ずしも同じ施設で受けられるわけではない）。そのため全日制や定時制課程の高校とは比較にならないほど多くの生徒が在籍している学校が存在する。たとえば沖縄に本校がある、学校法人角川ドワンゴ学園が運営する「N高等学校」は生徒数が2万人を超えており、日本最大の生徒数の高等学校となっている。N高校ではスクーリングのキャパシティを超えたため、新たに茨城に本校を置く「S高等学校」も開設している。［表3］を見れば、私立の通信制高校が急増していることがわかる。増加した分の多くは広域通信制である。

通信制課程はスクーリングをのぞけば登校する必要がないカリキュラムになってい

表3　課程別高等学校数の推移

		1990 (H2)	1995 (H7)	2000 (H12)	2005 (H17)	2010 (H22)	2015 (H27)	2020 (R2)	2023 (R5)
全日制・定時制		5,506	5,501	5,478	5,418	5,116	4,939	4,874	4,791
通信制	公立	67	68	69	76	72	77	78	78
	私立	17	25	44	99	137	160	179	211
	計	84	93	113	175	209	237	257	289

（「学校基本調査」　文科省による）

るが、現在生徒数を増やしている私立広域通信制は、ほとんどが通学して学習できるコースを設けている。学習面に不安がある生徒のサポートをしたり、個々の興味や進路希望に合わせた講座を受講したい生徒のために、週5〜1日の通学コースを設けたり、時間帯も午前・午後を選べたりするようになっている。また、課外活動として様々なクラブ活動が行われている学校も多い。もちろん、そのための授業料は通信制課程の授業料とは別に発生する。ただし通学コースを設けるためには、施設をほかの課程と共有している併設校では難しいため、通学コースがあるのは、ほとんどが通信制のみの独立校か、サポート校と提携する高校となっている。

4　外国ルーツの生徒と通信制課程

　文科省の学校基本調査の通信制課程の調査項目には「外国人生徒」がないため、現在通信制高校にどれくらいの外国人生徒が在籍しているかを知ることはできない。唯一知ることのできるデータとしては、前出の「定時制・通信制高等学校における教育の質の確保のための調査研究」報告書（2017年）で報告されたものしかない。ただしこの報告書では回答に協力した校数が狭域通信制で84校、広域通信制で36校と限られているため、全体を網羅したデータとはなっていない。

　この調査の中の項目「在籍生徒の実態等」によると、「外国につながりがある（外国籍・日本語を母語としない）生徒」の在籍割合は、狭域通信制で2.8％、広域通信制で2.4％となっている。調査に協力した高校の在籍数合計は狭域通信制で5万3005人、広域通信制で4万3039人なので外国につながりのある生徒の在籍数は狭域通信制で約1484人、広域通信制で1032人となる。合計すると2516人で、少なくない数の「外国につながりのある生徒」が在籍していることが分かる。

また、同年に文科省が出した「高等学校通信教育に関する調査結果について（概要）」（こちらは悉皆調査）を見ると、通信制課程を置く高校244校の中で、2.9％の学校が「重視して取り組んでいる事項」として「日本語を母語としない生徒への指導、支援」を挙げており同じ課題について6.6％の学校が「課題として特に重要と捉えている事項」として挙げている。通信制課程においても、定時制課程ほどではないものの、全日制課程より多い割合で「日本語指導が必要な生徒」が在籍しているのではないかと推測される。調査の年度が両調査とも7年前と少し古いため、全日制課程と定時制課程における「外国籍生徒」や「日本語指導を必要とする生徒」の増加から考えると、通信制課程でもこの割合は相当程度増えていると考えなければならない。

　それでは通信制高校は外国ルーツの生徒や日本語指導が必要な生徒にどのように対応しているだろうか。先にも述べたように、通信制高校はあまりにも多様であり、全国に存在しているので、一つ一つの学校を訪問したりして調べることは不可能である。そこでまずは学校のホームページをできる限り閲覧して、外国ルーツの生徒や日本語指導の必要な生徒に対する対応を公表している学校を調べてみた。残念ながらホームページ上で明確にこうしたについて触れている学校はほとんどなかった。その中では千葉県に本校を置き、学校法人早稲田学園が運営する広域通信制の「わせがく高等学校」のウェブサイトで「外国籍の方へ」というページを見つけることができた。それによると、「学力や言葉に不安のある生徒に対して個別対応の指導を実施します。そこでは学習内容だけでなく、日本の生活習慣などについても指導を行いますので、日本での高校生活を安心して送ることができます」となっている。ただ、実際にどのような指導や支援が行われているかは確認できなかった。

　また、神奈川県の公立通信制高校（狭域通信制）の「横浜修悠館高等学校」でも、外国ルーツの生徒に対する取り組みが行われている。横浜修悠館高校は2007年度開校の通学型のシステムを持つ新しいタイプの通信制高校である。他の課程を併設しない独立校で、単年度の定員は1250名という、公立としてはきわめて大規模な高校である。横浜修悠館高校における外国ルーツの生徒への支援の主なものは、①架け橋教室における日本語や教科の支援（外国につながる生徒を孤立させないようにする個別支援）②多文化教育コーディネーター・サポーターの配置③学校設定科目「日本語」の設置④外国につながる生徒向けのキャリア活動（就労支援）などがある（全国在日外国人教育研究集会における井上報告）。公立の通信制高校でのこうした取り組みは極めてまれである。こうしたことが可能になるのは、教員の努力はもちろんであるが、横浜修悠館高

校が独立校で、通学システムがあるということに拠るところが大きいと思われる。

5　通信制高校を訪問して

前述のように、通信制高校はその自由度がゆえに、学校ごとの違いが大きい。したがってその実態を知るためには個々の学校を見ていくしかないが、ここでは筆者が訪問した一つの通信制高校について、その概要を報告したいと思う。

筆者が訪問したのは学校法人国際学園が運営する星槎国際高等学校の八王子学習センターである。センター長の山下先生にお話を伺った。

星槎国際は北海道の札幌に本校を置く広域通信制の高校で、生徒募集の地域は全国47都道府県を対象としている。通信制高校としての設立は1999年と比較的新しいが、現在では全国に30か所の学習拠点があり、およそ6600名の生徒が通っているという。星槎グループとしてはその他に様々な別法人があり、保育園から大学まで広く事業を展開している。

八王子学習センターは東京の西部にある八王子市の高尾キャンパスにある。筆者が訪問した時はちょうど文化祭の代休ということで、授業は休みであったが、補習やクラブ活動などのために何人かの生徒が学校にやってきていた。キャンパスは山に囲まれた谷間に広がっていて、自然豊かな環境の中にいくつもの施設が点在している。交通は不便だが、通学のため最寄りのJRの駅からスクールバスが運行されている。もともとは劇団の施設だったところで、そのため劇場や劇団員の稽古場などの施設があって、授業にも活用されている。劇団は今でもキャンパス内で活動していて、相互の交流もあるという。また、キャンパス内には寄宿舎もあって、短期（1週間）から長期（1年間）の寄宿舎生を受け入れている。

星槎グループは「共生社会を創る」ことを目的とし

高尾キャンパスの入口

て掲げていて、そのために
「人を認める」「人を排除し
ない」「仲間を作る」という
３つの約束を理念としてい
るという。その理念の下で
「子どもたちの様々なニーズ
によって必要とされる場面、
支援、環境を創ること」を
使命としている（星槎国際高
等学校八王子学習センターパン
フレットより）。山下センター

自然に囲まれた施設

長によると、そうした考えから、子どもにとっての必要性があれば、それに合わせた
仕組みを作っていくという学校づくりをめざしているということだ。「生徒が学校に
あわせる」のではなく、「学校が生徒にあわせる」のだそうである。

　以下、センター長による説明である。

　「星槎国際に通っている生徒の多くは、小中学校のころに不登校であったり、高校
で挫折して転入してくる生徒である。そうした生徒たちの将来の自立のために、生徒
の興味・関心に応じたカリキュラムを作っている。具体的には高校卒業のために必要
な教科の授業は週一日の決まった曜日に開講し、学年とレベルに応じたクラス編成
としている。他の曜日には約100種類のゼミを設けて、生徒が自分で選択するよう

になっている。ゼミは「学
習ゼミ」と「体験ゼミ」に分
かれていて、それぞれ特色
ある講座が開講されている。
生徒は自分のペースに合わ
せて週５日から月１日まで、
自分で決めて登校するスタ
イルである」

　「教科の授業については、
「２．通信制課程のしくみ」
での基準に拠っている。た

普通教室

とえば2単位の国語の教科の場合、スクーリング2時間とレポート6枚が課される。スクーリングについては、最低基準の時間数はあるが、上限はないため、それ以上の時間の授業を受けることもできる。レポートについては、学校が独自に作成したプリントを使用している。時間割は生徒が選択するが、転入生が多いため、前在籍校の取得単位に応じて一人ずつ違ったカリキュラムを組んでいる」

「外国につながる生徒については、他の学習センターでは留学生のコースがあるところもあるが、八王子学習センターでは現在特別なコースを作ってはいない。しかし、すでに入学してきている生徒もいて、個々に日本語を教えるなどの対応をとっている。今後相談があれば、そうした生徒のための体制作りも積極的に考えていきたい。在留資格の相談についても対応はしている。さまざまな個性を持った人とつながることが子どもの成長につながると考えており、、たとえばフィリピンの生徒がいることでフィリピンについての認識が深まるなど、外国につながる生徒の存在が日本人の生徒にも良い影響を与えている」

「生徒の進路については、専門学校への進学が多いが、就職する生徒もいる。また、障害があったり、病気を持っている生徒もいるので、さまざまな支援をして進路実現に取り組んでいる。さらに進路選択の一つとして、専攻科を設置しており、星槎国際の中で連続して学びを続けていくという選択肢も設けている」

こうした様々な取り組みや多様な講座を設けるためにはマンパワーが必要だが、卒業生や地域の力を借りて運営することができているとのことだ。「今後もさまざまな人材とつながっていきたいと考えている」と山下センター長は話を結ばれた。

6　通信制課程の可能性と課題

ここまで高校の通信制課程について、そのしくみや現場の取り組みを見てきた。それでは外国ルーツの子ども、特に日本語指導の必要な子どもたちにとって、通信制課程は学びの場所となっているのだろうか。

結論的に言えば、現段階では通信制課程がそうした受け皿になっているということはできない。少なくとも外国ルーツの生徒の積極的な受け入れや、日本語指導の時間を設けているといった取り組みをしている学校は数少ない。日本語の力がまだ十分でない生徒にとって、高校の教科書を読んだり、日本人向けに作られたプリントで学習していくことは非常な困難を伴う。「自学自習」を原則とした従来の通信制のしくみで

は、こうした生徒が単位を修得し、卒業にたどり着くことは狭き道だと言わざるを得ない。

　しかし、通信制の柔軟なしくみをうまく活用すれば、全日制や定時制では不可能な取り組みをしていくことが可能である。現在急増している私立の通信制の多くは、通学コースを持っている。通学コースの中で集中的に日本語を学ぶことができれば、効率的に学習についていくための力をつけていくことが可能となるだろう。また、ほとんどの通信制高校は単位制をとっているため、国語や社会などの日本語が難しい必履修科目（必ず受けなければならない科目）は、日本語理解が進んだ後で履修することも可能であり、自分のペースに合わせて計画的に学習することができよう。また、広域通信制の場合、各地にいくつもの学習センターを開設しており、自分の通学しやすいところを選んだり、学習したい内容によって学ぶ学校や場所を選ぶこともできる。

　今後増えていくであろう日本語指導を必要とする生徒を対象としたコースを作ろうという動きも一部で始まっていると聞く。そもそも通信制の設置目的自体が、全日制や定時制課程での学習にいろいろな意味で困難を抱えている人に、後期中等教育の機会を提供するということであり、多くの通信制高校は不登校経験者やさまざまな障害のある生徒に門戸を開いてきた。その意味では「日本語指導を必要とする」という困難を抱えた生徒を受け入れていくことは、本来の役割にかなっているということができる。今後そうした子どもたちを受け入れる動きが広まっていくことが必要であるし、社会的な要請にもなっていくものと思う。

　しかしながら、通信制高校での受け入れには課題も多い。まず、各都道府県に1校以上設置されている公立の通信制高校であるが、ほとんどが全日制や定時制との併設校であり、前述の横浜修悠館高校などいくつかの高校を除いて、スクーリングの日が土曜や日曜など、週一日に限られている。そのため、日本語指導など特別な指導の時間を設けることは困難である。私立の通信制の場合、独立校も多く、通学コースを設けている学校も多いが、必ずしも設備や人的配置などの点で、特別な指導の時間を設けることができないケースもあると考えられる。

　次に学費の問題である。公立の通信制の場合はそもそも授業料が安いうえに、就学支援金の対象になれば授業料は発生しない。レポート提出のための郵送料も特別の割引制度がある。通学コースのある横浜修悠館高校でも、特別な費用は発生しない。一方私立の通信制高校の場合、同じように就学支援金の適用対象ではあるものの、対象は高校の単位となる授業への支給であり、定められたスクーリングの対象ではない講

座やサポート校の費用に対しては支払われない。従って、私立高校対象の収入に応じた加算制度はあるものの、週に5日通うコースに入学した場合、学校によって大きく異なるが、およそ50万円～100万円の授業料がかかり、大きな負担となる。さらに学校によっては制服がある学校もあったり、遠く離れた本校での集中スクーリングに行かなけらばならなかったりと、授業料以外の負担もある。

また、通信制高校での教育の質の問題も近年問題となるケースが出てきた。急増する私立の通信制高校の中には、規制や監督の甘さを悪用する例もある。2015年には三重県にあった株式会社立のウィッツ青山学園高校（2017年閉校）で就学支援金の不正受給や授業がきちんと行われていないといった問題が表面化した。文科省もこの問題を重く見て全国の通信制の調査などを行ったが、教員数が不足したまま運営されているなど、問題のある事例が見つかっている。そもそも規制の少ないことが通信制の利点の一つだが、逆にそのことが通信制教育における玉石混交の状態を生み出しているとして、文科省も規制や監督の強化に舵を切ろうとしている。

高校教育全体の中での通信制教育の比重が高まるにつれ、最後のセーフティネットとしての役割を果たしてきた通信制にも変化が及んできている。大阪唯一の公立通信制高校である桃谷高校では、2023年度入試では志願者が殺到して不合格者を出す事態になった。また私立の通信制高校の中には大学受験に特化して予備校化したり、障害のある生徒を受け入れないなど、従来の通信制の果たしてきた役割を果たせなくなる状況が生まれてきた。

通信制高校がこれからどこへ向かうのか、外国につながる子どもたちにとってどういう役割を果たしていくのか、注視する必要がある。

参考文献

文部科学省（2018）高等学校学習指導要領

文部科学省（2020）高等学校通信教育の現状について

文部科学省（1990～2023）学校基本調査

文部科学省（2022）児童生徒の問題行動・不登校等生徒指導上の諸課題に関する調査

公益財団法人 全国高等学校定時制通信制教育振興会（文部科学省委託）（2017）定時制・通信制高等学校における教育の質の確保のための調査研究」報告書

文部科学省（2017）高等学校通信教育に関する調査結果について（概要）

井上恭宏報告（2013）第34回全国在日外国人教育研究集会資料集

井上恭宏報告（2017）第38回全国在日外国人教育研究集会資料集

横浜修悠館高等学校パンフレット（2023）

星槎国際高等学校パンフレット（各種）（2023）

わせがく高等学校ホームページ　https://www.wasegaku.ac.jp/oversea　2023年12月

横浜修悠館高等学校ホームページ

https://www.pen-kanagawa.ed.jp/y-shuyukan-h/tokushoku/sienprogram.html 2023年12月

　　　『通信制があるじゃん 2023-2024』学びリンク

第10章

日系ブラジル人大学進学者の就学歴とキャリア形成についての
ケーススタディ——全日制、通信制、私立大学、チャーチスクール

鄭　安君

1　問題意識と本章の目的

　1990年に「定住者」在留資格が開始されてから、ブラジルやペルーを中心に南米
地域から多くの日系人とその家族が来日した。幼少期より日本に移住した人や日本で
生まれた人など、南米ルーツの若者ですでに社会に出て働いている人は多い。そし
て、学歴は日本の労働市場に参入する際に重要な要素の一つであるが、南米ルーツ若
者の学歴は他の外国籍の若者よりも低い傾向があると指摘される。理由は日本語学習
や入試制度の課題、家庭経済の不安定さや将来ビジョンの不透明さ、ロールモデルの
少なさなどがある（田巻2014：48-95、宮島2014：55、能勢2015：126-127、樋口・稲
葉2018）。

　しかしながら、母数に対して少ないながらも大学に進学している者は確実にいる。
これらの若者はどのように大学に進学しているのか。進学する際にどのような課題が
あるのか。進学したあとはどのような夢を持ち、どのように学び、どのような職業に
就くのか。

　筆者は若者たちの就学とキャリア形成の課題および展望を把握するために、予備調
査を含めて2019年11月から断続的に南米ルーツ大学進学者にヒアリングを行い、
可能な範囲内でその最新状況を追ってきた。そして、2022年に南米ルーツ大卒者
13人のキャリア形成課題を「深層的なダイバーシティ」の視点で考察した（鄭2022）。
「深層的なダイバーシティ」とは、外部から判断しにくく、見えにくい生い立ちや価
値観などである（谷口2005：41-42、船越：2021：13）。13人の若者たちには共通し
て「トランスナショナリズム」「底辺意識」「第三の者」という3つの特徴がみられた。

　この3つの深層的なダイバーシティは、南米ルーツ若者が社会参入する際に独自の
迷いと葛藤をもたらす傾向がある。一方、若者たちの独自の強みを育てている側面も
ある。本章で取り上げる13人のうちの1人であるケイスケ（仮名）はその代表的な事

例であり、本論では彼の就学歴とキャリア形成を詳細に追跡する。彼は、ブラジルルーツの30代の若者で、日本と母国を「行ったり、来たり」し、不登校および引きこもりを経験して全日制高校と通信制高校の両方で学び、大学に進学した。そして、彼は大学で専攻および進路に迷い、就職での挫折を乗り越えて、専攻した専門と関係のない職業に就いて仕事に励んでいる。

　ケイスケは「目指した夢を順調にかなえた成功者」というキラキラした事例ではない。しかし、彼は度重なる課題に直面して、もがきながらも自らよく考えて、周りの人的ネットワークや資源、そして制度を活用して乗り越えてきたという点で重要なロールモデルの一人である。彼が複数の学び場を活用して進学した事例は学びの場の多様性、そしてその多層的な意義をも示している。

2　家族の移動史

1　トランスナショナリズム

　ケイスケは両親と妹の4人家族である。母親は日系人2世でブラジルの宗教系大学を卒業し、ブラジルで事務系の仕事をしていた。父親は非日系人で農業を営む大家族で育ち、13歳から働き出し、成人してからブラジルの夜間中学校で学んで卒業して、繊維工場で技術的な仕事をしていた。母親の兄弟が1980年代後半に来日し、父親はそれを見聞きし、多くの日系人が日本に渡っていた時代のなか、日本に憧れて日本でより良い生活ができるのではないかと考えた。宗教系大学を出た母親が父親と日本に行けば、ブラジル人コミュニティに伝道活動もできると考えた。1996年に両親が仲介業者を通して、まだ5歳のケイスケを連れて家族3人で来日した。妹は日本生まれである。仲介業者は2つの地域の働き先を提示した。父親は比較的温暖な関東地方のA県を選び、夫婦で派遣社員として工場で働き出した。来日の際の航空券代などの費用はローンで組んで、日本で得た給料で少しずつ返した。

　非正規雇用の多さを背景に南米外国人は日本で「不安定定住」という特徴があり、日本と母国の間を「行ったり、来たり」することが多く、日本国内での移動も多い（田巻2014：53-54、朝倉2017：107-109）。ケイスケ一家は来日後に何度も「行ったり、来たり」してきた。まず、1999年秋頃、ケイスケが小学校2年生の時に一家はブラジルに戻った。帰国を決断した最も大きな理由は母親が日本の生活にあまり適応できなかったことにある。来日後に間もない頃に母親の母が亡くなり、気持ち的に落ち込

んでいたうえ、派遣会社の関係者やブラジル人コミュニティとの人間関係に悩んでいた。そして、様々な出来事で小学校へ上がったケイスケの通学や放課後の安全に対して強い不安を感じた。母親が帰国してリトルビジネスをしてみようという考えもあり、日本の生活に馴染み、派遣切れにあっていてもなお日本に残りたい父親を説得して帰国した。

ブラジルに戻ると、ケイスケは当時の教育制度に沿い小学校１年生のクラスに入り、１年生が終わるまで半年ほど学んだ。しかし、リトルビジネスを含めて「帰国後には不思議なぐらい何もうまくいかなかった」（母親の言葉）ため、一家は翌年の2000年に再来日した。環境を変えたいという考えで、Ａ県ではなく、仲介業者が紹介した中部地方のＢ県で働くことを選んだ。しかし、Ａ県で通っていた教会の牧師や仲間のブラジル人たちの呼びかけで別の派遣会社を通して１年間後にＡ県に戻った。牧師が車を出して一家の引っ越しを手伝った。ケイスケ一家が通うＡ県の教会は日本人向けの教会で、通勤中の父親がたまたま教会を見かけて、日本語が若干できる母親が牧師と話して、自分たちがブラジルで通う教会と同じ宗派であることが分かり、通い始めたのである。ケイスケたちは教会にとって初めての外国人信者家族である。

その後、ケイスケ一家はＡ県で長く暮らし、妹もＡ県で生まれたが、ケイスケが高校２年生の時に両親が再び帰国する決断をした。ケイスケは17歳、妹は5歳であった。２回目の帰国決断は、ケイスケが高校に入ると不登校になったことが大きく関係している。また、一家が帰国したのはリーマンショックの翌年であり、ケイスケの父親の仕事もその影響を受けて少なくなった。しかし、ケイスケの父親は日本政府の日系人離職者に対する帰国支援金を申請しなかった。この時、一家はすでに永住権を持っていた。帰国支援金を受けると、原則３年間、同様の在留資格で日本に戻れない規定があり、日本に戻りたい時に戻れない可能性があることを懸念したために申請しなかった。

ケイスケが20歳になると、好きな日本に戻りたい、日本の大学に入りたいとの思いで単身で再来日した。彼が大学２年生になると、単身で頑張っている彼を応援するために両親が小学校６年生になった妹を連れて再来日した。しかし、ケイスケが大学卒業すると同時に、母親と妹はすぐブラジルに戻った。理由は妹が中学校入学後すぐに学校に馴染めず不登校になったためである。父親はその後も日本で仕事をし続けて、ケイスケと一緒に暮らしていたが、２年後に母親の強い要望でブラジルに戻り、道路工事の仕事を見つけて働いている。

2 「第三の者」

　ケイスケは、日本の小中学校に通った。小学生の頃には親や親の友人などを通して
ブラジル人コミュニティとよく交流していたため、ブラジル人としてのアイデンティ
ティが強かった。しかし、中学から高校にかけて日本人の友人が増え、ブラジル人と
関わる機会が減り、思春期もあって彼は日本人としてのアイデンティティを強めて
いった。ただし、外国人の在留カードやカタカナの名前などでケイスケは国籍を意識
させられることが多く、完全な日本人としての意識にはなれなかったという。

　17歳の時に一家がブラジルに戻り、ケイスケは現地で生活していくうちブラジル
人としてのアイデンティティを強めたが、ブラジル人との考え方の違いや文化の違い
なども感じ、自身をブラジル人でも日本人でもないと感じるようになった。20歳で
再来日して大学での生活や仕事の経験を経て、日本人寄りの意識を持っているという
自覚が強まったが、「やはり日本人でもブラジル人でもないという感覚で、おそらく
帰化しても考え方は変わらないと思う」とケイスケはその「第三の者」の意識を語る。
この「第三の者」の意識はケイスケの学びや就職活動の在り方にも影響を与えた。

3　高校進学の動機と課題

1　底辺意識と学びのモチベーション

　ケイスケはブラジル人友人の多くが進学しておらず、中学校卒業してすぐに働く
か、帰国することを選択する人が多かったという。主な理由について、「家庭の経済
的な事情で公立の高校でなければ進学できないが、受験勉強が好きではないために進
学をあきらめてしまう人が多い……また、派遣などで不安定な立場で働きながらも車
や家を購入して、普通に『成功』している人もいるため、『逃げの選択肢』として工場
で働く若者も多い」とケイスケは話す。

　矢野（2007：135）は、生産工場での仕事は南米ルーツの若者にとって、学歴が低
くてもお金を稼ぐ「チャンス」のようなものであると指摘する。ケイスケを含み、筆
者がインタビューした若者の半数以上が語る「大学か工場か」という二者択一的な言
葉は若者たちの底辺意識を表していると言える。親や周りの人の殆どが工場で働くな

1　家族の移動史などについてケイスケが自身の記憶で述べているほか、一部改めて母親に話を
　聞いて確認した。

か、若者たちは、職業の選択に厳しさを感じた時に、「逃げの選択肢」として馴染みのある工場勤めを考えてしまう傾向がある。

2　全日制高校への進学と不登校

　ケイスケを進学に向かわせた理由は大きく3つある。1つ目は、ケイスケには中学校を卒業したあとにやりたい仕事がなかった。彼は、「逃げの選択肢」として工場で働くことを望まなかったが、その他の仕事の可能性をイメージすることもできなかった。2つ目は、ケイスケには「いい高校に入りたい」という強い思いがあった。彼が中学1年の時に不良グループの恐喝に合いそうになった経験があり、以来、「髪を染めていたり、校則を破ったり、タバコを吸っていたり、いじめをしていたりなど、そういう人の多い学校に行きたくないと思った」。3つ目は、ケイスケにはマンガやドラマなどでみた「キラキラした高校生活」への憧れがあった。

　ケイスケは、地域でトップの県立高校を目指して勉強したが、結果的に一般入試で3番目の全日制県立高校に入った。進学校であるこの高校は生徒を熱心に指導するが、彼は1年の途中から徐々に学校へ行かなくなった。その理由について、ケイスケは「思い描いた高校と違ったし、中学生の時の友人がいなかった。そして、中学校で頑張りすぎて疲れたのと一番レベルの高い高校に入れなかった挫折感もあった」と振り返る。高校では朝に自主勉強の時間を強制的に設けていたが、自由に学びたいケイスケと合わなかった。「一番良い高校へ行っている友達には強制的な学びがなく、自由に学んでいると聞くと、やはり自分の高校がイメージしたものと違うと感じて、だんだん休みがちとなり、どんどん行かなくなった」と話す。

　ただし、ケイスケは長期的に学校へ行かなかったわけではなかった。遅刻が多いものの週に何回か学校へ行っており、1週間連続して学校へ行っていなかったのは、1、2回しかなく、全体的に授業日の3分の2ほどは登校したという。一部の授業の出席数が足りなかったが、教員にお願いして補習課題などで単位を取得して、2年生にも進級した。また、クラスに友人ができて、2年生の秋に開催した学校祭にも参加した。クラスで出した催し物についてよく覚えているという。

3　学びの中断と通信制高校への編入

　良い高校、良い大学へと進みたいと目標を立てていたケイスケは、不登校で成績が悪くなると、「落ちこぼれになった」という気持ちになり、精神的にも大きく落ち込み、

親ともよくケンカをした。両親はケイスケの不登校と落ち込みを心配した。特に母親は、思春期のケイスケとどう向き合うのかを大いに悩み、「息子はこれでは高校卒業できない、日本での進学をあきらめるしかない。帰国してせめて元気になってもらいたい」と考えた。

　一方、ケイスケ自身は高校3年生への進級は問題ないと認識していた。日本が好きな彼は「ブラジルに行きたくなかった……何故あと1年で高校卒業できるのに、この時期に帰らなければならないのか」と親の決断を理解できなかった。一人でも日本に残りたいと親を交えて高校の教員に相談したが、教員に「未成年だから親と一緒に帰るしかない」と言われた。すでに永住権を持つケイスケは、日本に留まる在留資格はあるが、在籍した県立全日制高校には寮が設けられておらず、学校は生徒の生活の責任までは持てないと判断したと考えられる。

　ケイスケは仕方がなく2年生が終わると退学手続きをした。母親と妹が春に帰国し、ケイスケと父親が様々な手続きを終えてから夏に帰国した。高校を退学して帰国するまで、ケイスケは高校在学中にやってきたスーパーのアルバイトの時間を増やして働き続けた。そして、帰国したあと、両親とケイスケは現地の教育委員会に訪ねて、無試験でブラジルの高校3年生に編入できることを確認した。しかし、ケイスケは母国語能力の不十分さやブラジル教育を受けていないことで学業的にも友人関係的にもうまくやっていける自信がないために高校へ行かない選択をした[2]。

　その後、日本を離れたくない気持ちと相まって、落ち込むケイスケは家に引きこもりとなった。「外に出るのが怖かった。場所を知らないし、知り合いもあまりいなかった。治安が悪いことを知っていた」と彼は言う。ただし、教会には通い続けた。引きこもりから1年間経って、ケイスケは教会の友人と遊べるようになり、それから工場やスーパーの倉庫などでアルバイトをして、さらに正社員として繊維工場で働いた。

　2年半ほどブラジルで暮らして、ケイスケが20歳になると、好きな日本に戻りたい、大学へ行きたいとの思いで2012年に単身で再来日した。両親は彼が元気になったこと、そして成人していることを考えて彼の意思を尊重した。再来日して少しの間教会で寝泊まりして、すぐに派遣会社で仕事を見つけて会社契約のアパートに引っ越した。そして、派遣として工場で働きながら、ケイスケは教会の牧師から得た情報で

　2　ケイスケは家族と母国語のポルトガル語で会話するが、読み書きについては半年ほどブラジル小学校を通って勉強したほか、インターネットや本で独学した。今でも若干のスペルミスがあるという。

高等学校卒業程度認定試験（以下、高卒認定試験）を受けて合格した。「牧師はチャーチスクールもやっていて、高卒認定試験のことをよく知っている……そこで学ぶ若者たちは中学校卒業までは認められているが、高校は認められていない。皆が高卒認定試験を受けて、大学へ行ったりしていた」と彼は言う[3]。また、ケイスケは「高卒認定試験は国語、英語、そしてもう１つの科目のどちらの１つを受ければよかった。得意な英語を受けたので、試験は簡単だった」と振り返る。受験科目が少なかったのは、ケイスケが在籍していた全日制高校が生徒の受験勉強に備えて、２年生までで卒業に必要な単位をほぼ修得させるカリキュラムを組んでいたため、多くの科目が免除となったからである。

　高卒認定試験に合格したケイスケは、全日制高校の時からどこかで聞いた「外国人枠」で国立大学を受けようと準備した。しかし、調べていくうちに、ブラジルで高校へ行っていなかったために「外国人枠」で受験できないことを認識した。ケイスケが語る「外国人枠」とは、帰国子女や帰国生枠のことで、学校によって条件が異なるものの、一般的に一定期間以上の海外滞在歴および海外教育歴が必要である[4]。「自分の考えが甘い、何もよく分かっていない」と語る彼は、経済的な厳しさで私立大学のことは考えておらず、よく調べていなかった。

　高卒認定試験に合格しても最終学歴は中卒に留まる[5]。ケイスケは、「せめて通信制高校で高卒を取って、正社員として工場で働きたい」と考えた。教会の人の紹介で彼は県立高校通信制課程の教員に情報確認をし、面接のみの試験で県立高校通信制課程に編入学した。全日制高校で高校卒業に必要な単位を殆ど取得していたため、彼は派遣として工場で働きながら、通信教育で４～５科目のみを履修して１年間で高校を卒業した。

4　大学進学と就職

1　学びへの迷い

　ケイスケは、高校卒業する前に通信制高校の教員から学費が安くなる私立大学の特待生および JASSO（日本学生支援機構）の貸与奨学金の制度を知った。２度の挑戦を経て特待生の試験に合格して私立大学に入り、貸与奨学金を借りて、加えてコンビニでアルバイトをしながら学んだ。一人で再来日したケイスケは経済的にとにかく厳しかった。「特待生でなければ、学費が払えないので大学には行けなかった」。

　ケイスケは経営系の学部に入ったが、その理由について「特にビジョンはなく、大

学という場所にとにかく憧れて、大学に行った方が就職先が多いと思った」と語る。今井（2008：183-194）は、外国ルーツ高校生の大学進学の特徴を「とりあえず進学型」「架け橋型」「国際型」「手に職型」「現実直面型」の５つに分け、明確な進学希望がありながら具体的な希望職業がない「とりあえず進学型」、そして将来に対して消極的な見方をして、希望と現実の間で葛藤する「現実直面型」という若者が多く存在していると指摘する。筆者がヒアリングした13人の殆どは国際的な志向が強く、一見にして「架け橋型」「国際型」で進学したとみえるが、その大半は同時に「とりあえず進学型」「現実直面型」でもある。ケイスケはその代表的な事例である。若者たちは、底辺意識を持ち、親と異なる職業に就く可能性を求めて大学進学をしたが、卒業するまでに仕事の具体的な可能性についての十分な情報を得ることがないがゆえに、漠然とした期待と不安を持った。

　ケイスケは「金儲けがすきではない」ため、２年生になると教育系の学部に転部した。英語が得意な彼はどちらの学部でも英語関連のコースを選び、教育系の学部では英語の能力を活かして教員になることを目指したが、選択についてよく悩んだ。「教育に絞ったことで、キャリアを狭くしたという意識があった。経営なら、もっと色んな仕事があるため、どうやって日本で生きていくのかが不安であった……先生になれるのだろうか、先生になれたとしてもやっていけるのだろうか……４年間の大学のコストに見合う価値があるのだろうか、大学に入学しないで工場に就職していた方が良かったのかなど色々不必要なことで悩んでいた……高卒で正社員として工場勤めしたほうが、キャリアとしていいかもしれないとも思った。ただし、それはお金がいいだけの意味。昇進は難しい」。大学進学後もケイスケは「大学か工場か」と悩み続けた。

　一方、ケイスケは、国際交流に関心のある日本人学生や留学生などと仲良くなり、学生生活を楽しく過ごした。英語の教員免許も取得したが、目指した小学校の教員採用試験には落ちた。仕事に就けなければならないとの思いで、彼はたまたま見つけた

3　チャーチスクールとは1980年代にアメリカに広がったオルタナティブ教育の一つで、日本には約30校あるが、その多くは宗教法人ではあり、法律上、「学校」としては無認可である。そのため小学校・中学校の義務教育課程においては、生徒は地元の公立学校に籍を置き、各市町村の教育委員会や在籍校の担当者と連絡を取り合いながら卒業・進学に備えている（太田2009：18-19）。

4　河合塾「帰国生の出願資格・条件」https://www.kawai-juku.ac.jp/kikoku/exam/requirement/（2024年1月11日閲覧）

5　文部科学省「高等学校卒業程度認定試験とは」　https://www.mext.go.jp/a_menu/koutou/shiken/mext_01768.html　（2024年1月8日閲覧）

障がい者福祉施設の職員募集に応募して内定をもらい、ほかの就職活動をすることなく施設に就職した。ほかの挑戦をしなかった理由について、ケイスケは教員以外の仕事を考えたことがなく、特にやりたいこともなく、落ち込んでいたなか、就職活動を続けるエネルギーがなかったと話す。

　また、インタビューした多くの南米ルーツ大学進学者にみられる特徴だが、ケイスケは日本では当然とされる就職活動に苦手意識を持つと同時に距離感があり、日本社会では一般的に認知されている「新卒」が持つ意味も十分に認識していなかった。「新卒のことを聞いていなかったわけではないが、自分とは関係ないと気がした…自分のような若者にはロールモデルがいないし、親にも聞けない。同年代の外国人のケースも日本人のケースも参考にならない」とケイスケは語る。日本語に不自由なく日本人の友人も多いが、ケイスケは「第三の者」の意識を持つなか、日本人の「常識」に気づかず、このことが情報の格差や就職活動への苦手意識にも繋がったと見られる。そして、彼は「第三の者」として、夢を追いかけ続けるよりも生活の維持ができる仕事のチャンスに飛び込んだ。

2　将来への模索

　ケイスケは大学卒業してから同じ法人ですでに5年間働いてきた。彼は職場ではただ1人の外国籍職員であるが、得意な英語や母語、そしてトランスナショナルな経験は特に活用されることがない。採用された理由について、「人手が足りないからだ」とケイスケは語る。課題や悩みがあるものの、仕事は大まかに順調で、ケイスケは介護や施設の運営に関する知識を身に着け、介護福祉士の資格も取得している。

　一方、ケイスケは転職について考え続けている。「とにかく日本でやっていきたい気持ちが強く、今の仕事を辞めたら、大卒者としてITの仕事に就けばいいなと思うが、絶対やらなければならないこともないだろうと思っている。大卒者として工場勤めはもったいないかもしれないが、工場でやっていてもいいし、運転が好きなので、アマゾンの運転手でもいいと思っている」と社会人3年目の時に彼は語った。直近では、彼は「今でも仕事を辞めたいと考えるが、抜けたあとの職場の人を考えて、なかなかやめられない。人手不足でさらに人が少なくなると、皆がもっと大変になる」と話す。

　同じルーツの若者への就職のアドバイスについて聞くと、ケイスケは「将来やりたいことを在学中によく調べるべきだ。自分は1個の内定で終わったので、もっと色ん

な会社を見てやっていたほうがいいと思う。ただ、あまり国際的な仕事に拘らないほうがいいと思う。言語力や多文化の経験を活かせればいいけど、あまりグローバルを夢として期待しないほうがいい。そして、あまりブラジル人として意識をしないほうがいいと思うし、もっと幅広く、普通の仕事を探したほうがいいと思う…希望した仕事に就くのが良いが、ダメなら別の仕事を探す。勢いが必要」と語る。

外国ルーツの若者たちが大学入試の面接や就職面接において、自らのトランスナショナルな「国際的」背景や「英語力」などを強調し、上位ランクの大学進学や上場企業への就職に繋がっている事例がある（清水ほか 2021：54）。しかしながら、若者たちの経歴や言語力が必ずしも労働市場の需要とうまくマッチングできるわけではない。日本で生きる外国ルーツの若者たちは日本の労働市場の動きを見つめる必要があり、ケイスケの「普通の仕事」という言葉はそれを表している。一方、ケイスケは今、かつての「大学か工場か」という二者択一の思考から抜け出していると見られる。彼は自身の趣味関心や生活などを見つめながら自分ならでの将来を切り拓いている。1人でも何とかして日本に残りたいという気持ちを持つケイスケのバイタリティーは極めて強いもので、彼の適応力と柔軟性を高めていると思われる。

5　学びを繋いだ制度・場・人

1　多様な制度の存在

ケイスケは全日制高校を退学し、「無理やり帰国させられた」との思いで帰国後に、家に引きこもってしまった。そのケイスケを再起させたのは、日本の大学に進学したい気持ちと、課題に直面しても自らよく考えて何とか乗り越えようとする彼自身の強さと柔軟さにある。そして、彼の学びを繋いだのは多様な制度の存在である。

ケイスケは合計4つの制度を活用して、3回のチャレンジをもって中断した学びを繋ごうとした。1回目のチャレンジは、高卒認定試験と「外国人枠」という2つの制度を組み合わせて国立大学に入学することである。学力のある彼は難なく高卒認定試験に合格したが、ブラジルの高校へ行かない選択をしてしまったため、「外国人枠」を受ける資格を持たないことが判明してチャレンジ失敗となった。

2回目のチャレンジは、県立高校の通信制教育課程の編入学制度を使い高校での学びを全うとすることである。こちらは面接のみで入学ができたうえ、わずか4～5科目の履修をもって1年間で卒業証書を取得できた。通信制高校の柔軟な受け入れ態勢

と彼自身の学力や努力のほか、彼には合わなかった全日制高校のカリキュラムが大きな助けとなった。

　3回目のチャレンジは、特待生という学費減免制度を活用して、安い学費で私立大学に進学したことである。ここでも彼のこれまでの学びの成果が発揮された。そして、特待生という制度は、一定の学力があるものの経済的な理由で大学への進学が難しい若者にとって大切な制度であることが明らかとなった。

2　情報の獲得に繋ぐ「場」と「人」

　制度が存在しても、その情報を得なければ使うことができない。制度の詳細や使い方などもよく知らないとうまく使えない。ケイスケの1回目の高卒認定試験と「外国人枠」を組み合わせたチャレンジは、「外国人枠」についての情報収集が不十分なために失敗したと言えよう。「外国人枠」は、ほか3つの制度と違って、制度の使用が「海外滞在経験者」に限定されている。ケイスケは、情報源の少なさで更なる詳細を十分に確認できなかったと考えられる。

　ケイスケは進学に関する情報の大半を教会から得ている。ケイスケが日本で通う教会は外国人向けの教会ではなく、教会に通う日本人は多様な職業と経験を持ち、地域社会に根付くネットワークを有している。彼は、「周りに日本の大学に行っているブラジル人がいなかったし、日本人の友人たちもそこまで詳しくは知らなかった」と語り、教会の人的ネットワークが進学に関する情報収集に大いに役立った。

　また、ケイスケは県立高校通信制課程の教員から私立大学の特待生の制度を知った。通信制課程は週1の通学のみで教員と交流できる時間も限りがある。しかし、そこできちんと設けられている担任制度がケイスケの大学進学に重要な役割を果たしていると思われる。ケイスケは担任の授業を取ったことがなかったものの、卒業する前に担任と進路について相談する機会が得られ、「お金がないから大学に行けないって話したら、担任は行きたいのに行かないのは勿体無いと言って、特待生と貸与奨学金の制度の話をしてくれた」と彼は振り返る。担任制度と進路を話す「場」の存在だけではなく、生徒の希望をしっかり聞き、きちんと対応した教員という「人」の存在がケイスケに新たな希望をもたらしたのである。

3　多様な学び場の多層的な意義

　ケイスケにとっての学び場は、全日制高校、通信制高校、大学に加えて、進学の相

談や情報の多く得た教会もその一つであると言える。この４つの学び場はケイスケにとってどのような意義や役割を持つのか。そしてこの４つの学び場は学びにどのように繋がっているのか。

　全日制高校は、ケイスケの大学進学のための基盤を作った場である。ここでの学びがなければ、大学へ行くためにはより多くの時間と労力をかけなければならなかった。ケイスケは中学から高校にかけて日本人の友人が増えたと語り、「全日制高校は、高校卒業の資格を取る場所だけではなく、交友関係だったり、学校祭などのイベントだったり、青年期の大切な時間を過ごす場所だった」と振り返る。不登校になったとは言え、ケイスケは完全に学校へ行かなくなったというわけではなく、クラスに友人もいて、学校祭も参加して楽しんだ。全日制高校は、彼にとって「外国ルーツ」の枠にとらわれず、周りの日本人若者と同じように青春を味わえる場でもあった。

　通信制高校は、ケイスケにとって仕事をしながらも高校卒業の資格を取得できた場だけではなく、彼が一旦あきらめた大学進学に希望と情報を提供する場にもなった。「第三の者」としてロールモデルが周りにいなかったことで、ケイスケは大学について「外国人枠で国立大学進学」といったかなり限定されている情報をしか持たなかった。定時制高校の担任からの「予想外」の情報と励ましがなければ、底辺意識を持つ彼は私立大学を自分とは無縁な場所と認識し続けて、そのまま工場で正社員として働きだした可能性が高い。

　大学は、ケイスケにとって全日制高校の中退で途切れた憧れの青春の時間を再び体験ができる場であり、「外国ルーツ」の枠にとらわれず周りの日本人若者と同じように前進して再チャレンジする機会を得られる場でもあった。「高校中退したし、劣等感と底辺意識があったが、大学に入れて、日本人と同じレールに戻ったという思いがあった」とケイスケは語る。また、大学は、ケイスケにとって進路を模索する場であり、より自由な選択ができる力を蓄える場でもあった。彼は「経営系の学部に在籍した際にどのように就職できるかを悩みつつも、仲間との交流を楽しむ場であった。教育系の学部に移ってからは教員になるという明確な目標が定まり、そのための準備期間の場所としての意味合いが強かった」と話す。目指した教員には結果的になれかったが、ケイスケは「大学か工場か」という二者択一の思考から抜け出し、「第三の者」として彼自身の道を切り拓いている。

　教会は、ケイスケにとって居場所であり、いくつかの段階の学びを繋ぐ情報を提供する場であると同時に広い意味の学びを与えてくれている場でもある。彼は「教会生

活が（自分にとって）全てではないし、行かなければいけないというような強い義務感があるわけではないが、自分の人生観、思想、交友など広く深く関わっている場所である。ストレスの発散や、悩みの相談など、自分の心を保つための大切な場所でもある」と語る。また、ケイスケは「教会は皆が家族という考えがある」とも話し、今は教会の友人の家で間借りして暮らしている。家族が皆ブラジルに戻っているなか、教会での多様な人との交流が一人で日本に生きる彼の心身をも支えている。

　ケイスケの事例からは学び場の多様性が見受けられ、学び場が単に知識を得る場ではなく、人との交流や多様な経験を得られる場であり、挑戦する時間や力をもらえる場、次の挑戦に繋ぐ場でもあるという多層的な意義を見出すこともできる。何らかの理由で学びが挫折してしまう人にとって、多様かつ柔軟な制度の存在が非常に大切である。学びを続けたい人のニーズと課題を理解して、多様な制度に関する情報をきちんと提供できる「場」と「人」の存在が大変重要である。そして、その「場」と「人」は、「学校」に留まらず、地域社会にある多種多様な仲間集団のなかにもあることが分かる。

参考文献

朝倉美江（2017）『多文化共生地域福祉への展望―多文化共生コミュニティと日系ブラジル人―』高菅出版

今井貴代子（2008）「『今―ここ』から描かれる将来」志水宏吉編著『高校を生きるニューカマー：大阪府立高校にみる教育支援』明石書店、pp.182-197

太田雅子（2009）「『チャーチスクール』におけるキリスト教教育（1）」『北陸学院大学・北陸学院大学短期大学部研究紀要』第2号、北陸学院大学・北陸学院大学短期大学部、pp.17-25

小波津ホセ（2020）「忘却されてきたペルー人研究～家族、学校、地域と社会参入～」宇都宮大学国際学研究科博士論文

清水睦美・児島明・角替弘規・額賀美紗子・三浦綾希子・坪田光平（2021）『日本社会の移民第二世代―エスニシティ間比較でとらえる「ニューカマー」の子どもたちの今―』明石書店

田巻松雄（2014）『地域のグローバル化にどのように向き合うか―外国人児童生徒教育問題を中心に―』下野新聞社

鄭安君（2022）「南米ルーツ大学進学者のキャリア形成とダイバーシティ―13人の「深層的なダイバーシティ」に着目した一考察―」（研究ノート）『異文化経営研究』第19号、異文化経営学会、pp.103-118

谷口真美（2005）『ダイバーシティ・マネジメント─多様性をいかす組織─』白桃書房

能勢桂介（2015）「若年日系ブラジル人の包摂と排除のプロセス─準集住地域の調査から─」『移民政策研究』第7号、移民政策学会、pp. 118-132

宮島喬（2014）『外国人の子どもの教育─就学の現状と教育を受ける権利─』、東京大学出版会

守屋貴司（2011）「労働のグローバリゼーションの光と影─世界的な外国人労働者の選別的受け入れと排除─」守屋貴司編著『日本の外国人留学生・労働者と雇用問題─労働と人材のグローバリゼーションと企業経営─』晃洋書房、pp.1-35

中村豊（2017）「ダイバーシティ＆インクルージョンの基本概念・歴史歴変遷および意義」『高千穂論叢』第52巻第1号、高千穂大学高千穂学会、pp.53-84

Basch, L.G., Schiller, N.G., and Szanton Blanc, C.（1994）*Nations Unbound: Transnational Projects, Postcolonial Predicament, and Deterritorialized Nation- States*, London: Gordon and Breach Publishers.

船越多枝（2021）「インクルージョン・マネジメント：個と多様性が活きる組織」白桃書房

樋口直人・稲葉奈々子（2018）「隙間を縫う─ニューカマー第二世代の大学進学」『社会学評論』第68巻4号、日本社会学会、p. 567-583

山本かほり（2008）「第二世代の教育達成をめぐる問題─ブラジル人の若者たちの事例から」『愛知県立大学文学部論集』第57号、愛知県立大学社会福祉学科、pp.51-74

山ノ内裕子（2011）「日系ブラジル人の移動とアイデンティティ形成─学校教育とのかかわりから」三田千代子編著『グローバル化の中で生きるとは─日系ブラジル人のトランスナショナルな暮らし─』上智大学、pp.181-193

矢野パトリシア（2007）「トランスナショナルな移住を経験している家族─日系ブラジル人家族の現在状況─」『人間文化研究』第8号、名古屋市立大学大学院人間文化研究科、pp.127-141

　この場を借りて、4年間以上にわたるヒアリングに常に丁寧に答えてくださったケイスケに御礼を申し上げる。また、13人の若者のヒアリングは日本学術振興会科学研究費助成事業基盤研究A「外国人生徒の学びの場に関する研究─特別定員枠校と定時制・通信制高校の全国調査」（研究課題番号：19H00604、研究代表者・田巻松雄）および異文化経営学会「2021年度研究奨励助成金」によって行われたもので、改めて感謝を申し上げる。

AMAUTA の元学習者―二郎

小波津ホセ

本コラムでは AMAUTA に参加経験のある二郎に焦点をあて AMAUTA の意義を学習者視点で記していく。2024 年 1 月 13 日に聞き取り調査を電話で実施した。聞き取りの目的・内容を事前に説明し、実名使用の許可も得た。

現在、二郎は 23 歳で大学 3 年生である（大学 3 年生である理由は、コロナ禍で大学を半期休学していたためである）。大学進学を機に栃木県を出て、大学付近で一人暮らしを始めた。その名が示す通り、二郎は次男であり、家族構成は両親と兄で構成される 4 人家族である。兄は既に社会人となり海外で生活している。日本で生まれた二郎は、両親の母国であるペルーには 4 歳と 5 歳の時だけ訪問している。聞き取りは日本語で行ったが、二郎はスペイン語での会話も可能で、英語も日常生活程度であればできる。家庭での共通言語がスペイン語だったことから、スペイン語の「聞く」と「話す」の領域には自信を持っている。

二郎の AMAUTA への参加は中学生になってからの約 1 年であった。学校行事関連で AMAUTA に参加できない時もあったが、毎回の参加を心がけていた。かれは、当時開催されていた日本人向けのスペイン語教室（新型コロナウィルス感染が収束

し活動を再開してから同教室は実施されていない）に加わり、文法などを勉強していた。しかし、高校進学のための勉強に次第に力が入り、AMAUTA への継続的な参加が困難となって辞めてしまった。それでも、AMAUTA のイベントがある際、時間があればボランティアとして協力していたので AMAUTA と完全に疎遠になったわけでもなかった。

二郎が AMAUTA に参加した理由をみてみよう。1 つ目は母親が提供した機会である。二郎の母親は AMAUTA を立ち上げる中心的な役割を果たし、現在も熱心に活動に関わる人物である。とはいえ、「親がスタッフ＝子が学習者」という構造ではなく、母親の助手として AMAUTA に関わり始めた。母親が指導する大人教室で使用するコピーなどを任されていた。二郎は家庭以外でスペイン語やペルー人と疎遠な生活しており、母親との良好な関係性がなければ AMAUTA に参加することはなかった。その後、二郎は助手から母親の大人教室の学習者になるのだが、親がスタッフで子どももスタッフまたは学習者である例はほとんどみられず、二郎親子は特異な例でもある。

2 つ目の理由は、二郎の兄の大学での選

択科目の影響である。兄は、大学進学後に
スペイン語の授業を取り勉強を始めた。二
郎はそれに感化され、AMAUTAでの勉強
を始めた。二郎は「スペイン語を家庭以外
で話す機会はなかった。AMAUTAという
場でスペイン語を使い始めると、スペイン
語をもっと勉強しなければならないと感じ
た」と語る。二郎のAMAUTAでの学習は、
参加の機会が得られたこと、自覚できる動
機づけが発見できたことが大きい。

　それでは、学習者として二郎は
AMAUTAで何をみつけたのか。二郎が感
じた意義は3つある。まず、日本人のペ
ルーまたはスペイン語への関心である。日
常生活で日本人が親の母語・文化に関心が
あると感じることは多くない。二郎は参加
した大人教室で日本人のスペイン語への関
心の高さを肌で感じ、嬉しく思うとともに
スペイン語の重要さを考える契機になっ
た。第二に、母親への尊敬の念が強くなっ
たことである。二郎は家庭にいる母親、仕
事している母親を知っており、尊敬する。
しかし、AMAUTAのスタッフである母親、
スペイン語を教える母親を知らなかった。
AMAUTAへの参加で母親の「先生」という
立場に触れ、人に頼られ、尊敬される母親
をみて、さらに母親を誇らしく思うように
なった。そして第三に、AMAUTAを通し
てペルーの文化に触れたことである。具体
的にはペルーのダンス舞踊を練習する機会
に恵まれ、新たな自分を発見できたのであ
る。二郎にとってAMAUTAはスペイン語
の地位を高め、親への尊敬が強くなり、文
化を再発見できる場となった。一般化はで
きないが、スペイン語の地位と親への尊敬
は運営側が予想にしなかった帰結を学習者
にもたらしているといえるかもしれない。

　大学卒業後、二郎は海外での生活を考え
ている。大学卒業の資格、言語能力、異
文化への理解という武器がかれの海外で
の生活の自信になっている。もちろん、
AMAUTAでの経験も大いに役に立つ。

　筆者は、移民子弟でも数少ない人しかも
つことがないバイタリティーを二郎に感
じ、かれの将来を非常に楽しみにしてい
る。

たぶんかフリースクールの卒業生として

徐　緒隆

　私は、2014年に親の仕事の関係で来日した。母国で中学校を卒業し、日本の高校に入ろうと考えていた。その時に、父の同僚にたぶんかフリースクールを紹介され、2014年の春にたぶんかスクールで日本語、数学、英語などを学び、クラスメートととても楽しい時間を過ごせた。たぶんかスクールで、一生懸命に日本語を勉強し、多文化の先生たちが、熱心にサポートしてくれたおかげで飛鳥高校の在京外国人入試に合格できた。

　高校では、今まで体験したことのない刺激を受けた。高校でいろいろなことにチャレンジし、たくさん経験を積み重ねることができた。私は、経営に関してとても興味があったので、大学では、経営学を専攻にした。

　たぶんかスクールのインターンシップが始まったきっかけは、栃木先生からの誘いだった。オファーを受けた時は嬉しかった。多文化でいろいろな方からサポートを受けたこと思い出して、インターンシップをやるのを決めた。今まで、ずっとサポートされた側だったので、たぶんかスクールで、どうやって子どもたちをサポートしていけばいいかよくわからなかった。インターンシップの仕事は主に「中国語通訳」、

「ホームページ編集」、「資料翻訳」という三つの内容をやってきた。翻訳に関しては、「話す」と「読む」に分けられ、自分がやっていくうちに、日本語能力はどういうところが欠如してるのか、少しずつわかるようになった。もっと日本語をわかりやすく、スムーズに翻訳できるように、意味が何となくわかる単語を調べ、もっと中国語で分かりやすく説明できるように工夫した。

　たぶんかスクールで一番感心したのは、子どもたちの日本語を覚える速さと高校に行く強い熱意だった。九月の教育相談でまだカタカナの読み書きが苦手だった子どもたちは、翌年一月の模擬面接でスラスラと面接の質問を答えられ、とても驚いた。5年前に私と同じように、高校受験に対して、面接の不安を感じたり、高校に受からなかったらどうしようという悩みを抱えたりする子どももいた。そういう子どもたちには、面接のコツやストレス発散方法を教えた。時間が経つのはとても速くて、あっという間に子どもたちはたぶんかスクールから卒業した。みなそれぞれ自分の行きたい高校に入ることができ、とてもうれしかった。

　現在、日本はどんどんグローバル化に進んでおり、外国人労働者が増えてる一方、

家族と日本にやってくる外国人労働者も少なくない。日本語をサポートする施設は足りないのが現状である。たぶんかスクールの教育相談で外国人の子どもの親は日本の教育システムについて、様々な疑問を感じることが多い。今後、その疑問を解決できるように努力していきたい（『会報「mingle（みんぐる）65号』より）。

第3部
学校以外の多様な学びの場

第 11 章
外国人学習者の学びの場としての自主夜間中学

田巻松雄

1　本論の目的

　自主夜間中学は、年齢、国籍を問わず、誰でも学べる場である。公立の夜間中学の設置主体が自治体であるのに対し、自主夜間中学は市民が設置および運営の主体となっている。他の民間の学習支援団体との大きな違いは、たとえば日本語学習者や不登校の学齢児童生徒等といった特定の学習者を対象とするのではなく、多様な学習者を受け入れていることであろう。自主夜間中学では、義務教育を十分に受けられず学び直しを求める人、日本語を学びたい外国人、高校進学を目指す学齢超過の外国人、不登校や学習困難な学齢児童生徒等、多様な人々が学んでいる。すなわち、外国人にとっても貴重な学びの場となっている。学習者を支援・応援するスタッフはすべてボランティアである。自主夜間中学が開講している学習時間は夜間とは限らない。にもかかわらず、「夜間中学」という名称を用いるのは、公立夜間中学との関係において自己規定している場合が多いからと考えられる。

　自主夜間中学の定義や範囲は明確に定まってはいないが、「国籍、年齢、バックグラウンド等が多様な学習者のニーズに応えるための学びの場を無料あるいは低額で提供する市民のボランタリーな組織活動で、広報や対外的な活動紹介などにおいて自らの活動を自主夜間中学と規定する団体」と定義するのが妥当だと考えられる。自主夜間中学という名称を使用していない団体を含め、この定義に当てはまる団体（以下、自主夜間中学）は全国で 40 〜 50 あると思われる。

　本論は、外国人学習者の学びの場としての自主夜間中学に注目する。第一に、自主夜間中学に共通する特徴を整理する。第二に、2021 年秋に実施した全国アンケート調査の結果を外国人学習者に焦点を当てて整理する。第三に、外国人学習者集中型の自主夜間中学 4 団体を取り上げ、歴史、現状、特徴などを比較検討するとともに、外国人学習者の今後の趨勢を展望する。そして最後に、筆者自身の自主夜間中学開設の

実践を振り返りながら、「地域の支え」として大学（人）の役割に言及する。

2　自主夜間中学に共通する特徴

1976年6月に「奈良に夜間中学をつくり育てる会」が発足し、公立夜間中学設置運動を進める中で、それが設置されるまでの暫定的な学びの場として、同年9月に私設奈良夜間中学校を開設した。夜食にうどんを用意したことから「うどん学校」と言われた。この「うどん学校」が日本で初めての自主夜間中学と言われる（岩井1977）。同年10月には、「川崎に夜間中学を作る会」が「川崎自主夜間中学」を開設した。この2校に代表されるように、自主夜間中学の勃興期には、自主夜間中学を開設し、行政に対して公立夜間中学の設立を求めていく方式が主流であった。その後、自主夜間中学が全国的に広がりを見せるなかで、公立夜間中学の設立は目指さず、学びを求める人への学習保障に専念する自主夜間中学も誕生するようになった（野川　2016, 195頁）。

自主夜間中学に共通する特徴として、ここでは4点述べておきたい。

第一に、学習を希望する者に対して、「誰でも、いつからでも、いつまでも」学ぶことができる場を保障することである。この点は、入学資格・入学時期・修業年限等の点で制約を設ける公立夜間中学と対照的である。

第二に、学習者に寄り添い、「ともに学ぶ」ことを大事にする。学習者に寄り添うことは、一人ひとりの個性や人間性を大事にすることである。「ともに学ぶ」は学習を通して自らも学んでいく姿勢を大事にすることを意味する。

第三に、「学校らしくない学校づくり」をめざす。既存の学校は、年齢主義、競争原理、一斉講義、画一教育によって強く支配されている。義務教育を十分に受けることができなかった人たちは、このような学校に馴染めず、また排除されてきた人たちである。自主夜間中学は、この公教育の歪みや悪しき部分を照らし出し、払拭し、市民の側からオルタナティブな学校づくりを目指す試みと言える。

第四に、自主夜間中学では、学習のほかに、居場所、交流、集い、語らいなどが重要な要素となる。多様な学習者を自主夜間中学に引き寄せるのは、年齢も国籍も多様な人たちが集っている混然とした多文化的な環境、一人ひとりが希望する自由な学びに寄り添ってくれる環境、時には勉強はせず語りに行くことあるいは交流だけを目的としても受け入れてくれる寛容な環境が強く影響しよう。

3　全国アンケート調査の結果

　アンケート調査では、全国の自主夜間中学を対象に、運営体制（8問）、学習者（4問）、学習形態・内容（4問）、スタッフ（7問）の計23項目を聞いた（田巻・服部2022）。回答があった27団体の都道府県別分布は、北海道4、宮城県1、福島県2、埼玉県1、東京都1、千葉県3、神奈川県3、静岡県1、愛知県2、奈良県2、大阪府1、兵庫県1、和歌山県1、福岡県3、沖縄県1である。

　27団体の学習者の人数は581名であった。団体の学習者数は平均で23.2名、一番少ない団体で1名、一番多い団体では65名の学習者がいた。幅広い年齢層が学んでいるが、10代112名（19.3%）と70代101名（17.4%）の多さが注目される。国籍については、回答団体数24団体で552名の総数のうち、日本国籍が362名（65.6%）、外国籍が190名（34.4%）であった。調査対象も異なるため単純な比較はできないが、添田（2007）の調査結果と比較すると、「学習者の若年化」と「外国人学習者の増加」傾向がみられる。

　総体としてみれば、年齢も国籍も多様な学習者が確認されるが、団体別に学習者の年齢・国籍別構成をみると、自主夜間中学は、「日本人集中型」、「外国人集中型」、「10代集中型」、「高齢者集中型」、その他に分類される。

　「外国人集中型」（外国人学習者の方が日本人学習者より多い）の団体は6つあった。川口自主夜間中学（川口市、1985年開設）では、外国人学習者28名、日本人学習者2名である。「はじめの一歩教室」（名古屋市、2020年開設）では、外国人学習者52名、日本人学習者2名である。しずおか自主夜間教室（静岡市、2021年開設）では、外国人学習者8名、日本人学習者1名である。南河内自主夜間中学（羽曳野市、1991年開設）では、外国人学習者11名、日本人学習者3名である。西和自主夜間中学（王寺町、1998年開設）では、外国人学習者29名、日本人学習者1名である。吉野自主夜間中学（大淀町、1996年開設）では、外国人学習者15名、日本人学習者1名である。この6団体の外国人学習者143名のうち、10代学習者は52名で36.7%を占めている。

　外国人学習者が自主夜間中学に参加する理由（複数回答）は、「日本語が話せるようになるため」5、「将来、高等学校に入学するため」5、「読み書きができるようになるため」4、「中学校の学力を身に付けたいため」3、「将来、職業資格を取得するため」2、「日本の文化を理解したいため」1、その他1名（日本語能力試験）であった。

4 「外国人集中型」4団体の歴史、現状、特徴

　筆者は、多様な学びの場をテーマとする研究グループおよび市民団体「とちぎに夜間中学をつくり育てる会」の各代表、宇都宮大学国際学部附属多文化公共圏センター「多様な学び研究会」事務局の立場で、「自主夜間中学について考える研修会」を2022年12月より企画・実施してきた。2023年までに実施した9回の研修会のなかで「外国人集中型」上記6団体のうち4団体の関係者からの報告を得た。以下、研修会での報告内容を踏まえ、4団体の歴史、現状、特徴を述べる。

1　川口自主夜間中学

　埼玉で夜間中学運動が始まったのは、今から39年前の1985年のことであった。同年9月16日に「埼玉に夜間中学を作る会」の発足集会が開かれ、その3か月後の12月3日から「川口自主夜間中学」が開設された。その発足の理由としては以下の4点が大きかったという。

A　埼玉県内には、1万人以上の義務教育未修了者が住んでいる。

B　毎年15～20名が、東京都内の夜間中学までわざわざ通っている。

C　埼玉県内には在日朝鮮人や引揚者・難民がたくさん住んでいるにもかかわらず、心ある行政施策が十分になされていない。

D　増加傾向にある小・中学校の長期欠席児童は、全児童の1パーセントを占めている。

　この4つの大きな問題や課題を前にして、夜間中学を設立する運動が始められた。準備を始めると、自主夜間中学で勉強したいという声が次々と上がり、準備に時間をかけるよりまず始めることが大事との考えで、運動を始めてから短期間の3か月後に川口自主夜間中学が開設された。

　自主夜間中学は6名の日本人生徒からスタートした。身体障がい者の女性と形式卒業者の女性、あとは全員4名とも不登校の子どもたちであった。その後、日本人に加えて、中国やベトナム・フィリピン・イラン・アルゼンチン・スリランカといった様々な国の人が通うようになった。年齢も、小学生・中学生・高校生といった若者から60歳を過ぎた人まで多様で、現在、幅広い年齢層の約45名が25名のスタッフと共に学んでいる。

「埼玉に夜間中学を作る会」は、川口自主夜間中学の教室を開きながら、夜間中学設立をめざす取り組みを行ってきた。それには、埼玉県及び主要自治体教育委員会との交渉、要望書・質問書の提出、県内主要各駅での「月例駅頭宣伝」（署名及びチラシの配布、スタッフ・生徒募集、支援カンパの要請など）、全国夜間中学校研究会や関東を中心とする自主夜間中学・夜間中学関係団体との連携・交流、国会・県議会・市町村議会の各議員に夜間中学に対する理解を求める活動等が含まれる。しかし、行政は公立夜間中学校の設立には前向きにならず、夜間中学を作る展望が開けない時期が長かった。このような状況の中で、自主夜間中学の活動も長きにわたった。埼玉の運動の中に大きな動きが出てきたのは川口自主夜間中学が30周年を迎えた2015年頃からである。

「埼玉に夜間中学を作る会」代表の野川義秋は、自主夜間中学の活動を振り返り、「この38年間というのは、スタッフが足りない、ニーズに合ったテキストがない、それから教室が狭いなどの問題があり、私たちは無い無い尽くしと言ってるんですけど、本当に安定した形で教室を開いてきたという気持ちはありません。いつも冷や汗かきながら、すったもんだしながらやってきたというのが、自主夜間中学の実態だっていうふうに思います」と語る。そして、活動を始めて15年位経った頃に、自主夜間中学独自の意義を確信したという。埼玉では2019年4月に川口市に初めて公立夜間中学（川口市立芝西中学校陽春分校）が開校された。「作る会」は自主夜間中学と公立夜間中学が並存する形で埼玉の学びを保障していくことが必要であるとして、川口自主夜間中学の活動を引き続き行いながら、広い埼玉に公立夜間中学1校では不十分との認識のもと、さいたま市に2校目の公立夜間中学設置を求める運動を展開している。

2　しずおか自主夜間教室

しずおか自主夜間教室（2020年9月開設）の基盤は、NPO法人開発教育FunClubという、学びに関する団体である。10年前からこの団体は「誰もが先生、誰もが生徒」というコンセプトでアースカレッジという学び場のイベントを開催していた。そのスピンオフ講座で夜間中学の映画『こんばんはⅡ』（森康行監督、2019年作品）の映画を上映した時（2019年11月）に、「こういう夜間中学、教室をぜひ静岡でも是非作ってほしい」という声が参加者から上がったことが直接のきっかけとなって関係者が設立のための準備を進めた。

2023 年 5 月現在、学習者はフィリピン 7 名、バングラデシュ 3 名、インドネシア 2 名、ベトナム 1 名、ガーナ 1 名、日本 4 名の計 18 名である。これまでに多種多様な約 90 名の見学者が来たという。しずおか自主夜間教室は、6 つのミッションを掲げている。1　学びの場であること、2　居場所であること、3　元気が出る場であること、4　相談ができること、5　情報が集まる場であること、6　行政、他機関とつながること。

代表の深山孝之は、教室を開校してからわかったこととして、在留外国人にとって日本社会への適応が難しいことを強調する。具体的には、○ 12 年日本に住んでも日本語を読めない、書けない、○行政上、生活上の問題（たとえば、国勢調査やコロナ給付金について理解できない）、○職場でのいじめ、・日本人の友達を作るのが困難、相談する人がいない、○ブラック企業に搾取されている可能性がある等。こういう実態を理解することを通じて、自主夜間中学は学習支援だけではない様々な支援が問われていること、そして、自主夜間中学の役割として、従来強調されていた学習、交流、居場所に加えて、外部の関係機関との連携、地域との連携、学びのニーズの掘り起こしの 3 点がより重要になると述べる。

しずおか自主夜間教室は 2022 年 7 月にアースカレッジ参加者 99 名を対象に夜間中学に関するアンケート調査を実施した。その結果、約半数は夜間中学について知らず、夜間中学に興味を持っている人はいるが、多くの人は夜間中学が具体的にどんなところであるか理解していないこと等が明らかとなった。

3　「はじめの一歩教室」

愛知夜間中学を語る会は、2020 年 5 月に設立され、同年 8 月に当会が主宰・支援する自主夜間中学「はじめの一歩教室」（以下、「はじめの一歩」）を名古屋市に開設した。週に 1 回土曜日の開講であるが、学習者の増加とコロナ禍での密を避けるため、2021 年 1 月より開催時間を午前 10 時から午後 8 時までの 10 時間へと延長している。代表者で元定時制高校教諭の笹山悦子によると、基礎学力が身についていない生徒や中退していく生徒を見る中で、学びのセーフティーネットの必要性を感じたことが活動開始の大きなきっかけとなった。そして、背中を押してくれたのが亡くなる直前の 2019 年暮れに母親が発した言葉だったという。「あなたがやろうとしている事はすごく大事なことだ、あんたは私の誇りだ」。母親は、小学校 4 年生で浅草の大空襲にあって茨城県に疎開し、疎開先で義務教育に繋がれずに読み書きもまともにでき

ないまま子守の仕事やアルバイトで一家の暮らしを支えるという大変苦労した人であった。

「はじめの一歩」の大きな特徴は、学習者54名のうち10代が30名（55.6％）で、かつ学習者の大半52名（96.3％）が外国籍だということである（2021年9月現在の数値）。「はじめの一歩」の開設は、特に外国人学齢期児童生徒と学齢超過若年層の学習ニーズを短期間で顕在化させることとなった。開始当初5名だった学習者は、主に口コミを通じて、2022年4月までに67名に増えた。そのうち63名は外国人である。また、小学生6名、中学生13名、高校生21名、専門学校生1名、就学前の幼児4名、過年度生で今後高校受験を希望する生徒3名、大人20名となっている（「2022年度　総会実施概要」による）。日本語学習、高校の学習、高校受験のための学習を行う10代の外国人が多く集っている。その後も学習者は増え続け、2023年5月現在で130名となった（支援者は70名）。

学習者の急増を受けて、「第二一歩教室」を立ち上げた。「はじめの一歩」は、社会福祉協議会、貧困ネット、子ども食堂、保育園、弁護士事務所などとの連携により、「だれも置き去りにしない」支援を目標に活動を展開している。

4　西和自主夜間中学

奈良県北葛城郡王寺町で活動している西和自主夜間中学は、1998年5月、「西和に夜間中学をつくる会」が母体となって開設された。自主夜間中学の開設は、1992年6月に「外国人労働者　奈良保証人バンク」が設立されたことにルーツがある。バンクの設立に関わった山本直子（当時、斑鳩町議員、現在、西和に夜間中学をつくる会事務局長）によれば、当時、斑鳩町には最大手の人材派遣会社があり、300名位の外国人労働者が雇用されていた。多くは、ブラジル・ペルー・ボリビアといった南米系の日系人であった。労働者のほとんどはカトリックの人たちで教会のミサに通っていたが、劣悪な労働環境や突然の解雇などの困りごとが広く知られるようになった。そこで山本は仲間と共にかれらの生活を援助するため「外国人労働者　奈良保証人バンク」を設立した。このバンクは、人が生まれてから死ぬまでのありとあらゆる相談事への関与、在留資格等にからむ入管対応と手続きへのサポート、手続き時に必要とされる身元保証人を無償で引き受けることを主な活動とした。この活動を通じて、増え続ける外国人労働者とその家族の生活のための日本語支援が大きな課題と認識されるようになり、このことが自主夜間中学に携わるきっかけとなった。

2021年9月現在の西和自主夜間中学での学習者は30名で、29名が外国人である。年齢別構成は、10代6名、20代2名、30代19名、40代3名である。山本は、活動25年を振り返り、常時学習者の8割以上は外国籍であり、国籍も多様な学習者の学びと生活に寄り添ってきたこと、近年は若い学習者の増加が顕著であることを述べたうえで、「日本で彼らが効率的に少しでも生き抜いていこうとするためには日本語と言う文字を知らない、知る事を奪われたままでは、人間として生きていけません」、「私たちは、夜間中学は文字を奪われてきた生徒さん達が文字を取り戻す場所であるというふうに思っています」と放置できない現実と自主夜間中学の意義について語った（2022年12月3日研修会）。

　上記の「外国人集中型」4団体は地域特性を反映している。西和自主夜間中学開設の背景には外国人労働者の急増があった。川口市の外国人住民は、2023年8月現在、約4万人と市人口の約6.7％を占めており、人口数と市人口に占める割合の両方で日本最大の外国人集住地域である。2022年9月末現在、静岡市の外国人住民は1万1125名で、総人口に占める割合は1.62％であるが、2013年頃から外国人住民はほぼ一貫して増加している。愛知県における「日本語指導を必要とする外国人児童生徒数」は2022年5月現在1万人を超えており、二位神奈川県約5000人の二倍で、全国一で突出して多い。

　一方で、2021年調査では大半の自主夜間中学で外国人学習者が確認されており、外国人学習者のニーズは全国的に遍在することに留意することが必要である。外国人人材の受け入れ拡大を目的として入管法が2019年4月に改訂されたことも大きな後押しとなり、今後外国人労働者や児童生徒は確実に増加していくであろう。

　外国人学習者が自主夜間中学に参加する理由や年齢別構成を踏まえると、外国人学習者の学習は、主に大人が生活言語を学ぶための日本語学習と学齢超過の若年層や学齢児童生徒が高校受検を目指す教科の学習およびそれと関連した日本語学習に大別されると思われる。2021年調査結果からは、学習者の年齢別・国籍別内訳の正確な情報は得られなかったが、「学習者の若年化」と「外国人学習者の増加」傾向が確認された。また、2020年国勢調査では、若年層の外国人における義務教育未修了者の多さが明らかとなっている。日本人・外国人別に最終学歴が小学校卒業の者のなかの15〜29歳までの若年層の占める割合を見ると、日本人若年層は78万4536名のうち1271名で割合は0.1％であるのに対し、外国人若年層は1万9731名のうち1538

名で 7.8% を占めている。また、未就学者については、日本人若年層は 8 万 5414 名のうち 4934 人で 5.8% であるのに対し、外国人若年層は 9024 名のうち 2179 名で 24.1% を占める。いずれも外国人若年層の割合が圧倒的に高い。以上を踏まえると、自主夜間中学の学習者のなかで、特に外国人若年層の増加が予想される。

5 実践の振り返りと大学（人）の役割

筆者は、宇都宮大学を定年退職（2022 年 3 月）するほぼ 1 年前の 2021 年 3 月に「とちぎに夜間中学をつくり育てる会」（以下、「つくり育てる会」）を代表者として立ち上げた。本会の立ち上げの直接の目的は栃木県内に自主夜間中学を開校することであった。筆者と夜間中学との出会いは 2016 年にある教育研修会で公立夜間中学の実態と課題に関する報告を、驚きを持って聞いたことに始まる。その後、2017 年 11 月～ 2018 年 2 月にかけて、尼崎市立と東大阪市立の公立夜間中学で学生たちと一緒にフィールドワークを 3 回行う機会を得た。このフィールドワーク以降、夜間中学に対する関心は高まり、授業見学や関係者との出会いを求めて各地へ出向いた。これまで、公立夜間中学については、東京、横浜、川崎、神戸、奈良、東大阪、尼崎を、自主夜間中学に関しては、札幌、仙台、福島、川口、松戸、我孫子、千葉、柏、蛯名、静岡、奈良、北九州、福岡を訪ねた。全国の公立・自主夜間中学を見学し、外国人学齢超過者、日本人の義務教育未修了者、形式卒業生、不登校の学齢児童生徒等が楽しそうにかつ真剣に学ぶ姿と関係者の熱い想いに触れてきたことで、栃木県でも夜間中学をつくり育てたいとの想いが膨らんだ。2020 年 12 月には宇都宮市で「公立・自主夜間中学の社会的意義と課題を考える」集いを主催した。全国の公立・自主夜間中学関係者が集った 2 日間の熱い議論に接して、とちぎに「誰でも、いつからでも、いつまでも学ぶことできる」自主夜間中学をつくり育てる活動を始める気持ちが固まった。

「つくり育てる会」は、2021 年度内の自主夜間中学開校を目指し、「こんばんは」（森康行監督、2003 年作品）の 2 度の上映会と数度の説明会を開催し、当初の予想よりも早く同年 8 月にとちぎ自主夜間中学を開校した。そして、コロナ禍の影響もあり 2 か月遅れで同年 10 月から学習活動を開始した。宇都宮市内の公共施設で毎週日曜日夜間に活動を行っている。

2023 年 4 月から、「つくり育てる会」は、宇都宮大学国際学部附属多文化公共圏セ

ンター「多様な学び研究会」（代表　スエヨシ　アナ）と共催で、毎週水曜日午後に宇都宮大学の施設を使用する「多様な学び教室」を始めた。「誰でも、いつからでも、いつまでも」のスローガンは共有している。とちぎ自主夜間中学では、20 名〜 30 名の学習者の半数以上は外国人学習者であると思われる。「多様な学び教室」に継続的に参加している 10 名程度の学習者の大半は学齢超過若年層および学齢期の外国人児童生徒である。

　「多様な学び教室」の開設は、学習機会や学習時間の増加を望む学習者の声を受け、また、日曜夜間に加えて平日午後に開講することによる新たな学習ニーズの発掘を目的にしたものだが、大学を会場に選んだことには大学（人）のコミットを促したいという想いが強く関係する。

　自主夜間中学を支えるのは、学習者を応援するボランティアスタッフである。そして、自主夜間中学の活動は、人・資金・会場の確保の面で苦労や困難が少なくない。このような学びの場は地域からの支えを必要としている。地域からの支えというと行政支援が浮かぶが、それはそれとして、大学はどうなのだろうか。おそらく、全国的に自主夜間中学の活動に継続的に関わっている大学人はほとんどいないのではないだろうか。まして、大学あるいは学部で組織的に自主夜間中学に関わっている例は皆無であろう。

　この点、釧路の自主夜間中学「くるかい」（2009 年 5 月開設）は開設に大学人が関わった数少ない事例の 1 つであろう。「自主夜間中学について考える研修会」第 9 回「北海道・釧路からの実践報告と意見交換」（2023 年 11 月 10 日開催）で佐藤勝弘は「くるかい誕生のきっかけは若者の熱意」であったとして、九州で自主夜間中学の活動をしていた若き研究者添田祥史氏（現福岡大学人文学部教育・臨床心理学科教授）の釧路赴任（2008 年 9 月）からわずか 2 か月後に一気に釧路に自主夜間中学を作る流れが動き出したことを語った。佐藤は、「悩み続けた 15 年」を、強力なリーダーシップ、理論的支柱となる人材が不在な中、様々な学習者・スタッフが関わり、それぞれの時代で知恵を出し合いながら「くるかい」の活動の姿を確認してきたこと、学びの灯を消さないことが地域の力となることを信じて活動してきたと総括した。くるかいは、今後の取組む視点として、基礎教育の保障、不登校者への学びの保障に加え、外国につながる人々に対する日本語教育の保障をあげる。この背景には、釧路市と近隣町村でも外国人は増えており、かれらの労働力なしでは経済が成り立たない状況があるという。くるかいの「自主夜間中学がつなぐ『日本語学習支援の輪』育み事業〜道東における

外国人材受入支援強化のための日本語学習支援ボランティア養成・スキルアップ事業～」は 2023 年度 JICA 基金活用事業に採択され、日本語学習支援者養成講座などが展開されている。地域の国際化による新しいニーズへの自主夜間中学の取り組みである。

　大学が有する広大な土地と様々な教育施設・設備、そして多分野に渡る数多くの専門家を思い浮かべるだけで、大学が貢献できそうなイメージが浮かぶ。ある分野の専門家である大学人が自主夜間中学のスタッフに相応しい資質と能力を有していると考えているわけでは全くない。そもそも、公立夜間中学や自主夜間中学のことを知っている大学人は僅かであろう。大学および大学人が自主夜間中学に貢献するには、学ばなければならないことが多々ある。しかし、大学が「地域の支え」に貢献できる可能性を大いに秘めていることは事実である。

　「地域に学び、地域に返す、地域と大学の支え合い」。宇都宮大学を長年支えてきた最も重要なモットーの 1 つであり、「地域重視」を喧伝している大学は少なくないであろう。「学ぶ場の保障」という地域課題により多くの関心を向け、様々な形での応援にコミットしていくことは大学（人）の大きな責務であると考える。

参考文献

岩井好子編（1977）『うどん学校』盛書房

『生きる　闘う　学ぶ』編集委員会編（2019）『生きる　闘う　学ぶ　関西夜間中学運動 50 年』解放出版社

工藤慶一（2021）「札幌遠友塾自主夜間中学 30 年の歩みと 2022 年札幌市立夜間中学の開校」田巻松雄研究代表者『公立・自主夜間中学の社会的意義と課題を考える』宇都宮大学、3–13 頁

深山孝之（2023 年 9 月）「自主夜間中学について考える研修会　VOL.2　函館、静岡から実践報告と意見交換　第 2 回開催 2023 年 3 月 11 日」（PDF ファイル）宇都宮大学国際学部附多文公共圏センター発行　https://uuair.repo.nii.ac.jp/search?search_type=2&q=1694740528873

奈良県夜間中学連絡協議会（2011 年 9 月）『奈良の夜間中学とは～奈夜中協 20 年の記録～』

奈良夜間中学連絡協議会（2023 年 2 月 26 日）『奈良の夜間中学とは～奈良中協 30 年の記録～』

野川義秋（2016）「夜間中学の誕生と移り変わり」埼玉に夜間中学をつくる／川口自主夜間中学三十周年誌刊行委員会編『月明かりの学舎から　川口自主夜間中学と設立運動三十年の歩み』東京シューレ出版、176–199 頁

野川義秋（2024 年 4 月）「自主夜間中学について考える研修会 Vol.4　川口からの実践報告と意見交換／北海道・釧路からの実践報告と意見交換　第 8 回（2023 年 10 月 21 日開催）、第 9

回（2023年11月10開催」（PDFファイル）宇都宮大学国際学部附属多文化公共圏センター発行

佐藤勝弘（2024年4月）「自主夜間中学について考える研修会Vol.4　川口からの実践報告と意見交換／北海道・釧路からの実践報告と意見交換　第8回（2023年10月21日開催）、第9回（2023年11月10開催）」（PDFファイル）宇都宮大学国際学部附属多文化公共圏センター発行

笹山悦子（2024年2月）「自主夜間中学について考える研修会　VOL.3　愛知・名古屋市からの自主夜間中学の実践と公立夜間中学設立における課題報告　第3回開催2023年5月4日」（PDFファイル）宇都宮大学国際学部附属多文化公共圏センター発行 https://uuair.repo.nii.ac.jp/search?page=1&size=100&sort=custom_sort&search_type=2&q=1706833215654

西和に夜間中学をつくる会事務局（2008）『ただいま勉強中　西和自主夜間中学10周年記念誌　出会い、学び、巣立ち』

西和に夜間中学をつくる会事務局（2018）『ただいま勉強中　西和自主夜間中学20周年記念誌　出会い、学び、巣立ち』

添田祥史（2007）「自主夜間中学の活動と展望」『ボランティア学研究』第8巻、165–180頁

田巻松雄（2021）「HANDS事業　地域により開かれたセンターへ─多様な学びの場を地域で支えるために」『宇都宮大学国際学部多文化公共圏センター年報』13号、101–106頁

田巻松雄・服部花菜（2022）「自主夜間中学の活動実態─歴史的変遷の整理とアンケート調査結果より─」『夜間中学と定時制高校─現状を知り、多様な学びの場の可能性を考えよう』（研究代表者　田巻松雄）宇都宮大学、1–19頁

田巻松雄（2022）「自主夜間中学の今日的意義と課題についての予備的考察」『基礎教育保障学研究』第6号、176–192頁

田巻松雄（2023）「自主夜間中学での学び─組織らしくない組織による学校らしくない学校づくり」佐々木一隆／田巻松雄編『外国人生徒の学びの場─多様な学び場に注目して』下野新聞社、78–94頁

田巻松雄（2023年12月）「他者への想像力と共感をどのように作り出していくか〜活動の原点、これまで出会った印象的な人物や書物」『むすびめ2000』No.124

山本直子（2023年6月）「自主夜間中学について考える研修会　VOL.1　札幌、千葉、奈良からの実践報告と座談会　第1回開催　2022年12月3日」（PDFファイル）宇都宮大学国際学部附属多文化公共圏センター発行 https://uuair.repo.nii.ac.jp/search?search_type=2&q=1689643105703

第12章
「多文化共生センター東京」の活動

枦木典子

1　多文化共生センター東京について

　多文化共生センター東京（以下、センター東京）は、外国にルーツを持つ子どもたちに対し、教育の保障や教育環境の改善を目指して活動を続けている認定NPO法人である。

　1995年1月17日の阪神・淡路大震災で外国人被災者への支援を行ったボランティアたちが、その後、多文化共生社会の実現をめざし、1995年10月より民間ボランティア団体「多文化共生センター」の活動を開始した。その活動の輪は、大阪、京都、広島、兵庫の4つの地域に広がった。2000年9月「多文化共生センター」の一拠点として東京に準備室を開設、2001年に多文化共生センター東京・21が設立された。2006年には、特定非営利活動法人として独立法人格を取得し、外国にルーツを持つ子どもたちの教育支援の活動を続けている。

> ### ビジョン／目指す社会
> ・国籍、言語、文化の違いをお互いに尊重する多文化共生社会を目指す。

> ### ミッション／行動指針
> ・外国にルーツを持つ子どもたちの教育機会の拡大に努める。
> ・外国にルーツを持つ子どもたちが個性や能力を発揮し、日本で活躍できる教育の実現に取り組む。
> ・国籍、言語、文化の違いを尊重する教育の実現に取り組む

《センター東京沿革》
・1995年　阪神淡路大震災時に被災外国人支援のための「外国人地震情報センター」開設
　　　　　　特定非営利活動法人「多文化共生センター」へと発展解消（大阪、兵庫、京

都、広島に拠点ができる)

- ・2000 年　　　　「多文化共生センター」の一拠点として東京に準備室開設
- ・2001 年 4 月　多文化共生センター・東京 21 設立
　　　　　　　　　日本語を母語としない親子のための高校進学ガイダンス共催(以降年 2 回)
　　　　　　　　　外国にルーツを持つ子どもたちへの学習支援教室「子どもプロジェクト」
　　　　　　　　　スタート
- ・2005 年 6 月　たぶんかフリースクールスタート (東京都荒川区西日暮里の民間アパート)
- ・2006 年 4 月　特定非営利活動法人 多文化共生センター東京として独立法人格取得
- 　　　5 月　東京都より NPO 法人認証をうける
- ・2007 年 4 月　荒川区の協力により廃校の教室 (旧真土小学校) へ移転
- ・2008 年 6 月　荒川区「ハートフル日本語適応指導事業 (補充学習指導)」スタート
- ・2009 年 4 月　「親子日本語クラス」事業スタート (文化庁委託事業)
- ・2010 年 4 月　文部科学省・国際移住機関 (IOM) 受託事業
　　　　　　　　　「定住外国人の子どもの就学支援事業 (虹の架け橋教室)」スタート
- 　　　5 月　荒川区「ハートフル日本語適応指導事業 (通室による初期日本語指導)」ス
　　　　　　　　　タート
- ・2011 年 6 月　国税庁より認定 NPO 法人認定を受ける
- 　　　8 月　新宿区の大久保にたぶんかフリースクール新宿校開校
- ・2012 年 4 月　「虹の架け橋教室事業」で学齢超過生が初めて積算対象となる。
- ・2013 年 4 月　旧真土小学校の老朽化に伴い、荒川区旧小台橋小学校へ移転
- ・2015 年 2 月　『虹の架け橋教室』事業終了　自主事業で運営
- ・2017 年 3 月　東京都より認定ＮＰＯ法人認定を受ける。
- ・2017 年 5 月　新宿校が杉並区に移転し「杉並校」として開校
- ・2018 年 4 月　荒川校が区内旧教育センターへ移転
- ・2020 年 4 月　東京都との協働による高校支援事業スタート
- ・2021 年 9 月　荒川校が区内民間施設へ移転、多文化放課後教室開室
- ・2021 年 4 月　東京都との高校支援「多文化共生スクールサポートセンター」事業開始
- ・2023 年 5 月　東京都教育支援機構との「多文化共生スクールサポートセンター」事業開
　　　　　　　　　始 (2024 年 3 月終了)

現在、多文化共生センター東京の活動は (図1参照) 多文化共生センター東京の活動

の1～6のように教育相談、学びの場、学校支援等で、地域からの教育支援の場としてハブ的な役割を果たしている。ここでは、おもに、学齢超過の子どもたちの学び場としての「たぶんかフリースクール」について述べる。

図1
多文化共生センター東京の活動

1.教育相談
情報を求める外国にルーツを持つ子どもたちへの多言語での教育相談

2.たぶんかフリースクール
学ぶ場のない学齢を超えた子どもや不登校児童生徒への学びの場の提供（荒川区と杉並区の2校を運営）

3.行政との協働
①荒川区内中学生と小学生（高学年）への日本語初期指導（通室教室、補充教室）実施

4.情報提供
多言語高校進学ガイダンスの開催（都内支援団体等と協力し文京区、新宿区の2地域で開催）

②都立高校支援（多文化共生スクールサポートセンター事業）日本語支援を必要とする都立高校生支援

5.ボランティアによる学びの場、居場所づくり：
土曜親子日本語教室、子どもプロジェクト、金曜放課後教室

6.支援企業、団体との取り組み：
たぶんかフリースクール支援、学習教材や授業料、交通費補助の取組み

2　学校教育以外の多様な学びの場として

1　たぶんかフリースクール

　センター東京では、2001年より外国にルーツを持つ子どもたちへの教育支援の活動を続けてきた。団体設立時の2001年当時は、日本の学校で日本語の困難を抱えながら学ぶ外国にルーツを持つ子どもたちの存在自体が認識されていない状況があった。同時に一部の教育委員会、学校現場では、「外国人については、義務教育ではない」「外国人の方については、就学義務がない」との説明がされ、不就学状態の子どもたちについては、学校への受け入れや教育環境改善に消極的であった。特に学齢の15歳を超えて来日した子どもたちは、9年の学校教育期間を終えているということで、中学校での受け入れはなく、子どもも保護者も学ぶ場を探し求めている状況であった。学齢を超えた子どもたちの受け入れについては、文部科学省は、「学齢を超えた者が公立中学校に就学することについては、入学させることができないという規定はない」「その者がこれまで国内の中学校を卒業していない場合にはその就学を許

可して差し支えない」(参照、文部科学省ホームページ就学事務Q＆A)との見解を示しているが、教育委員会や中学校の受け入れ現場では、既卒の大半の学齢超過の子どもたちが受け入れられることはなかった。

　また、子どもたちに学びの情報を提供できる場所もほとんどなかったため、センター東京には、「学校に入りたい、日本語を学びたい」という切実な相談が多く寄せられていた。母国で9年の学校教育を終えて来日した学齢超過者(母国既卒者)は、公的に学ぶ場がないため、教育データにもカウントされず、学校教育の狭間にいて見えていない。教育の狭間で放置された状況は、現在も続いている。「たぶんかフリースクール」は、学びを求める外国にルーツを持つ子どもたちの声を受け、その学びを保障するために2005年に荒川区西日暮里の2DKのアパートから、学校のように通える学びの場、居場所として始まった。現在は、東京都荒川区、杉並区で2校を開室し、日本語や学習、進路への支援を続けている。

2 「たぶんかフリースクール」の子どもたち

　開室時、数人から始まった「たぶんかフリースクール」は、生徒数が増え続け、2005年から2022年の19年間で学んだ生徒は延べ1300名(図2参照)を超えている。2011年〜2012年の東北大震災、2020年〜2021年のコロナ感染症パンデミックの時期は、生徒数減となっており、来日する家族にとって大きな影響があった。

　2005年以来、高校進学者は750名を超え、毎年、受験生の大多数が高校へと進んでいる。しかし、学びたい高校へ進学できているかというと、選択できる高校の数自体は、非常に少ないのが、実態である。

　来日した生徒のルーツは、(表1)からわかるように中国、ネパール、フィリピン、タイ、ミャンマー、スリランカなどアジアの国々が多くを占めているが、近年は、多国籍化しカメルーン、エチオピア、ナイジェリア、パキスタン、アメリカ、アフガニスタン、インド、バングラデシュ、パナマ等々、世界のさまざまな地域の子どもたちが学んでいる。年齢は、15歳〜18歳の異年齢の子どもたちで、大多数が日本に定住し、日本の高校へ進学を希望している。日本語は、ひらがな、カタカナの文字から初めて学ぶ生徒たちが大半である。コロナ禍後の2022年度は、72名の外国にルーツを持つ生徒が学んだ。

　フリースクールでは、年間を通して随時受け入れている。

　4月から新年度が始まる日本の学校とは異なった時期に母国の教育課程を修了して

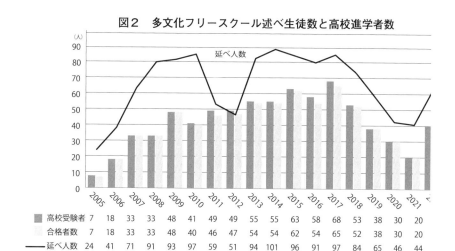

図2　多文化フリースクール述べ生徒数と高校進学者数

	2005	2006	2007	2008	2009	2010	2011	2012	2013	2014	2015	2016	2017	2018	2019	2020	2021
■ 高校受験者	7	18	33	33	48	41	49	49	55	55	63	58	68	53	38	30	20
合格者数	7	18	33	33	48	40	46	47	54	54	62	54	65	52	38	30	20
— 延べ人数	24	41	71	91	93	97	59	51	94	101	96	91	97	84	65	46	44

表1　2022年度　たぶんかフリースクールの生徒状況

	荒川校	杉並校	総数
年間総生徒数	43 名	29 名	72 名
国籍等	中国、ネパール、フィリピン、タイ、ミャンマー、スリランカ、インド、カメルーン、ナイジェリア、パキスタン、韓国、バングラデシュ、米国、エチオピア、オーストラリア、台湾、日本等		計17ヵ国、地域（8月の中学生含む）
年齢	15歳～18歳		
高校進学者数	18 名	22 名	40 名
講師数	13 名：担任2	14 名：担任3	27 名

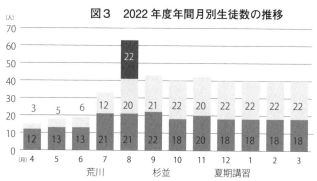

図3　2022年度年間月別生徒数の推移

来日したり、あるいは各家庭の事情による呼び寄せであったりとさまざまな状況の子どもたちである。そのため、8月、9月に生徒数は増加する（図3参照）。その多くが、

翌年4月に高校へ進学することを希望する学齢超過生である。また、「たぶんかフリースクール」では、学校になじめず不登校となった中学生や住民登録ができていない児童生徒で、学校につながることができない子どもたちを短期で受け入れ、ひらがな、カタカナからの文字指導や簡単な会話から始まる初期指導を実施するとともに学校に一緒に相談に行き早期受け入れの働きかけも行っている。

3 「たぶんかフリースクール」のプログラム

「たぶんかフリースクール」では、随時入室する生徒にできる限りレベルにあった内容での授業を提供するためにレベル別クラスを編成し、1クラス6～8人程度での授業を実施している。授業は、週4日（火曜日～金曜日）20時間（1日5時間）で、同年代の友だちと接する機会の少ない子どもたちが、言葉の壁はあっても、学校のように互いに交流し合い成長する場となるよう取り組んでいる。（表2参照）

表2 たぶんかフリースクール日課表

曜日・時間	火曜日	水曜日	木曜日	金曜日
10：00～10：50	日本語	日本語	日本語	日本語
11：00～11：50	日本語	日本語	日本語	日本語
11：50～12：40	お昼休み・昼食			
12：50～13：30	日本語	日本語	日本語	日本語
13：40～14：30	数学	英語	数学	英語
14：40～15：30	数学	英語	数学	英語

学習教科は日本語、数学、英語で、夏休み期間や高校進学決定後の3月には社会、理科を実施している。来日して、日本語の文字指導から始まる子どもたちには、最初の1か月半くらいは、日本語のみのサバイバル、文字指導の授業を集中して実施し、その後、文型、読み文、数学や英語、作文、面接などの時間を入れている。この年代の子どもたちへの日本語指導については系統だったテキストや指導法が十分にないため、試行錯誤をしながらの授業である。入室してくる生徒は、年度によって人数、国籍、年齢も違い、また、母国での学習内容も違うため、子どもたちの状況に合わせた計画や教材作りがその都度必要となっている。特に非漢字圏の子どもたちにとって漢字学習は大きな課題となっている。数学や英語は、既に母国で学習している生徒が多いが、国によって、学習内容が違うため、母国での教育内容を把握する必要が生じている。例えば、数学の関数分野や科学の地学、天体が未習だったり、英語ではない

言語を第2言語として選択していたりするケースもある。また、日本語での教科学習は、難しい学習用語が多く、対訳の学習用語集や電子辞書などの使用も必要である。高校進学を目指す子どもたちにとっては、作文や面接の授業も必要で、12月以降は、こうした内容も時間割に入れ対応している。

たぶんかフリースクール授業風景「私の国」発表の作品

4　通学区域

　学齢超過の子どもたちが学ぶ場は、都内や近県にほとんどないため、通学区域は都内全域、埼玉県、千葉県などの広範囲となっている。また、「たぶんかフリースクール」は学校教育法第一条に規定する学校ではないため、フリースクール生は、通学定期発行の対象にならず、保護者の経済的負担は大きい。(図4参照) 個人、企業等の支援により、交通費補助を行っている。

3　「たぶんかフリースクール」の課題

1　学びへ繋がる教育情報の提供

　来日した子どもたちにとって最初に必要となることは、日本の学校制度や日本語を学ぶ場所などの教育情報の取得である。センター東京では、外国にルーツを持つ子ども、家族に対して多言語での教育相談を実施している。電話や来所での相談を随時受けており、相談件数は年間250件を超えている。(図5参照)

　来日し、言葉の壁を持ちながら、情報を求め探し歩く保護者は多い。相談言語は中国語や英語が多いが、多国籍化により多様な言語の対応が必要となっている。相談の内容は、「学齢を超えているため、教育委員会で対応してもらえず学習場所を探して

図4　たぶんかフリースクールの子どもたちの居住地域
（2013〜2022年度）

たぶんかフリースクールの子どもたちの居住地域 ○
フリースクール所在地 ●

東京都

> 学校のように学べる場所は、
> 都内や近県に数か所しかない。
> そのため遠方から通う生徒も多い。
> 正規の学校ではないため、
> 通学定期は発行されない。

いる」「高校へ進学するにはどうしたらよいか」「小・中学校に入る前に短期間でいい
ので日本語学習をさせたい」「学校になじめず、不登校になってしまった」などである。
相談の中には、在留資格や学校でのいじめや不登校、経済的困難等の深刻な相談も多
く、行政書士やスクールソーシャルワーカー、カウンセラーのような専門職との連携
が必要である。また、緊急なケースにも対応できるように、より適切で充実した教育
相談のための地域ネットワーク作りは、課題である。行政の窓口からの紹介や学校か
らの問い合わせもあり、公的機関との連携はますます必要となっている。

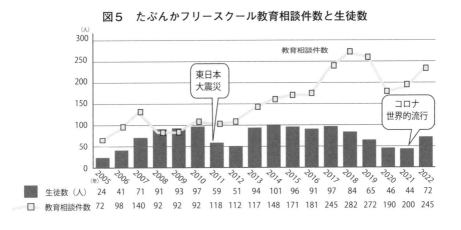

図5　たぶんかフリースクール教育相談件数と生徒数

（年）	2005	2006	2007	2008	2009	2010	2011	2012	2013	2014	2015	2016	2017	2018	2019	2020	2021	2022
■ 生徒数（人）	24	41	71	91	93	97	59	51	94	101	96	91	97	84	65	46	44	72
□ 教育相談件数	72	98	140	92	92	92	118	112	117	148	171	181	245	282	272	190	200	245

2　高校進学の壁

　来日後の子どもたちの目標は日本で高校に進学し、その先の未来を切り拓くことである。しかし、外国にルーツを持つ子どもたちにとっての高校進学は、日本語での受験という困難がある。都立高校入試平均点と比較すると受験教科の国語は非常に難しく都立高校の平均得点の2割ほどしかとれていない。（図6参照）この状況は、現在も続いている。

　2016年以降、東京都では、全日制の1次入試は5教科となった。それまで3教科で受験できていた一部の全日制高校の選択肢はなくなり、5教科で受験する生徒は、国語以外に難しい社会、理科の教科にもチャレンジすることとなった。そのため、多くのフリースクール生は、1月実施の作文・面接による在京外国人特別枠を受験するようになった。在京枠入試が不合格の時は、5教科受験はせず3教科で受験できる定時制を選択する生徒が増えた。外国籍生徒の選択肢は、さらに狭まったといえる。また、資料1のフリースクール生徒の声からもわかるように、出願手続きの不備で、機会を逸した生徒もいる。ていねいで寄り添ったサポートが必要である。

3　東京都都立高校在京外国人生徒対象入試について

　「たぶんかフリースクール」の生徒が多く受験するようになった在京外国人生徒対象入試では、その主な資格要件は、「外国籍を有し、日本における9年の義務教育相

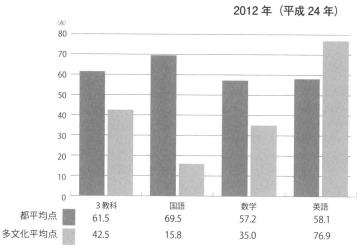

図6　都立高校入試平均点と多文化生徒平均点との比較
2012年（平成24年）

	3教科	国語	数学	英語
都平均点	61.5	69.5	57.2	58.1
多文化平均点	42.5	15.8	35.0	76.9

当の課程修了見込み、あるいは修了した者で入国後の在日期間が入学日現在原則として３年以内の者（中学校在籍者）」「保護者とともに都内に住所を有する者又は入学日までに住所を有することが確実な者」（東京都教育委員会東京都立高等学校入学者選抜実施要綱・同細目）としている。在京枠校は、都立国際高校１校から2023年には８校まで増え、2024年度４月入学定員８校合計160名である。受験者数は増加しており、特にコロナ５類移行後の2023年度は、定員160名にたいして、309名の応募があった。140名を超える不合格者が出る状況である。（図７参照）増加する外国籍受験者に対して、特別枠として機能できていない実態がある。在京枠校を増やすことは急務である。また、日本国籍で外国に背景を持つ子どもたちについても、切実な相談が寄せられている。日本語支援を必要としているにもかかわらず、特別枠での入試は、認められていない。

図7　在京外国人枠校の定員と応募者数の推移

日本語支援を必要とする日本国籍の子どもたちについても、受験できるように資格要件を変えていくことを求めたい。国籍を問わず、異なった教育制度の中で教育を受けてきた子どもたちが、より公平で適切な方法で評価されるように改善を進めてほしい。日本語の壁はあるものの母国で学んできた学力が評価されるように数学や英語を入れた入試方法、母語を使用しての判定なども必要である。

資料1　「たぶんかフリースクール生徒の声」

　私は友だちから、多文化のことを教えてもらいました。去年の11月多文化で勉強をし始めました。最初、誰も知らないので寂しいですが、でも勉強のことがすごく楽し

かった。友だちもできたし、本当にここにきて良かったと思います。18 歳になった時、私はまだ高校に入っていなかった。1 年の間に 2 回、試験が不合格になって、心身的に受け入れられない程の辛さをずっと独りで我慢していました。でも、本当に高校に入りたいので、自分の日本語レベルを上げるため、アルバイトを始めた。半年を過ごしてどんどん上手く話せるようになりました。また、毎日高校受験のために、毎日頑張って勉強してきました。面接と作文の試験だけれど、でも私は誰よりも強くと信じました。本当にここにきて良かった。(生徒　出身中国)

　＊来日して 1 年目は、前期試験不合格、後期試験は、出願日に書類不備のため受験不　可となった。

4　フリースクールからうまれた多言語学習用語集

　センター東京では、数学授業に取り組む講師を中心に、2008 年から手作りの多言語数学用語集を作成し使用してきた。その後、2016 年度三菱財団社会福祉事業・研究助成を受け「多言語中学学習用語集」を作成した。中学数学で学ぶ学習用語を多言語訳し用例を図入りで作成した。センター東京のホームページ上に英語、中国語、タイ語、ポルトガル語、ベトナム語をダウンロード用教材として公開している。また、理科についても写真や図表を入れた多言語用語集を作成した。各用語集については、全国からダウンロードや冊子購入の希望が寄せられている。教科の学力をつけることは、進学はもちろん、成長に必要な思考力等をつけるために必要である。年少者の日本語や教科の教材はまだ少なく、難しい学習用語でつまずいている子どもたちへの助けとなる教材は今後も必要である。子どもたちが「わかった、日本語での教科学習も楽しい、面白い」と自信を持って参加する時間を増やすために、多言語での教材作りをしていくことも課題である。用語集作成にあたっては、卒業生が、母語での翻訳作業に加わり、力強い支援があった。

4　情報発信　「地域との連携による多言語高校進学ガイダンス」

　センター東京では、現在、「日本語を母語としない親子のための多言語進学ガイダンス」を年 2 回、実施している。多言語進学ガイダンスは、高校受験を目指す外国ルーツの生徒やその保護者を対象としたもので、多言語の通訳者が入り、都立高校や受験に関する情報提供などを目的として開催され、20 年になる。このガイダンス

2023年7月文京ガイダンス

は「多言語高校進学ガイダンス東京実行委員会」として、地域のNPO団体や高校教員、ボランティア等が参加し、都内6地域で実施している。2023年度、当センター実施の2回のガイダンスでは、計230名超の参加があった。また、6地域全体の参加者数は、約500名であった。（図8参照）情報取得が困難な生徒や保護者にとって、多言語でのガイダンスからの情報取得の果たす役割は非常に大きい。就学機会を保障するこうした取組みは、本来行政がすべきであるが、現在は東京都教育委員会の後援に留まっている。会場の確保や多言語資料作成経費などを支援団体が担っているが、増加する外国ルーツの子どもたちの進路支援のためには、行政との連携がますます必要となっている。

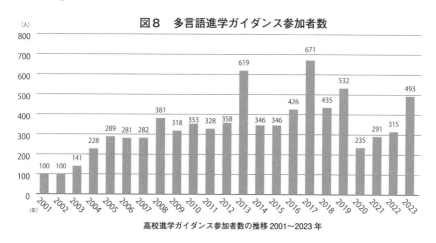

図8　多言語進学ガイダンス参加者数

高校進学ガイダンス参加者数の推移 2001～2023年

5　送り出した卒業生について

「たぶんかフリースクール」が送り出した卒業生は、約20年間で750人を超えた。その多くは高校を卒業し、専門学校や大学へ進学し、すでに社会人として日本で働き始めている。卒業生からは大学や専門学校への進学の手続き、就労相談、資格取得などについての悩みが寄せられている。日本で社会人として自立、自活していこうとす

る若い人たちにとって制度の壁は大きい。特に家族滞在の資格のまま家族と住み続けている卒業生は、正規の仕事につくことが難しく、資格の切り替えが必要である。

　また、保護者が帰国した場合は、深刻な状況に陥る。卒業生たちは、コラム4、5からもわかるように、各々が直面した困難に負けず、たった一人でも、状況を変えるために行動している姿がある。さらには、同じような困難をもつ後輩に対し、サポートされる立場ではなく、サポートする側として活動したいという強い思いをもっている。

　支援体制が十分でない中、日本で高校進学し生活している卒業生たちは、日本語もでき、多言語、多文化な背景で育ち、母国と日本をつなぐ豊かな可能性を持っている。二つの国をつなぐ夢を語る若者も多い。その多様性がいかされ、社会で活躍できる安定した仕組み作りが必要である。

6　今後について

　学齢超過の子どもたちの地域での学び場としてスタートした「たぶんかフリースクール」は、20年目を迎えようとしている。学齢超過の子どもたちについての行政での担当部署は依然として明確ではないため、子どもたちの学びは、当事者個人の努力や地域の民間団体等の支援にゆだねられている部分が大きい。また、近年は、日本の中学校を卒業した外国ルーツの生徒が、卒業後にもう1年、「たぶんかフリースクールで日本語を勉強し直してから進学したい」と保護者や中学の先生と訪ねてくることが増えている。母国の学校を卒業して来日した学齢超過生だけでなく、十分な日本語支援を受けられずに中学校を卒業した生徒の再学習の場が必要となっている。多様化したニーズへの対応は課題である。

　「たぶんかフリースクール」では、生徒たちが日本語や教科を学んでいるが、その内容については、試行錯誤が続いている。しかし、多国籍な出会いの中にいる子どもたちからの声は、学びのあり方を示しているように思う。卒業後に訪ねてきたベトナム、中国、フィリピンの生徒が、「フリースクールにいた時、尖閣諸島や領土、領海のことについていろいろ話し合った」と知り驚いた。また、アフガニスタンの生徒は、「教科の学習だけでなく、生活についての学びをしたい、社会で自立していくための収入の得方や怒りのコントロールの仕方などを学びたい」と作文に書いている。子どもたちの求める学びについて考えていくことは、多様な子どもたちを受け入れている

フリースクールの課題でもあり、共に創る学びへと繋がっている。

　一方、コロナ5類移行後の東京では、外国籍児童生徒は急激に増えている。2023年度（令和5年）は21,037人で、前年比1778人の大幅な増となっている。（参考：東京都教育委員会「公立学校統計調査報告書【学校調査編】」）なお、このデータには、正規の学校につながっていない学齢超過の子どもたちは、ふくまれていない。小学校、中学校、高校と一挙に増えている外国籍の子どもたち、加えて日本国籍の子どもたちに対し、ていねいな支援が、一層必要となっている。

　東京都教育ビジョン第5次（2024年～2028年）案では、柱の一つとして「誰一人取り残さないきめ細かな教育の充実」をあげている。誰一人取り残さないためには、変化の激しい社会の中にいる外国にルーツを持つ子どもたちの実態を正確に把握し、実効性のある施策が必要である。地域のNPO団体、ボランテイア団体は、こうした子どもたちの学びを保障する場としての役割を担い、行政を補完し続けている。学ぶ場所の確保や運営面での課題は大きく、行政、企業等と連携し支援を広げていくことは、喫緊の課題である。子どもたちは、地域で育つ、地域で育てるという視点が必要である。

　日本で教育を受け、かつ多様な文化、価値観の中で育ってきた外国にルーツを持つ若い人たちは、ますます増えていく。その勇気ある声をいかし、活躍できる機会と場を一緒に創っていくことが、共に生きる社会への一歩になると考える。

参考資料

・資料1 文部科学省ホームページ就学事務Q＆A

https://www.mext.go.jp/a_menu/shotou/shugaku/detail/1422253.htm

・特定非営利活動法人多文化共生センター　機関紙　創刊号 Vol.1（2001年9月）

・日本語指導に関する資料「日本語指導が必要な児童・生徒への指導」東京都教育委員会（令和5年
　　3月）

・多文化共生センター東京会報『みんぐる mingle』

・東京都教育委員会「公立学校統計調査報告書【学校調査編】

・東京都教育ビジョン（第5次）（案）　東京都教育委員会

第 13 章

移民子弟の多様な学びの場
―言語教育と制度的生活文化としての AMAUTA

小波津ホセ

1　はじめに

　「教育」は移民子弟が日本社会で生活する上で重要である。義務教育を経て高等学校を卒業し、可能なら大学・大学院への進学が理想とされる。かれらの日本社会でのよりよい将来のために多くの学校や地域で支援体制が構築され、かれらを後押しする。日本語が上達すればかれらは褒められ、高校・大学受験に合格すれば支援者などが歓喜し安堵する。一方、日本社会では移民の言語や文化などの「教育」は軽視される。日本語を学ぶ、進学することが優先されるあまり移民の言語や生活文化を学ぶ機会は後回しにされ、その必要性も見出されない。「日本で生きていくのだから」という理由付けが先行するが故に移民子弟への教育は偏向する。

　本章では、移民子弟の言語と生活文化の重要性を再認識した移民の親によって構成される任意団体を紹介する。「AMAUTA（アマウタ）」として知られる同団体はペルー人移民のみで運営されることが 1 つの特徴である。AMAUTA の創立経緯、運営スタッフ、活動内容に焦点をあて、移民が形成する多様な学びの場の可能性を模索する。

2　移民子弟の言語と制度的生活文化

　移民子弟の公的教育は日本社会で保障されていないだけでなく、かれらの資源（言語や文化）への配慮・保障も政策として進まないのが実状である。移民子弟の日本社会での生活は、日本語習得や生活適応が当然視され、かれら（または親）の持ち込んだ資源が日本社会から軽視され見過ごされてきた。日本で生活する上で移民が持ち込んだ言語や文化などが不要だとする研究は管見の限り見受けられない。逆に、たとえば米国では移民が持ち込んだ言語や文化等を擁護し移民子弟の可能性を謳う知見がみられる（Portes & Rumbaut 2001）。

移民子弟の言語教育（親の母語）は、家庭では日常的に、コミュニティでは定期不定期に「〇〇語を教える」場として日本社会では実践される。このような実践は、母語（保持）教育や継承語教育として日本社会からは認識され、近年ではその重要性が注目される。たとえば、高橋（2009）は中国語教室が日本生まれ参加者の中国語会話能力や親の思いを考慮すれば「母語保持」であるより「親とコミュニケーションできる能力を育成する」場と表現している。そして、就学前の来日または日本生まれの移民子弟の言語は母語よりも継承語だと言及する。継承語の重要性または保持伸長には学校、家庭、地域が共通の理解を持つことが大事だと中島（2019）は指摘する。同じ言語を介する人が特定の地域に集住すれば家庭と地域での言語の重要性は認識されやすく、〇〇語教室の誕生[5]につながりやすい。しかし、学校で継承語に対する取り組みは民族学級・民族クラブ[6]（朴 2008、以下民族学級など）の限定的な事例にとどまり、他の言語・民族に対する理解が進まないのが日本社会の現状である。

　一方、移民子弟の生活文化をどのように捉えるべきか。橋本（2021）は在日コリアン二世の生活文化を非形象的生活文化（言語や生活の知恵など）、形象的生活文化（身体的形象や親の形見など）と制度的生活文化（身振りやマナーなど）の3つに整理し分析している。本章で着目するのは橋本が整理した制度的生活文化である。たとえば、朴（2008）は民族学級などで朝鮮にルーツを持つ子どもが自分と同じ境遇の仲間と出会い、歴史や文化などを学習するという。このような教育は家庭での実践の補強、移民子弟への自信や自尊感情を育むのである[7]。本章で取り上げる AMAUTA の基盤や実践などは民族学級などと比較はできないが、AMAUTA の活動を通して移民子弟は一定の制度的生活文化を習得に至っていると把握でき、かれらに積極的な効果をもたらしている。背景には AMAUTA の存在はもちろんだが、運営スタッフ間や運営スタッフと移民子弟の親との関係性が重要な要因になっている。

3　AMAUTAの誕生から現在まで

　2012 年 7 月に栃木県真岡市で AMAUTA は誕生（小波津 2020; タカハシ 2024）し、2024 年 1 月現在でも活動が継続している。現在、コロナ禍[8]以前より移民子弟の参加率が高く、安定した活動がみられる。本節では AMAUTA の創立背景、運営スタッフと活動内容について整理し、次節で AMAUTA の意義について検討する。

1　創立背景

　栃木県真岡市はペルー人が日本で出稼ぎを開始した重要な場所である。真岡市の派遣会社が南米日系人を中心に雇用することでペルー人が同市に集住を始めた。真岡市の地域の特性[9]もあり、1990年代はエスニック・ビジネスやサッカーチームの形成が盛んで、教会も重要な場所だった（小波津2020）。同時期はよりよい賃金を求め越県する移動もみられたが、真岡市で形成されたペルー人向け商売や週末の娯楽によって同市はペルー人にとって比較的生活しやすい場所になった。2000年代は日本社会との摩擦や経済不況などにより、ペルー人の活動に栄枯盛衰がみられた。ただこの約20年間で移民子弟向けの活動が誕生せず、かれらが日本社会の偏向した教育を受け続けてきたことがいえる。

　1990年代、出稼ぎ労働者は「帰国」が前提でも子どもの教育を危惧し、通訳者に熱心に支援を求めた[10]。仕事に専念するかたわら、日本の学校への適応を望み、受けた教育は帰国すれば役に立つと期待した。しかし、計画は思い通りにいかず、「出稼ぎ精神期（1990年代初期）」「移動期（中期）」「家族呼び寄せ期（末期）」「仕事不足期（2000年代）」（小波津2020）を経て、滞在と帰国の狭間を生きる人も少なくなかった。そして、次第に子どもの教育を軽視する出稼ぎ労働者もみられるようになり、仕事を中

1　移民の子どもや孫などを総称する呼称として移民子弟を使用する。

2　生活文化概念を橋本（2021:15）は、生命の維持の手段（=必要）と、うまく生きる・よく生きるという生命の質（=価値）の両面があると説明する。

3　正式名称は「AMAUTA Taller de español/アマウタ スペイン語教室」である。「AMAUTA」はペルーの先住民族の言語であるケチュア語で「賢者、師」を意味する。

4　移民と記載するが、広く周知されているようにペルー人は出稼ぎ労働者として来日した外国籍集団である。

5　言語指導を求める移民子弟の親は、継承語ではなく、親の言語を指導してほしいと考える。筆者の経験からも移民子弟の親は言語指導を家庭と地域の連続性を認識せず、別々に捉える場合もあり、移民子弟が習得した内容が最大限にいかさなれない。

6　朴（2008:3）による民族学級・民族クラブとは「朝鮮にルーツを持つ子どもたちを対象に、祖父母、父母の出身国の言葉や歴史、文化を学び、同じ立場の子どもたちと共につながりあうことによって、民族的アイデンティティを育み、自尊感情を形成する場」である。

7　他にもルーツの再認識や生活世界での変化なども挙げられる（朴2008）。一方、朝鮮にルーツを持つ子どもが民族学級などに積極的に参加できない場合もあると朴は述べる。入級に時間がかかったり、抵抗があったり、親からの反対などの要因を挙げている。

8　AMAUTAもコロナ禍の影響を受け活動休止に陥ったが2022年5月頃に再開した。

9　栃木県内でも有数の工業団地であること、東京と約100km圏内に位置するにもかかわらず交通網が発達していないことなどが挙げられるが、詳細は小波津（2018）を参照されたい。

10　当時、学校に通訳として派遣された方への聞き取り調査を小波津（2020）がまとめている。

心とする生活も相まって「学校任せ」が当然視されていった。滞在が長期化する中で、子どもは進級し学力や進学の問題に直面する。そして、一般的に周知される高校・大学進学や高校中退などの問題が日本社会でも浮き彫りになる。

　一方、家庭では「親子」だからお互いを理解し、親の生活文化が承認されることに疑問を抱かない親と日本社会に侵食されていく子どもとの間で摩擦がみられるようになる。スペイン語を家庭以外で話したくない（または話せない）、親を避ける、ペルーの文化・習慣に羞恥心を抱き、ペルー人として自信が持てない子どもがみられるようになった。このような子どもの態度は研究で指摘されても日本社会の関心からすり抜け大きな問題にされることはなかった。また、親の「仕事中心」と「学校任せ」が継続し、子どもとの関係性を誤魔化しながら生活するが、親子の歪な関係はコミュニティ内でも表面化し、当然視されていく。親との距離を主張する子ども、親の文化・習慣に反発的な態度を示す子どもに対し親は不満を募らせるが日本社会では支援がなく、親同士の同調が気休めとなった。

　子どものアイデンティティ喪失、親子の歪な関係性が一般化されていく状況に問題意識を抱いたのがAMAUTAを立ち上げる中心人物となったA氏であった。A氏はコミュニティの現実に直面し、2009年頃から家族同然である友人らに釈然としない気持ちを打ち明けていた。友人らと共有する時間である仕事場、家、外出先などで世間話や相談は繰り返された。子どものアイデンティティ、親子間の会話・関係性、文化などへの危惧に関する世間話は次第に具体的な意見交換となり、結果的に2012年のAMAUTA誕生という成果をもたらした。そのためAMAUTAの誕生は突発的ではない。真岡市で長年生活してきた人がコミュニティの問題を把握し、移民子弟が必要とする教育を浮き彫りにし、多様な学びの場を形成したのである。

2　運営スタッフ

　AMAUTA誕生に関わった人はA氏を含めた6人（女性5人、男性1人）であった。A氏を含めた女性5人は真岡市での生活は20年近くになっており、強い関係性が構築されていた。5人は母親で子どもが中学生から社会人である時期でもあった。そのため、子ども中心の生活がある程度落ち着き、なかには孫の誕生を喜んでいる人もいた。5人は自分らの子どもの面倒をみる時間が減少したことがAMAUTAを開始する1つの契機になったと捉えている。また、子ども中心だった生活からコミュニティを広い視野で観察できるようになったことも重要であったと振り返る。5人中1人だけ

がペルーの教員免許を持っており、他の人は教師として素人であった。母親としての経験が子どもとへの指導に役立った一方で、教授法や指導内容は試行錯誤を繰り返したり、各自の役割の適材適所を模索したりする時期がしばらく続いた。それでも5人は強固な関係性とコミュニティへの貢献と考え、途中で投げ出すことなく辛抱強く継続させた。

　一方、唯一の男性であるB氏が普段の指導に関わることはない。かれを校長先生と呼ぶ子どももおり、AMAUTAでのかれの立場は管理職に近い。B氏は真岡市国際交流協会の嘱託職員で、AMAUTAと行政を仲介する重要な役割を担っており、活動場所の確保もかれが担当している。かれは既述の派遣会社で担当者兼通訳者として雇用されていたが、2008年末の経済不況を機に同協会に転職し、現在に至っている。B氏が同協会にいることでAMAUTAは真岡市に認知され、活動開始や運営への障壁が緩和された。また、B氏の積極的な打診の成果もありAMAUTAと大学との連携も誕生しており、かれのAMAUTAへの貢献は大きい。

　ペルー人である6人を中心にAMAUTAは運営されているが、運営として意見が衝突することも少なくない。B氏がその場をまとめ牽引する場合もあれば、膠着状態が継続する場合もある。そのため、共通の友人であるブラジル人女性をオブザーバーとして招聘し、解決を模索することが現在まで続く要因の1つにもなっている。現在のAMAUTAはオブザーバーを含めた7人が運営の中心だが、今までにかれら以外で運営に関わってきた母親もいた。残念ながら、家庭などの事情により途中で辞退してしまっている。

　7人いれば、今後のAMAUTAが安泰かどうかはわからない。かれらは出稼ぎ労働者として来日し、現在でも経済的な安定を求めている。来日当初ほど、残業・夜勤を積極的に実施する必要性は低下しているが、不安定な雇用形態は依然としてある。それでもAMAUTAが生活の一部であり、移民子弟のために運営を継続している。一方、7人は高齢化や後継者が育成できていないなどの不安要素もあり、今後の課題としている。

3　活動内容

　AMAUTAの主活動は毎週水曜日の夜に実施される。AMAUTAは夏休み、年末年始

11　宇都宮大学の外国人児童生徒教育支援事業(通称HANDS)との連携である(田巻 2020)。HANDSは7事業から構成され、その1つが学生ボランティア派遣事業である。AMAUTAへのボランティア派遣は2014年から夏休みの宿題を支援するために開始された。

や活動場所の予約ができない時に休みになる。公共施設で夜7時に開始される教室に慌てて自家用車で到着する運営スタッフや仕事終わりに子どもを送迎する親の姿がみられる。活動場所の公共施設は真岡市役所の近くにあるが公共交通機関の交通網が不便なため友人家族を送迎する人もいる。平日の夜の時間帯であるため、時間通りに活動が開始することは稀で、遅延は暗黙の了解となっている。そのため活動は、運営スタッフの準備や一定の参加者数が揃うまで雑談がみられるが、不満を主張する人はいない。

　コロナ感染症が収束して現在に至るまでの活動は子ども向けに特化している。子どもとは主に就学前の園児から小学生高学年までの児童である。コロナ感染症以前はコラム3で紹介しているように日本人向けスペイン語教室、年齢・スペイン語能力を考慮した読み書きの教室[13]に分類された。AMAUTAを開始した当初、日本人向けスペイン語教室は想定されておらず地域の日本人住民の興味関心を考慮して、開催されるようになった。文法中心で、会話を混ぜながら実施されていた。読み書きの教室は小学校高学年や中学生が参加しており、黙々と課題をやりこなしていた。参加者の大部分を占めた子ども向け教室は挨拶、単語の反復練習、ダンスやゲームなどの体を動かすことを中心に実践されていた。運営スタッフは受付、各教室担当・補助役と印刷担当に役割が決められ、毎回の活動をこなしていた。1人が仕事などの理由で欠席すれば他の人が代わりに担当してきた[14]。

　現在、AMAUTAの活動は移民子弟に焦点があてられている。コロナ禍以前は紆余曲折もあり多様な需要に応えようと試みたが、機能はしても移民子弟との関係性に距離ができてしまい運営スタッフには戸惑いもあった。移民子弟のために開始したはずなのに、日本人にも指導したり、移民子弟を配慮しない指導方法にも直面していた。そのため、コロナ禍後に活動を再開した際に原点回帰し、移民子弟のために教室を編成し、運営スタッフもより多くの時間をかれらと共有できるようにした。また、指導内容も変化させ、単調な作業になりやすいスペイン語の書き取りなどは避け、文字・単語の認識、発話や体を動かすことを重要視している。このような変化のおかげで移民子弟はスペイン語への抵抗が緩和され、積極的な発話があり、毎週水曜日のAMAUTAが待ち遠しいと表現する。このような移民子弟の反応を運営スタッフは自慢げに語る。

　AMAUTAが毎週水曜日以外で年間行事として位置づけている行事もある。それは、母の日、父の日、創立記念日、ペルー独立記念日、ハロウィンとクリスマスである。

母の日、父の日とクリスマスはペルーなどの南米各国で重要視される生活文化の1つである。現地同様に母の日と父の日を盛大に祝うことはないが教室内で父母に感謝の気持ちを伝えるために手紙や記念作品を制作する。ペルー独立記念日ではペルーに縁のある物を制作する[15]。クリスマスは児童生徒のために運営スタッフと各家庭が協力し、盛大に開催する。また、創立記念日[16]も多様な人が関わりながら盛大に開催される。そして、ハロウィン[17]は南米各国を象徴する生活文化ではないが移民子弟の関心が重要視され、仮装での参加を認め、お菓子の提供や交換を実施する。

　最後に学校の夏休み期間中の活動についてふれる。毎週水曜日の活動は休みであるが、学校の夏休みの約1か月半を利用して夏休みの宿題支援を約5回開催する。これは大学と連携し、大学生がAMAUTAを訪問して児童生徒の支援にあたる。この時、運営スタッフは学校の勉強に関与できないため裏方に周り、宿題支援を見守る。このような活動を始めた背景には、学校で勉強についていけない、夏休みの宿題ができない移民子弟の存在を把握したり、親から相談を受けたりしたからである。AMAUTAの本来の活動内容ではないが2014年から継続されており、重要な活動の1つになっている。本活動では、普段参加しない移民子弟の参加もみられるためAMAUTAにとって不可視である移民子弟の発見にもつながる。

4　多様な学びの場としてのAMAUTA

　AMAUTAの多様な学びの場としての意義を考察する。本章の関心は言語と制度的生活文化に対する教育であり、言語は継承スペイン語、生活文化は制度的生活文化に焦点をあてる。小波津（2020）はAMAUTAの意義を「情報交換の場」「ペルー人と

12　学校の夏休み期間中は通常の教室は休みになるが、大学と連携して夏休みの宿題を支援する活動を実施している。

13　教室と記載するが、2つまたは3つの学習者集団が1つの空間を仕切りもなく共有しており一般的な教室の区分ではない。

14　コロナ禍以前は、筆者もAMAUTAの活動に参加しており、日本人向けスペイン語教室の先生の経験がある。

15　たとえば、ペルーの国旗や盾の色塗り、先住民の切り抜き工作などである。

16　創立記念日は2023年まで7月に実施されていたが、毎年の猛暑を考慮して2024年からは9月に開催することを検討している。

17　ペルーでは10月31日が「クリオール音楽の日」でもありクリオール音楽にのせて各地でパーティーが開催される。そのため本来ならクリオール音楽を祝うべきであるが、移民子弟の関心を考慮しハロウィンを開催している。

の交流の場」「日本人との交流の場」「AMAUTA 以外での交流の機会の創設」「ペルー文化とアイデンティティの当然性」に分類している。これらの意義も参考にしつつ、AMAUTA の活動からみえてくる移民子弟への教育の意義と貢献を整理する。

　継承スペイン語における AMAUTA の意義は、移民子弟のスペイン語への関心が誕生したり、再認識されたりすることである。つまり、AMAUTA と移民子弟間、または親と移民子弟間だけではスペイン語への関心は強化されないが、AMAUTA という場を通して AMAUTA、親と移民子弟間の３者での良好な関係性が構築されることで移民子弟に積極的な効果をもたらす。

　日本社会でスペイン語は少数派言語であり、親がスペイン語話者でも多くの移民子弟[18]は日本語を中心に生活する。移民子弟はスペイン語がまったく理解できない外国語ではないが、スペイン語能力を家庭以外で補完できる場がない。AMAUTA の場合、運営スタッフが「スペイン語教室」と定義するが、コロナ禍後は移民子弟がスペイン語に関心を抱けるような内容を実践している。単にスペイン語を外国語として指導しているわけではないのである。活動開始から数年間は模索期間もあり一般的な「スペイン語教室」、つまり机上の学習を当然視する考えも確かにあった。日本人向けスペイン語教室が１つの証左であろう。それでもコラム３のような移民子弟の成果はみられた。コラムの二郎は AMAUTA と家庭が連携しており、二郎におけるスペイン語の位置付けが強化された。AMAUTA の運営スタッフは昔から真岡市に居住してきた親から構成されており、いわば現在の移民子弟の親の先輩でもある。各行事に相当数の家族が参加していることを考慮すると運営スタッフと移民子弟の親の関係性は良好で一定の紐帯もできていると考察できる。そのため外部講師が AMAUTA を引き継いでも同じ結果にはならないであろう。つまり、運営スタッフ―移民子弟―親の良好な関係性と３者合同で各行事を実施することが３者のスペイン語への共通認識を強化し、移民子弟にスペイン語の重要さを伝達していると考えられる。

　一方、生活文化における AMAUTA の意義は特に制度的生活文化にみられる。具体的にいうと、マナー・エチケット、関係様式、組織化の原理や集団の形、地域共同体構成の形や運営方法などがそれにあたる。このような行動様式は AMAUTA の指導内容に意図的に含まれているわけではない。なぜなら運営スタッフにとって当前の行動様式だからである。これらは、運営スタッフに習慣化されているため移民子弟と接する際に自然とスペイン語で実践・指導され、AMAUTA の活動に付加価値を与え、親の制度的生活文化を後押しする。AMAUTA で移民子弟は南米的な挨拶、スペイン語

を話す意義、親との距離や親への尊厳を毎週の活動や各行事で自然に学ぶ。親が家庭で指導が困難だった内容がAMAUTAでその価値が再認識され強化される。AMAUTAという空間・集団がスペイン語や制度的生活文化の当然性を自然に移民子弟に教育し、強化しているといえよう。

このような形式・方法での親の制度的生活文化の維持・継承は日本の学校との関係性では残念ながら生まれない。なぜなら制度的生活文化において学校の先生と親の間に共通認識もなければ、学校の先生が移民の行動様式を理解しているとも考えにくい。学校で活動できる民族学級などのような活動が全国に普及すれば、家庭、学校、地域の連携が生まれやすく移民子弟への積極的な効果も検討できる。このような意味でAMAUTAは地域で移民の制度的生活文化を保障する数少ない団体の1つであろう。

5　おわりに

AMAUTAは継承語と制度的生活文化を指導する1つの多様な学びの場を形成し移民子弟の教育に貢献している。継承スペイン語と制度的生活文化の維持・継承がAMAUTAの大きな成果だといえよう。AMAUTAで「スペイン語を教える」ことは当然だが、それ以上の効果をもたらしている。たとえば、コラム3に登場する二郎はスペイン語も使いこなし、将来は海外での生活の場を夢見る。かれの経験がスペイン語を親子間のただの会話の道具としてではなく、いわゆる「言語資源」としても期待できると証明してくれる。また、AMAUTAで制度的生活文化を学んだことが海外での活躍の場の自信にもなっている。二郎は親と異なり獲得できた言語能力と異文化への理解が海外での生活に期待を抱く要因になっている。二郎のような将来展望をAMAUTAに参加した移民子弟が必ずしも持つとは言えないが、AMAUTAで教育を受けた経験は家庭や地域で積極的な効果をもたらし、かれらの成長を支える。

多様な学びの場の1つであるAMAUTAは不安要素を抱えながらの成長過程でもある。次世代の担い手がAMAUTAを継承することを望むばかりである。

18　ペルー人学校に通う移民子弟は異なった言語環境で育つのでここではふれない。

参考文献

榎井縁（2013）「ニューカマーの子どもたちのいま―"地域の取り組み"から『見える』こと」異文化間教育（37）pp.47-62

小波津ホセ（2018）「真岡市の製造業の発展経緯と外国人住民の生活―ペルー人住民の生活環境に焦点をあてて」pp.78-95、『平成29年度科学研究費補助金成果報告書』宇都宮大学

小波津ホセ（2020）「忘却されてきたペルー人研究―家族、学校、地域と社会参入」博士論文、宇都宮大学

高橋朋子（2009）『中国帰国者三世四世の学校エスノグラフィー――母語教育から継承語教育へ』生活書院

田巻松雄（2020）「宇都宮大学HANDS10年史―外国人児童生徒教育支援の実践」宇都宮大学

中島和子（2019）「定住二世児の継承語と日本語の関係とその評価」pp.25-41、『母語をなくさない日本語教育は可能か―定住二世児の二言語能力』真嶋潤子編、大阪大学出版会

ハイメ・タカハシ・タカハシ、エドゥアルト・アサト、樋口直人、小波津ホセ、オチャンテ・村井・ロサ・メルセデス、稲葉奈々子、オチャンテ・カルロス（2024）『ペルーから日本へのデカセギ30年史―Peruanos en Japón, pasado y presente』株式会社インパクト出版会

橋本みゆき編（2021）『二世に聴く在日コリアンの生活文化―「継承」の語り』社会評論社

朴正惠（2008）『この子らに民族の心を―大阪の学校文化と民族学級』新幹社

Portes, Alejandro and Rumbaut, Ruben（2001）*Legacies: The Story of the Immigrant Second Generation, University of California Press.*（村井忠政訳者代表, 2014,『現代アメリカ移民第二世代研究――移民排斥と同化主義に代わる「第三の道」』明石書店）

第14章

在日コリアンから外国につながるこどもの人権保障＆共に学ぶ場
──だれもが夢を持ち、いきいきと生きていくために

原千代子・鈴木健

1 前史 青丘社の地域教育実践──1969年無認可桜本保育園開設から1974年 社会福祉法人青丘社設立

1 桜本地区と社会福祉法人青丘社

1970年半ば、今から50年前、川崎市に在住する外国人は約1万人、その内約86％が、韓国・朝鮮人だった。その約半数は、川崎区田島地区に位置する池上町を含む桜本地区に居住していた。桜本地区は、川崎市の南部京浜工業地帯に位置し、在日韓国・朝鮮人と日本人住民を含め住環境、就労、教育や生活に厳しい状況を抱える地域だった。

1969年、この桜本地区にあった在日大韓基督教川崎教会は、「自分を愛するようにあなたの隣人を愛せよ」というキリスト教精神に基づく無認可の桜本保育園を開設。1974年に社会福祉法人青丘社が設立され、1975年、認可保育園になった。桜本保育園は、「在日韓国・朝鮮人と日本人がお互いを受けとめ合い、在日のこどもは本名を名のり、日本人は差別をしない許さないこどもを育てる」という理念の下に、「民族保育」を充実していった。また、地域の父母にも、学校に本名で入学することを積極的に呼びかけ、保育園卒園児の本名入学者は増えていった。

青丘社はその後、卒園したこどもたちを見守るために、小学生低学年対象の学童保育、高学年・中学生のこども会「青丘社桜本学園」、在日一世の「識字教室」を設立し、地域教育の裾野を広げていった。そして、在日がありのままに生きる「本名を名のる実践」を基軸に、小学生、中学生の子ども会活動や、在日のオモニ（母）の会が発展していった。この地域活動には、多くの在日韓国・朝鮮人と日本人の学生や青年が、ボランティアとして参加し、取り組みを支えた。

2 青丘社の地域実践——民族差別と貧困に苦しむこどもたちの「居場所」

　桜本保育園から小学校に入学したこどもたちをめぐる問題はとても深刻で、学力不振や、進路に希望を見出せない在日のこどもが問題行動に陥るケースもみられた。また、本名によっていじめられ、涙するこどもも多数いた。

　私は大学1年、朝鮮史の勉強のため、東京の「現代語学塾」(市民が共に、朝鮮語を学ぶ塾) に参加し、そこで故梶村秀樹先生 (朝鮮近現代史学者) に出会い、「桜本に行って、民族差別の実態を学ぶように」とのアドバイスを受けた。そして1976年、学生ボランティアとして桜本学園に通うことになった。学校には日本名で通うこどもたちから、「青丘社の人は『本名を名のって差別と闘おう』」って言うけど、「学校でいつも『チョウセンジン、チョウセン帰れ』といじめられている私たちに何をしてくれるの」ということばを突きつけられた。

　また当時、在日の中学生たちは「どうせ朝鮮人が勉強したってまともな仕事につけない」と、日本国籍のダブルの在日のこども、「母子家庭」など貧困に苦しむ日本人のこどもたちと共に徒党を組み、『荒れた行動』を繰り返していた。彼らの家を訪問すると6畳一間に8人家族が住み、勉強するところか、座るところも、「居られる場所」もない。父は重労働から腰を痛め、生活保護を受け、母は内職で家計を支えていた。

　そんな彼らと出会った日本人や在日の青年ボランティアは、夜の街で彼らを追いかけ、高校に行くために勉強しよう、将来の夢を考えようと呼びかけ、話し合い、働きかけていった。やがて中学生たちは席につき、机に向かい、過去問題を勉強し、工業高校など公立高校に進学した。しかし、家の経済苦は続き、勉強の壁も高く、将来の夢を見出せないまま、高校中退も続出。ふれあい館前史、青丘社学習サポートの原点は「追いかけ」「話し合い」「寄り添う」実践の繰り返しだった。

　50年前の在日や地域の中学生、高校生の状況は、差別の壁に悩み、隣に住む日本人も貧困に苦しみ、将来への希望、展望が抱けなかった。こうした地域実態を変革するため始まった青丘社の地域教育実践は、現在の外国につながるこどものサポート事業の原点である。そして今も、外国につながるこどもが当時と同じ状況 (貧困、展望を見出せない……) に置かれていることは、「日本における移民・外国人政策」の不十分性の証しでもある。

　こうした在日韓国・朝鮮人が置かれている差別と貧困の状況は、私の心に深く突き刺さり、青丘社の市民運動に深く参画していく原点となり、大学卒業後青丘社の職員になった。

2 青丘社を中心とした市民運動から「川崎市在日外国人教育基本方針」制定——1988年川崎ふれあい館設立

1 1988年川崎市ふれあい館設立——「だれもが力いっぱい生きていくために」

1980年代から、青丘社はこうした差別状況を変えるため、教育や活動の場を求める市民運動をすすめ、川崎市との話し合いを積み重ねていった。1986年、関東地方初の「在日外国人教育基本方針」が制定され、1988年〈統合施設〉川崎市ふれあい館・桜本こども文化センターが設立された。ふれあい館は川崎市が設置、社会福祉法人青丘社が受託運営するようになった（2003年からは指定管理公募制）。

青丘社が受託運営する川崎市ふれあい館は「日本人と在日外国人が相互にふれあい、差別をなくし、共に生きる地域社会の創造」（川崎市ふれあい館条例）を基本理念とし、児童館運営と社会教育事業を行っている。また、館は乳幼児から高齢者までの世代間連携事業、児童健全育成事業、日本語識字学級等社会教育事業、高齢者、障がい者福祉など多岐にわたる事業をすすめ、「地域コミュニティー福祉」事業の中心を担っている。そして「地域のだれもが力いっぱい生きていくために」を目標とし、常にマイノリティの人権保障に視点を据え、地域の新しいニーズを受けとめ、新たな事業化をすすめながら、36年の歴史を刻んできた。

2 川崎区の外国人——「共生の街、さくらもと」新たな多文化共生・協働事業

2023年12月現在、川崎市の外国人市民は4万7792人で、その約35％の1万6600人が川崎区に集住している。また、川崎区住民総数は23万2965人で、外国人が占める割合は7.1％に上る。さらに、日本国籍者を含めた多文化家族は、川崎区人口の約10％を超える状況にあると推察される。

川崎区在住外国人の多くを占める国際結婚で渡日したフィリピンやタイの女性や、日系ブラジル人、ペルー人は、川崎区臨海部の24時間稼働のお弁当工場、冷凍食肉工場、産業廃棄物のリサイクル工場等で、大勢働いている。また、駅前の繁華街に、長時間勤務で働く中国人調理師も急増している。そして、それら外国人労働者のこどもたち、家族が川崎区に居住し、日本国籍の家族（日本人と外国人の間に出生したこどもは日本国籍となる）を含め、多文化家族が増加している。こうした多文化家族は、日本経済を下支えする厳しい労働に従事し、生活に必要な日本語学習を公的に受けられる機会も少なく、こどもの教育や生活において、「社会情報」弱者として多くの課題を抱

えている。

　青丘社は、在日コリアンの人権保障の経験と知見を生かし、こうした新たに日本に定住する外国人の課題にも先進的に取組み、自治体との協働を広げていった。在日コリアン一世の識字学級から新たに渡日した外国人の日本語識字学級、そしてフィリピン等から「呼び寄せ」の青少年増加を受けとめ「外国につながる中学生学習サポート」を20年前に設立、今では小学生、中学生、学齢超過者、高校生まで総勢90名をこえる学習サポート事業を運営している。また、日本語について「社会的情報弱者」の多文化家族支援のための「翻訳・通訳事業」なども区役所と協働事業化してきた。そのため、開館から現在まで、全国から来訪者、研修者の受け入れが続き、「川崎南部さくらもと、共生の街」として注目されている。

現在の青丘社学習サポート事業一覧（2022年3月現在）

Ⅰ 外国につながる学習サポート事業 82名	〈協働事業所管局〉	Ⅱ 川崎市学習支援・居場所づくり事業 93名	〈協働事業所管局〉
〈小学生〉 ○外国につながる寺子屋事業（水午後） ①宮前小教室：20名、 　場所：川崎市教育文化会館 ②川崎小教室：12名、 　場所：日進町ふれあいプラザ ○外国につながる小学生サポート（土午前） ③24名 　場所：ふれあい館	〈川崎市教育委員会〉 〈川崎区役所〉	〈小学生〉 （火・木午後） ①京町教室：14名 　場所：京町老人いこいの家 ②桜本教室：10名 　場所：在日大韓基督教川崎教会	〈川崎市健康福祉局〉
〈中学生〉21名 （水夜間・土曜午後） ・外国につながる中学生サポート	〈川崎区役所〉	〈中学生〉 （火・木夜間） ①京町教室：33名 　場所：京町老人いこいの家 ②桜本教室：36名（自主事業15名） 　場所：ふれあい館	〈川崎市健康福祉局・こども未来局〉
〈学齢超過者〉5名 （火・木・金 10:00〜15:00） ・外国につながる多文化フリースクール 場所：青丘社みんなの家	〈青丘社自主事業〉	〈高校生〉 ＊居場所づくりカフェ（金夜間） 　場所：市立川崎高校定時制	〈川崎市教育委員会〉

＊Ⅰは、外国につながる小学生・中学生サポートは、概ね日本に来て、数年のこどもが対象
＊Ⅱは生活保護世帯、ひとり親世帯。桜本教室中学生は、その他のこども自主事業。

3 外国につながる子ども＆経済的に困難な子どもの学習支援・居場所づくり事業——新たな生活課題・ニーズの事業化

1 学習サポート教室の小学生・中学生・学齢超過者

＊ここでは青丘社＆ふれあい館の学習サポートに通う子どもの実態を伝えるため、ストーリー風に表している。子どもの名前等はすべて仮名で、ケースの内容も少しずつ組変えてある。

〈多文化フリースクール・火曜朝〉ダニエルくん・17歳（フィリピン、渡日1年）

▼朝10時半、ダニエルはジョンといっしょに教会にある多文化フリースクールに着く。コーディネーターの金さんに「遅いよ！　時間は守ろう」と注意される。▼ダニエルは、1年前、フィリピンのハイスクールを卒業、日本人と再婚したフィリピン人母に呼び寄せられ日本へ来た。すぐに川崎のお弁当工場でアルバイト。日本人父とは、言葉が通じない。▼高校に行きたかったがどうすれば良いかわからず、同僚のジョンからフリースクールを知った。今は、来年2月の高校受験を目指し、週に3回は10時から3時まで勉強、3日はアルバイト。疲れて寝坊する日もある。でも、将来は昔からの夢だったエンジニアになりたく、毎日、がんばっている。

〈川崎市学習支援・居場所づくり事業・火曜夜〉レイナさん・中学3年（フィリピン人日本育ち）

▼火曜日の夜7時、疲れた表情でレイナさんが学習サポートにあらわれる。レイナさんは、フィリピン人のひとり親世帯。▼生まれてすぐに日本にやってきて、それ以来、ずっと日本で生活しているが、学校にはあまり通えていない。▼親は生活保護をどうしても受けたくないと、仕事を頑張っているが、家賃が払えなくなると家を追い出され、引っ越しする生活が続いている。▼実は、親も14歳で来日したものの、学校に通うことなく、仕事をはじめ、不安定な生活に組み込まれてしまっていた。▼こうした生活の中でレイナさんは学ぶ機会を得ることができず、日本語での会話はできるが、読み書きはあまりできない。▼学習サポートに通うようになってから、徐々に高校には行きたいと思えるようになり、高校受験の準備を進められるようになってきた。

〈外国につながる宮前寺小屋教室・水曜午後〉ジェイくん・小学3年（日本国籍・フィリピンダブル）

▼水曜日2時半、サポート教室で、追いかけっこする小学生。先頭に立つジェイくんを見ていた加藤さんは、3年前を思い起こす。ジェイくんは日本人の父とフィリピ

ン人の母の間に生まれ、6歳までフィリピンのおばあちゃん家族の中で育つ。▼日本に来た12月、家に閉じこもっていた彼をふれあい館職員のアナリンさんが知り、加藤さんと共に早く学校に行かせるよう日本人父を説得。1月から学校に入り、小学生サポートにも通うようになったが、初めは「あ…う…」といった擬声語しか話せなかった。▼今は友だちに積極的に話す彼を見て、加藤さんは「多文化家族支援」相談の重要性と居場所の大切さを深く心に刻む。

〈外国につながる中学生サポート・水曜夜〉陳くん・中学2年（日本国籍・中国ダブル）

　▼水曜夜7時、サポート教室に中国人6名、フィリピン人5名、皆、母語で楽しそうに話している。陳くんは、日本人父、中国人母のもとに生まれて5歳まで日本で育つ。父母は離婚し、中国へ渡り祖父母の家で、中国の中学校2年まで通う。▼数年前から日本で働き再婚した母に、昨年11月、妹といっしょに呼びよせられ、日本の中学1年に編入。週に2回、中国語がわかる日本語の先生が来るが、それ以外の授業はまったくわからない。周りの子どもからもからかわれ、つらい日々の時、教育センターから中学生サポートのことを聞き、入室。今は中国人の友だちもでき、わかりやすい日本語で説明される数学の勉強も楽しくなってきた。この前、日本人の友だちも家に遊びに来て、うれしかった。

2　外国につながるこどもの学習サポート事業の成り立ち

　2000年初め、日本人と再婚したフィリピンやタイ、中国人の母親が、本国に残してきたこどもを日本に呼び寄せるようになった。渡日間もなく、日本語がわからないという言葉の壁、複雑な家族関係、親の就労が不安定という深刻な状況だった。自分の立ち位置が見出せないフィリピンのこどもたちは、かつての在日コリアンのこどもと同様、夜の街で遊び回るようになった。

　ふれあい館では地域の市民ボランティアの力を借りながら、こうしたこどもや親に呼びかけ、2004年「外国につながる中学生サポート」を設立し4名からスタート。その後、毎年、参加者が急増し、現在では「外国につながるこどもの学習サポート事業」として運営している。2022年度には、小学生56名、中学生21名、学齢超過者5名、高校生（小中学生サポートボランティア）8名、総勢90名が参加し、学んでいる。そして、毎年10名ぐらいのこどもが高校進学を果たしている。参加者の国籍は、中国、フィリピンが過半数を占め、ペルー、ブラジル、ベトナム、タイ、ロシア等多国籍、近年はネパールが増加中である。日本国籍の中国、フィリピンルーツのこども

も急増している。

3　文科省補助金（2009 ～ 2014）と県下 3 団体連携

　2004 年に始めた中学生サポートはこども数や相談件数が増える中、一番大きな課題は、「学習と居場所」を継続するため、川崎市としての位置づけや、予算の獲得だった。日本語初期指導や教科指導、高校受験の学習サポートには、教員関係者や学生の力、また多言語スタッフが必要だった。最低限、交通費程度の有償ボランティア体制が望まれた。

　2009 年から 2014 年までは、国の政策が動き、文部科学省の「定住外国人のこどもの就学支援事業」によって、場所及び人的体制の予算保障を受けることができた。それによって、中学生サポートに加え、小学生サポート、学齢超過者の多文化フリースクールへと展開し年齢とニーズに応じた教室を開室、拡充することができた。この補助金については、2012 年度からは横浜の「多文化共生教育ネットワークかながわ」と鶴見の「ABC ジャパン」と青丘社の 3 団体で共同申請を始め、県下広域実践の協働体制が深化していった。

4　外国につながるこどもの学習サポート——川崎市関係局との協働事業

　2004 年青丘社自主事業として始めた外国につながる中学生学習サポートは、2017 年区役所公募事業を経て、2019 年から区の地域課題対応事業として予算化された。また、桜本のみならず川崎区全域に外国人が増加する中、2018 年から教育委員会主催「地域の寺子屋事業」にも外国につながる寺子屋事業が設置され、小学生宮前小教室、川崎小教室ができた。（一覧表参照）

　学習サポート事業は、川崎市各局と協働事業化され、ニーズが高まり、認知度も上がり、教育相談員や学校教員からの相談が増え、連携がすすんでいる。また、学習サポート卒の高校生たちが、後輩の小中学生を支援し、良き先輩「ロールモデル」になっている。そして、2017 年、ようやく川崎区に在県外国人等特別募集高校が設置され、その 2 校に青丘社推薦の「多文化教育コーディネーター」が関わり、高校との連携も始まった。こうして、小学生－中学生－高校生を対象として、川崎区全域での事業の取り組みが広がり、さまざまなネットワークも深まっている。

　また、当初から学習サポート実践で、大切にしていることがある。以下の視点を基本理念として、日々の取り組みを重ねている。

① 外国につながるこどもの目線（環境や渡日経緯を踏まえる）に立ち、話し合い、悩み、想いを聞き、寄り添うこと。

② 保護者の生活状況にもなるべく寄り添い、生活上の問題、手続きや在留資格の相談等身軽にすすめる。相談については、学校、区役所、福祉等関係機関と共にすすめる。

③ 日本社会で生きていくためには、日本語力や基礎学力が必要だが、まず本人が「夢を持ち、モチベーションを高める」ためにどのようにしていくかを基本視点におき、実践をすすめる。

5　川崎市学習支援・居場所づくり事業

　子どもの相対的貧困率が政府により公表された2012年、16.3%（2012年統計）という数字に日本社会に衝撃が走った。豊かと思われていた日本で6人に1人が貧困状態にあることが分かったのだ（2021年の最新公表データで11.5%）。また、子どもの貧困が世代を超えて連鎖をしていく貧困の連鎖状況も深刻であることが明らかになってきた。2013年の子どもの貧困対策法の成立、そして、2014年には子どもの貧困対策大綱が策定されるなど、子どもの貧困対策が徐々に進みつつある。

　生活保護世帯の子どもの高校進学率がその他の世帯に比べて低いことから生活保護世帯の中学生を中心とした子どもの学習支援事業が自治体で始まり、2015年度からは生活困窮者自立支援法に基づく事業として、全国各地ですすめられた。川崎市でも2012年より川崎区で開始され、2014年度には全区で事業が本格実施されている。

　青丘社は、日本生まれの外国ルーツ生徒が「私も学習サポートに参加したい」の声を受けて、2013年「川崎市学習支援・居場所づくり事業」に公募、現在、川崎区で小学生・中学生教室2か所を運営している。当初、生活保護世帯の中学校3年生のみが対象とされていたが、順次拡大され、小学校3年生から中学校3年生まで、そして、生活保護世帯だけでなく、生活保護を受けていないひとり親世帯も対象となっている。

　こうした学習支援に日本生まれや幼少期に来日し、日本で育った外国につながる子どもたちが多く参加している。日本生まれ、日本育ちだから言葉の面では問題ないと思われがちだが、先に紹介したレイナさんのように困難な生活状況にあり、学ぶ機会を十分に得られない子も多くいる。そして、レイナさんの家庭のように貧困の連鎖が近年、深刻化している。

4　移民２世との協働を目指して——2022年外国につながる高校生・若者共生事業

1　「出口」が見えない進路の壁

　小学生－中学生－学齢超過者－高校生の世代をつなぐ学習サポート事業は、教室内における日本語や教科学習支援のみならず、こどもや保護者から生活上の悩み、行政手続きや在留資格など生活相談も寄せられ、総合的な外国人支援事業に進化していった。一方、高校生ボランティアはサポート内では良きロールモデルだが、家の経済状況は依然厳しく、過重なアルバイトに追われる生徒も多かった。また、「技能」ビザに連なる「家族滞在」在留資格生徒は、「日本学生支援機構」等「定住」資格系の奨学金が受給できない要件があり、大学や専門学校進学の壁になった。

　そして、高校を卒業し大学、専門学校に進学しても、経済苦やアルバイトに追われ、学業についていかれない……心が痛む状況だった。こうした若者たちの個々の相談にはできうる限り対応したが、十分には行えず「彼、彼女は大学中退した、仕事も辞めた！」との便りを聞く日々だった。高校生や若者の進路の「出口」、希望をもって生きていかれる社会を目指したキャリア支援の重要性が、大きな課題になっていった。

2　外国につながる若者、非正規就職率：日本人の12倍

　外国人が定住して10年から30年有余を迎え、「移民」一世から二世、三世の時代に入り、高校生や若者の教育、進路、キャリア支援が問題となっている。2021年、神奈川県教育委員会の「日本語指導が必要な高校生等の進路状況」調査によると、

　①大学・専門学校進学率〈日本語指導必要な高校生は日本人の70%〉

　　　：日本語指導が必要な高校生等51.8%、全高校生等73.4%

　②就職者における非正規就職率〈日本語指導必要な高校生は日本人の12倍〉

　　　：日本語指導が必要な高校生等39%、全高校生等3.3%

　③進学も就職もしていない者の率〈日本語指導必要な高校生は日本人の２倍〉

　　　：日本語指導が必要な高校生等13.5%、全高校生等6.4%

という厳しい実態である。

3　外国につながる高校生・若者共生事業——リットゾーンとの協働

　2022年、新たな「出口」を模索して、「外国につながる高校生・若者共生事業」を開始した。この課題は、日本のマジョリティ側・受け入れ社会の課題でもあり、区役所との協働事業に公募しすすめている。現状を見直すと、隣に高校生ボランティアから大学生、社会人になっていった彼、彼女たちが、かつての自分と同じ後輩を支援したいとの熱い想いを抱いていた。大学時代からかれこれ8年の付き合いになる白聖墨さんは、大学を経て自治体職員になり、各地でボランティア活動をすすめ、中国ルーツの若者グループ「ザ　リットゾーン　ビサイト」を立ち上げていた（白聖墨コラム・本書282〜284ページ、参照）。

　2022年、2023年、リットゾーンと協働し、「若者共生講座」や、高校に出向いて、外国につながる高校生の悩みを聞き、キャリア相談を行う「出前相談」（高校生52名参加）また、高校や産業技術短期大学校や職業技術校と連携し、「外国につながる高校生・若者キャリア相談会」（2023年62名参加）をすすめてきた。そこで出会った高校生・若者の個別相談活動もすすめてきた。初めは、高校や地域で支援をすすめてきた教員や地域支援者が、声がけをして、大学生、若者の参加があった。講座を契機に、先輩社会人と後輩とのSNS活用等つながりができ、いろいろな相談や関係づくりが深められていった。2年間の積み重ねから、幅広い層の高校生や若者からの悩みや声が寄せられ、先輩との関係が具体的に深められた。リットゾーンに加入したいとの若者の声も増えている。

　今後も、こうした「移民2世」の若者たちに伴走しながら、「出口」の見える高校生・若者支援事業を積み重ねていきたい。多文化共生事業は、就職や進路への壁を持ち、「非正規就労」に陥っている若者や家族の「貧困」による負の連鎖を変えていく営みが重要である。そして、外国につながる人びとと「つながり」「共に変えていく」日本人と共に、「出会う場づくり」「仲間づくり」を目指していきたい。

（鈴木健が3-5、238-239ページを執筆）

第15章

西和自主夜間中学の取り組みから

山本直子

1　はじめに

　皆さんは「自主夜間中学」をご存じでしょうか。自主夜間中学とは公立の○○中学校夜間学級（夜間中学）ではなく、市民の手によって運営されている夜間中学をいいます。公立であれ、自主であれ、学齢期に何らかの事情で義務教育を受けることができなかった方（私たちは、「生徒さん」と呼んでいます）が、学びを取り戻す場所を「夜間中学」と呼んでいます。

　ところが、国や行政は、本来、教育を受ける権利がある生徒さんを長い間放置してきた歴史があります。その中で、人として当然の権利を取り戻す営みとして夜間中学を設置する運動が市民運動として起こりました。運動の結果、自主夜間中学の公立化の必然性が認められ、公立化が実現しました。自主夜間中学は、その地域に夜間中学がなく、実際に夜間中学を必要としている人たちがいるので、市民運動として運営されているのです。

　夜間中学の歴史を振り返れば、2016年に公布された「義務教育の段階における普通教育に相当する教育の機会の確保等に関する法律」（以降、「教育機会確保法」と呼称します）ができるまでは、国は夜間中学の意義や増設の必要性を認めず、進んで夜間中学を設置するという方向性ではなく、今ある夜間中学ですら統廃合しようとしてきました（現実に、今もそうです）。

　現在、奈良県には3つの公立夜間中学（奈良市－春日夜間中学／天理市－天理夜間中学／橿原市－畝傍夜間中学）と3つの自主夜間中学（大淀町－吉野自主夜間中学／王寺町－西和自主夜間中学／宇陀市－宇陀自主夜間中学）があり、西和自主夜間中学は1998年5月に奈良県で2番目の自主夜間中学として開校しました。全国には未だに1校も公立夜間中学や自主夜間中学がない地域もあることから、奈良県は「恵まれている」のかも知れません。

開校に至る経過は次に譲ずるとして、西和自主夜間中学は「西和に夜間中学をつくる会」が運営しており、今年度、開校26年を迎えました。

2 西和自主夜間中学の設立経緯

1 「外国人労働者 奈良保証人バンク」の活動

　私は1990年から斑鳩町（王寺町とは隣町）で町議会議員をしており、その活動の中で出会った他市の市議会議員から「あなたの地元でえらいことが起こっている」と情報提供され、えらいことになっている人たちの力になりたいと、その議員と一緒に河合町（ここも隣町）のカトリックセンターに通い始めることになりました。

　日曜日ごとのミサに、近隣地域より集まり、口々に酷い労働環境や生活環境を訴える人々は、今まで私が出会ったことのない外国人たちでした。彼らが南米から「出稼ぎ」にきている日系人（ペルー人・ブラジル人・ボリビア人）であることをようやく理解することができました。彼らは、日本の「出入国管理及び難民認定法」が改正され、バブル期真っ只中の労働力不足解消のために、日系人であれば就労制限なく単純労働に就けるという制度に乗って入国したものの、バブルが弾け、雇用されていた会社を解雇され、帰るに帰れず、奈良という地方都市に流れてきた外国人労働者でした。

　斑鳩町には、当時、奈良県最大手の人材派遣会社があり、彼らはそこに雇用されていました。しかし、カトリックセンターのスペイン語とポルトガル語を話す神父の通訳によってあきらかになったのは、人材派遣会社による外国人労働者へのひどい処遇の問題でした。例えば、ある日突然の解雇や職場でのケガの放置、パスポートや外国人登録証の取り上げ、入国管理局での手続き費用や身元保証料と称して給料から多額の引き去り、宿舎の劣悪な住環境などで、本当にひどいものでした。

　私は、他市の議員に知らされるまで、地元でまさかこんなことが起こっているとはまったく知らず、恥じ入りながら何とかしたいとカトリックセンターに通い詰め、彼らの話に耳を傾け、相談ごとの解決のために仲間の皆さんと共に「外国人労働者　奈良保証人バンク（代表は弁護士　内橋裕和－奈良弁護士会）」（以下、バンクと称します）を、1992年に設立しました。以降、今日まで、私は外国人労働者とその家族の皆さんへの生活援助に明け暮れることになりました。

　当初単身で来日した外国人労働者は、生活が落ち着くと、本国から家族を呼び寄せるようになり、その過程で、子どもたちが日本で保育園に通い、学校へと通うように

なってきました。すぐさま、日本語習得の問題がバンクに持ち込まれることになりましたが、もはやバンクだけで対応できる範囲は十分に超えていると実感するようになりました。そんな頃に、わたしに「西和地域に自主夜間中学をつくりませんか」というお誘いがありました。

　私は、外国人労働者が日本で生活するために欠かせない日本語習得、あるいは日本の学校へ通う外国人労働者の子どもたちの切実な困り事を解決するためにも、自主夜間中学をつくろうという活動を提案していただいたことに感謝し、その運動の一端を担おうと考えました。

　ところで、バンクの活動ですが、大阪玉造カトリック教会のシスター・マリアさんや天理大学イスパニア学科の上谷博先生（故人）らのアイデアをいただき、入国管理局等に提出する身元保証人が雇用主であるために、その費用として多額の金銭が外国人労働者の借金とされている問題の解決策として、善意の第三者が無料で彼らの身元保証人を引き受けるという発想からスタートしています。実質的には、提出する保証書は事務局長名とし、実際にリスクが生じた時にはバンク会員で割り勘する方法を取ってきました。その意味で身元保証人を引き受けていただける皆さんを募集しストックするための銀行がバンクという事です。保証人バンクのネーミングはその意味です。

　バンクの活動は、現在も継続中ですが、これまでに1万人あまりの身元保証を引き受けてきました。

　それ以外に

○およそ人が生まれてから死ぬまでのありとあらゆる相談事に関与し、関係機関へのアドボカシーから解決までを当事者と共に歩んできました。代表が弁護士なので、法的サポートにも迅速に対応できます。未払い賃金や労災などの労働問題、教育・福祉・医療などの多分野に及んでいます。

○在留資格等にからむ入国管理局対応、手続きへのサポート。

　　　　　在留資格を何らかの事情で所持していない外国人へのサポート
　　　　（特別在留許可申立／難民申請／帰国支援／その他）。

○日本での在留を望む外国人が安心して在留を継続するためのサポート
　　　　（在留期間更新許可申請／家族の呼び寄せ手続き／永住申請／在留資格認定証明書
　　　　取得申請／その他）。

○法務局への帰化申請。

の活動を続けています。

　私は、バンクにかかわる中で、「外国人問題は彼らの問題でなく、極めて日本人と日本人社会の問題であり、変わるべきは私たち日本人と日本社会」とアピールし続けてきました。奈良県内にとどまらず、近畿圏の外国人労働者とその家族への生活支援を続けてきた結果、外国人コミュニティに圧倒的な信頼と安心感をもたらしたのではと思っています。また、日本人社会や人権団体、行政側にも一定の評価を得たと思っています。

2 「奈良県夜間中学連絡協議会」から夜間中学増設運動の働きかけを受ける

　1997年頃、私は奈良県で夜間中学運動に長くかかわっている米田哲夫さんから、「山本さん、奈良県の夜間中学の空白地域である『西和』地域に夜間中学をつくりませんか」（西和地域－奈良県の北西部。交通の要所である王寺町を中心にした北葛城郡・生駒郡の7町。大阪府に隣接しており、大阪のベッドタウンとして急速に開けた地域）というお誘いを受けました。お誘いをいただくまでは、私自身は夜間中学の存在は知っていたものの、自主夜間中学のことはまったく知りませんでした。ましてや、自分たちで自主的に自主夜間中学をつくるなんていう発想は思いもよりませんでした。

　お話をうかがってみると、西和地域にも文字を奪われた人たちがたくさん存在するにもかかわらず、通える範囲に夜間中学がないために、放置されている実態が胸に迫り、あわせて、外国人労働者やその家族が日本語を理解できないために、日本での生活に困っていて、しかも子どもたちが学校で困っていることが、自主夜間中学を設置することで解決の糸口が見えたことに安堵しました。

　そして、奈良県夜間中学連絡協議会（以下、奈夜中協と称します）が奈良県で一貫して夜間中学の増設運動に取り組んできたことや奈良県の3つの公立夜間中学がすべて自主夜間中学から出発していたことを知りました。

　1997年の1年間を自主夜間中学設立のための準備期間にあて、1998年5月、王寺町の中央公民館で、毎週火曜日と木曜日の午後6時から9時まで西和自主夜間中学を開校することになりました。カトリックセンターで出会い、多くの援助活動に共に携わってきた吉岡泰次郎さんを代表に選び、自主夜間中学の運営のノウハウなどはまったく持ち合わせず、ただひたすら生徒さんのために必要なことを中心に据え、奈夜中協の全面的な支援を受けながら、今日まで運営してきました。

振り返ると、西和自主夜間中学の歴史は、日本の国がその時その時に採ってきた「人」への政策に翻弄されてきた歴史だと思います。開校時は日系人を労働力として入国させる施策を採っており（この時代の西和自主夜間中学は160人以上の日系人の生徒さんで溢れ、中央公民館の大ホールが満杯でした）、バブルが弾けても何の手立ても政府は講じることもなく、多くの生徒さんたちが住まいを追われました。また、留学生を政府が積極的に誘致したときには、アルバイト目的を達成するために必要な日本語を無料で求めたい生徒さんたちで溢れ、実習生を受け入れる政策を採ったときには、残業代金が未払いのまま帰国させられそうになった実習生たちが教室で泣きながら訴える姿に遭遇し、リーマンショックの折には、会社の宿舎だったところから家族ごと追い出され、ぼう然と立ちすくむ生徒さん一家の姿を目のあたりにしてきました。

　その都度、彼らの生活が成り立つように支援し、安心して学校へ通えるように伴走してきたことを思い出します。多くの人が共感する姿勢に目頭が熱くなり、関係機関の迅速な対応を求めて、多くの皆さんに助けていただきながら、今日まできました。

3　西和自主夜間中学の今

1　西和自主夜間中学の概要

　1年は3学期制で、夏休み・冬休み・春休みがあり、毎週火曜日と木曜日の午後6時から9時（コロナ禍を引きずっており、現在は午後6時から8時までとしている）に開校しています。教室は、王寺町の中央公民館から移動（王寺町の意向で閉館されることになったため）し、王寺町地域交流センターの貸室を王寺町の配慮で使用料金全額免除していただき、使用しています。

　アクセスは、JR王寺駅・近鉄王寺駅北側に隣接し、徒歩5分です。

　学校行事は、学期ごとの全体集会（お楽しみ会－音楽の演奏、ゲーム、みんなでの食事など）、バザーへの参加、年1回の総会、奈良県夜間中学研究集会への参加などです。

　授業は生徒さんの希望を聞いた上で内容とテキストを決めます。形態の基本はマンツーマン学習

教室の様子

で、共に、学習する先生をスタッフと呼んでいます。日本語の学習者が多いですが、学齢期の生徒さんには、教科の学習をしています。日本語能力試験を目指す生徒さんもあります。

せいわ夜中HP
のQRコード

運営団体は「西和に夜間中学をつくる会」で、会員の会費（一口1000円／年間何口でも可）によって、西和自主夜間中学は支えられています。生徒さんの授業料は無料です。教材も無料です。入学は随時、学校見学は連絡をいただいてから日程を調整しています。年に2回「西和ニュース」を発行し、ホームページを開設しています。

いつでも、生徒さん募集中！　スタッフ募集中です！

　西和自主夜間中学では、生徒さんの気持ちや願いに寄り添います。私たちは塾や日本語教室ではありません。生徒さんとの出会いに感謝し、生徒さん一人ひとりが背負ってこられた背景をスタッフは学習を通じて学びます。その中で、理不尽だと思ったことは、解決のために行動したり、他の機関と連携します。そのことを強いているのが今の日本社会である場合には、声を上げることもいといません。共に生きるということは、そういうことなのだと思うのです。

　学びの場所であることはもちろんですが、安心して自分のアイデンティティを確認できる居場所であり、生活上の困り事を相談できる学校であり続けたいと願っています。

2　9か国の生徒さん35人の今（2023年12月1日現在）

　2023年12月現在、西和自主夜間中学には9か国35人の生徒さんが在籍しています。8割強が外国籍の生徒さんです。この割合は開校以来ほぼ変わることがないのですが、外国ルーツの学齢期の子どもさんが勉強していることが特徴です。就学前、小学校、中学校、高等学校と所属は違いますが、どの子どもさんたちも日本語学習を伴う教科学習をされています。今年度は中学3年生の生徒さんはいませんが、中学3年生の高校受験を控えた子どもさんが、スタッフと懸命に学習するケースも多く経験してきました。子どもたちは学習能力に問題があるわけではないのに、ご家庭などで日本語を使う場面に小さい頃から制約があったため、生活言語の習得が進むものの、

学習言語が獲得できていず、そのギャップもあって誤解されやすかったり、学校そのものに馴染めなかったりして自信をなくしているケースも多く見受けられます。

　生徒さんの内訳は以下の通りです。

国籍	人数	背景	備考
ペルー	2名	日系の家族	内1名は学齢期
フィリピン	11名	日本人の配偶者 特定技能	内2名は学齢期
タイ	1名	日本人の配偶者	
台湾	1名	日本人の配偶者	
中国	4名	日本人の配偶者 家族滞在	内1名は学齢期
ミャンマー	1名	技能	
パキスタン	1名	日本人の配偶者	
ベトナム	10名	日本人の配偶者 技能 家族滞在	内2名は学齢期
日本	4名	内1名は学齢期	

・学齢期の生徒さんは、中学2年生2名、高校1年生1名、小学2年生2名、就学前2名です。

・日本の生徒さんの中に、インクルーシブの生徒さん2名がいらっしゃいます。

　生徒さんたちの入学までの経路ですが、圧倒的に多いのは口コミです。次ぎが、行政の窓口や教育委員会への問い合せです。最近は、身近におられる方（家族、会社の同僚や上司など）が県のチラシを見て、あるいはホームページを見て、というものです。

3　スタッフー私たちの宝物・地域の宝物

　生徒さんの常時8割強が外国籍・外国にルーツのある生徒さんで、私たちは開校以来、多様な生徒さんたちの多様な学びに向き合ってきました。その学びを保障するものは、マンツーマンの学習方法であったと考えています。学校に行けば、「私の先生」が待っていてくれる、スタッフもまた、「私の生徒さん」が来ることを待ち受けているのです。その絆の深まりが、生徒さんが長く通われる原動力となり、離れて見ていても微笑ましいものです。このマンツーマンの組み合わせは実に難問で、開校以来、事務局長の仕事です。開校当初は随分生徒さんにご迷惑をかける事もありました。

スタッフは、現役の学校の先生もいらっしゃいますが、多くは会社員や主婦や退職された方など地域の方々です。中国語や英語、スペイン語、タガログ語などを勉強されたスタッフもいます。また、私たちとかかわるようになってから、うれしいことに日本語指導の資格を取得したスタッフもいます。まさに、スタッフは地域の宝物であり、西和自主夜間中学を支える要です。私は、スタッフの皆さんと出会えたことに、心から感謝し、共に学校の運営に携われていることで、励ましと力をいただいています。

　スタッフの中には、「日本に来てすぐの時に困ったことがたくさんあった。私も助けられたから」と自主夜間中学に親身にかかわってくれている外国籍のスタッフの存在があり、とてもありがたいです。

4　奈良県夜間中学連絡協議会の存在と意義

　奈夜中協は、1992年4月に、県内の夜間中学と「つくり育てる会」が仲間としてともに充実していくためと、夜間中学の増設を進めるために作られた協議会です。現在、奈夜中協は奈良県の3つの公立夜間中学と3つの自主夜間中学、そしてそれぞれの「つくり育てる会」（自主夜間中学は「つくる会」）合計12団体で組織されています。それぞれの団体の活動を尊重し、月に1回の事務局会議を持ち、情報交換や必要な協議をする場として機能しています。何よりも、公立と自主が対等に話せる場です。全国的にもこのような組織の存在は唯一と思われます。公立と自主が並列で参加できている希少な組織ならびに運営形態です。

　主な活動は、総会・県教育委員会への要求書提出・研究集会・県教育委員会と年2回の話し合いの設定（1回は奈夜中協の事務局で実施、1回は生徒会との共催で全体の話し合いとして実施）・学習会・啓発のための合同チラシ配布などですべては総会で決議されます。現在は私が代表ですが、事務局は公立夜間中学が持ち回りで担っています。

　1996年5月18日に、「夜間中学憲章－私たちのめざす夜間中学」を定め、2023年2月26日には、30年記念誌「奈良の夜間中学とは――奈夜中協30年の記録」を発行しました。

　奈良県の夜間中学の歴史を少し見るだけでも、1978年に奈良市立春日中学校夜間学級が、自主夜間中学「うどん学級」から市民たちの行政交渉の結果、公立化されています。1981年4月には天理市立福住中学校夜間学級（現、天理市立北中学校夜間学

級）が同じく市民運動の自主夜間中学の活動を経て、公立化されています。1991 年
4 月には橿原市立畝傍中学校夜間学級も自主夜間中学の活動を経て、公立化されてい
ます。奈良県のすべての夜間中学は公立化を市民の運動によって勝ち取ってきたので
す。その流れの中から、必然的に夜間中学を必要としている人たちが通える範囲に夜
間中学を設置しようという考えがあり、奈夜中協はその主な活動目的に、夜間中学生
の学ぶ環境整備とあわせて増設運動を掲げることになったのです。

　2017 年「教育機会確保法」が施行され、2021 年 3 月、奈良県教育委員会は奈夜
中協が長年、県への要求書や交渉の場面で求めてきた「奈良県夜間中学教育基本方針」
を「奈良県夜間において授業を行う中学校に関する基本方針」として全国に先駆けて
策定しました。ようやく、本来あってはならない学校、しかし必要とされている学校
－夜間中学について奈良県の基本的な認識・方針が明確になったのです。

　そして、この基本方針の中に、自主夜間中学の存在について明記され、「ボランティ
ア等による自主的に運営されている自主夜間中学についても、義務教育を卒業してい
ない者等に対する重要な学びの場となっており、地域の実情に応じて適切な措置が検
討されるよう支援を行う」として、県の姿勢が示されています。

　奈良県では、教育委員会が夜間中学の啓発のためのポスターやチラシを製作してい
ますが、そこには公立 3 校と自主 3 校が並列に紹介されています。これもまた、奈夜

中協の運動の成果だと思っています。

5　西和自主夜間中学を継続してきたことで見えてきたもの

　夜間中学は、文字を奪われてきた生徒さんたちが文字を取り戻す場所であり、人として堂々と生きていいのだと思える場所であると思います。その意味では義務教育から排除された人たちがいる事実を知りながら放置してきた国や行政側の責任は重いと思います。今、自主夜間中学で学んでいる多くの外国人の生徒さんたちは、自らの意志かどうかは別にして、家族を養うために借金をして日本に働きにきています。(在留上は、技能実習生や留学生と呼ばれている)そうして渡日した日本で、彼らは基幹産業を支え、3K と呼ばれる職場で働いています。彼らもまた「文字を知ることを奪われた人々」だと思うのです。日本で少しでも効率的に生き抜いていくために、日本語という文字を知らない(知ることを奪われた)ままでは、人間として生きていけません。ただそのことを自覚している生徒さんたちは多くいませんし、そこにかかわるスタッフがそのことに気づけていないことが多いのです。だからこそ、自主夜間中学の存在意義は大きいし、公立化せずとも、自主夜間中学として継続することの必要性があると思っています。

　西和自主夜間中学に集う生徒さんたちの生きざまに触れ合う中で、本当にそう思います。文字を知らない人を、外国人労働者を、労働力としてしか見ないこの国で、生きて、家族を持って、子育てすることのなんて大変なことでしょうか。夜間中学にようやくたどり着いた夜間中学生の一人ひとりの背景にその歴史はまざまざと刻まれています。だから、私たちは生徒さんから学ぶのです。

　奪われた文字を取り戻すために必要な費用は公費で賄われるべきだと思いますし、自主夜間中学の運営費用も、私は公的資金で本来あるべきだと考えています。今、西和自主夜間中学の運営費用はつくる会の会員からの会費と西和7町の負担金(年間10万円―各町1万4000円)で運営されています。残念ですが、決して、十分に生徒さんに対応できている金額ではありません。

　スタッフにいたっては、時間と能力とお金を提供していただく究極のボランティアなのです。じっと考えると、長く続くことは、そもそも考えにくい学校―組織形態や運営体制なのです。

　なのに、26年間も学校が地域に存在しているのは何故なのでしょうか。多分、お

金というよりははるかに上回る生徒さんとの関係が築けているからなのだと思います。胸を張って、自分自身のアイデンティティを語れるようになり、地域に飛び出していく生徒さんたちに、少しの間、寄り添って伴走できたことは、私たちにとって無上の喜びなのです。

　国勢調査の結果で明らかになった奈良県の義務教育不就学・未修了の人数8513人です。実際の数字はもっと多いと考えられます。今、奈良県の6つの夜間中学で勉強できている人数は200人以下です。そのことを考えるとまだまだ対応できるだけの夜間中学は不足しています。今、国は夜間中学のない都道府県には最低でも一か所夜間中学をつくるという方向を目指していることは、歓迎すべきことではあります。でも、夜間中学校という箱ものを作ればいいという考え方だけでは不十分です。それは奈夜中協のこれまでの歴史が証明しています。

　学ばなかったのはあなたの責任として排除することは、もう許されないのです。
　西和自主夜間中学は、前述したように、当面、公立化するつもりはありません。西和地域に公立の夜間中学が設置される、あるいは設置することになることは歓迎します。自主夜間中学の営みは、夜間中学の裾野を確実に広げます。
　他の地域での公立夜間中学の増設運動に連帯し、自主夜間中学がともに手を取り合うことはとても必要なことだと考えます。私は、地域にたくさんの特徴のある自主夜間中学があっていいと思っています。規模は大きくなくてもいいのです。
　私たちの課題はいっぱいありますが、共に生きることを掲げ、西和自主夜間中学はこれからも生徒さんと「ただいま、勉強中」です。
　最後に、私たちにかかわっていただいたすべての皆さまに感謝を申し上げます。
　ありがとうございました。

第16章

NPO法人たかとりコミュニティセンターの取り組みから

吉富志津代

1　はじめに

　日本では、不登校児童生徒数が約30万人もいるということが大きな課題となっている。文部科学省が公表した「令和4年度　児童生徒の問題行動・不登校等生徒指導上の諸課題に関する調査」によれば、2022年度の国立、公立、私立の小・中学校の不登校児童生徒数が約29万9000人、うち学校内外で相談を受けていない児童生徒数が約11万4000人、うち90日以上欠席している児童生徒数が約5万9000人、小・中・高・特別支援学校におけるいじめの認知件数が約68万2000件、うち重大事態の発生件数が923件という。いずれも過去最多という結果が明らかになった。加えて、小・中・高等学校から報告のあった自殺した児童生徒数が411人、小・中・高等学校における暴力行為の発生件数が約9万5000件となっている。

　一方、日本語指導が必要な外国籍の児童生徒数は6万人近くいるものの、前述の数字には外国ルーツであっても日本国籍を有する児童は含まれるが、外国籍の児童生徒にとっては義務教育ではないので含まれていないと思われる。これは、日本の公的教育の課題である。

　そのような教育環境で教育を受ける外国にルーツを持つ子どもたちの多くは、より疎外感を持ち、自尊感情をなくしていく。子どもたちが、日本の学校以外で萎縮しないで自信を取り戻せる場として、さまざまな市民活動が生まれている。本章では、それらの活動のうち、神戸市長田区に拠点を置く、NPO法人たかとりコミュニティセンター内のいくつかの活動に関わった3人のその後のインタヴューを通して見えてくる現実を紹介し、学校以外の多様な学びについて、考えていきたい。

2　たかとりコミュニティセンターの取り組み

1　たかとりコミュニティセンターとは

　NPO 法人たかとりコミュニティセンター（以後、TCC）とは、その法人の目的として、「神戸市長田区を中心に、少数者の視点に立った活動に取り組んでいる公益活動団体（NPO）のネットワークづくりを支援し、且つ、それらの団体と共同で事業を展開することで「『多文化共生のまちづくり』に寄与すること」としている。神戸市長田区のカトリックたかとり教会を拠点とした 10 の市民団体のネットワークで構成されている。1995 年の阪神・淡路大震災を契機として始まった震災支援から復興のまちづくり活動のプロセスで生まれた。多文化共生のまちづくりを旗印に 2000 年に法人格を取得した。29 年におよぶその活動の変遷は、図 1 を参照していただきたい。

　10 の団体とは、多文化・多言語 コミュニティ放送局「FM わいわい」（2016 年度よりインターネット放送）、74 言語対応の 翻訳・通訳コーディネート「多言語センター FACIL」、多文化な背景を持つ子どもたちとの活動を展開する「ワールドキッズコミュニティ」（2023 年度より、FACIL の中のプログラムに移行）、日本に住むスペイン語圏住民自助コミュニティ「ひょうごラテンコミュニティ」、国境を越えたコミュニティラジオのネットワーク「AMARC 日本協議会」、在日ベトナム人コミュニティを支援する「ベトナム夢 KOBE」、くらし・介護のお手伝い「リーフグリーン」、女性のエンパワメントをめざす NGO「アジア女性自立プロジェクト」、オープンソースと市民活動をつなぐ「ひょうごんテック」、地縁組織のネットワーク「野田北ふるさとネット」である。10 団体は、それぞれが別組織でありながら、カトリック信者かどうかにかかわらず、同じ目的を持ってつながりながら、多岐にわたる活動を続けている。

　筆者は、震災からずっと設立メンバーのひとりとして TCC に運営に関わり、現在もそこに拠点を置く複数の団体の代表などを務めている。特に 2003 年から開始された公益財団法人兵庫県国際交流協会（以後 HIA）のプログラムとなった外国人県民生活サポート活動は、筆者もその提案に関わったことから、TCC とそこで始まった各外国人コミュニティ（ベトナム 夢 KOBE、関西ブラジル人コミュニティ CBK、ひょうごラテンコミュニティ）、そして HIA の協定により、現在まで HIA が活動資金の一部を助成しており、これによって母語教室などの運営も継続できている。

　また、このセンターのネットワークには、カトリック教会の組織と地縁組織のネットワークが含まれていることが大きな特徴である。カトリック教会の活動は、信者の

阪神・淡路大震災から10000日を迎えて
たかとりコミュニティセンターの歩み

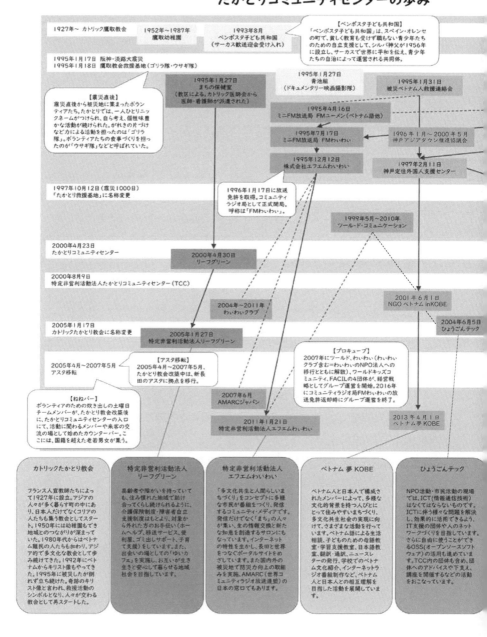

【ベンポスタ子ども共和国】
「ベンポスタ子ども共和国」は、スペイン・オレンセの町で、貧しく教育も受け職もない青少年たちのための自立支援として、シルバ神父が1956年に設立し、サーカスで世界に平和を伝え、青少年たちの自治によって運営される共同体。

| 1927年～ カトリック鷹取教会 | 1952年～1987年 鷹取幼稚園 | 1993年8月 ベンポスタ子ども共和国（サーカス歓送迎会受け入れ） |

1995年1月17日 阪神・淡路大震災
1995年1月18日 鷹取教会救援基地（ゴリラ隊・ウサギ隊）

震災直後から被災地に集まったボランティアたち。たかとりでは、一人ひとりにニックネームがつけられ、自ら考え、個性豊かな活動が続けられた。がれきの片づけなどによる活動を担ったのは「ゴリラ隊」。ボランティアたちの食事づくりを担ったのが「ウサギ隊」などと呼ばれていた。

1995年1月27日
まちの保健室（教区による。カトリック医師会から医師・看護師が派遣された）

1995年1月27日
青池組（ドキュメンタリー映画撮影隊）

1995年1月31日
被災ベトナム人救援連絡会

1995年4月16日
ミニFM放送局 FMユーメン（ベトナム語他）

1995年7月17日
ミニFM放送局 FMわいわい

1996年1月～2000年5月
神戸アジアタウン推進協議会

1995年12月12日
株式会社エフエムわいわい

1997年2月11日
神戸定住外国人支援センター

1997年10月12日（震災1000日）
「たかとり救援基地」に名称変更

1996年1月17日に放送免許を取得。コミュニティラジオ局として正式開局。呼称は「FMわいわい」。

1999年5月～2010年
ツール・ド・コミュニケーション

2000年4月23日
たかとりコミュニティセンター

2000年4月30日
リーフグリーン

2000年8月9日
特定非営利活動法人たかとりコミュニティセンター（TCC）

2001年6月1日
NGOベトナム inKOBE

2004年～2011年
わいわいクラブ

2005年1月17日
カトリックたかとり教会に名称変更

2005年1月27日
特定非営利活動法人リーフグリーン

2004年6月5日
ひょうごんテック

2005年4月～2007年5月
アスタ移転

【アスタ移転】
2005年4月～2007年5月、たかとり教会改築中は、新長田のアスタに拠点を移行。

【プロキューブ】
2007年にツール、わいわい（わいわいクラブ含む＝わいわいのNPO法人への移行とともに解散）、ワールドキッズコミュニティ、FACILの4団体が、経営戦略としてグループ運営を開始。2016年にコミュニティラジオ局FMわいわいの放送免許返却時にグループ運営を終了。

【ねねバー】
ボランティアのための炊き出しの土曜日チームメンバーが、たかとり教会改築後に、たかとりコミュニティセンターの入口にて、活動に関わるメンバーや来客の交流の場として始めたカウンターバー。ここには、国籍を超えた老若男女が集う。

2007年6月
AMARCジャパン

2011年1月21日
特定非営利活動法人エフエムわいわい

2013年4月1日
ベトナム夢 KOBE

カトリックたかとり教会	特定非営利活動法人リーフグリーン	特定非営利活動法人エフエムわいわい	ベトナム 夢 KOBE	ひょうごんテック
フランス人宣教師たちによって1927年に設立。アジアの人々が多く暮らす町の中に、日本人だけでなくコリアの人たちも集う教会としてスタート。1950年には幼稚園もでき地域とのつながりが深まっていた。1980年代からはベトナム難民の人たちもかかわり、アジア的で多文化な教会として歩みを続けてきた。1992年にはベトナムからキリスト像もやってきた。被災しても焼けず倒れず立ち続けた、奇跡のキリスト像と言われ、教援活動のシンボルとなり、人々が交わる教会として再スタートした。	高齢者や障がいを持っていても、住み慣れた地域で助け合ってくらし続けられるように、介護保険制度・障害者自立支援制度はもとより、対象から外れた方のお手伝い（ホームヘルプ、移送サービス、便利屋、ゴミ出しサポート、子育て支援）をしています。また、出会いの場としての「ゆいカフェ」を実施し、お互いが生き生きと安心して暮らせる地域社会を目指しています。	「多文化共生と人間らしいまちづくり」をコンセプトに多様な市民が番組をつくり、発信するコミュニティ・メディアです。発信だけでなく「まち」の人々が集い、生の情報交換と新たな知恵を創造するサロンにもなっています。インターネットの特性を生かし、長田と世界をつなぐポータルサイトをめざしています。また国内外の被災地で防災力向上の取組みを実施。AMARC（世界コミュニティラジオ放送連盟）の日本の窓口でもあります。	ベトナム人と日本人で構成されたメンバーによって、多様な文化的背景を持つ人びとにとって住みやすいまちづくり、多文化共生社会の実現に向けて、さまざまな活動を行っています。ベトナム語による生活相談、子どものための母語教室・学習支援教室、日本語教室、翻訳・通訳、ニュースレターの発行、学校でのベトナム文化紹介、インターネットラジオ番組制作など、ベトナム人と日本人の相互理解を目指した活動を展開しています。	NPO活動・市民活動の現場では、ICT（情報通信技術）はなくてはならないものです。ICTに伴う様々な問題を解決し、効果的に活用できるよう、IT支援の団体や人のネットワークづくりを目指しています。さらに自由に使うことができるOSS（オープンソースソフトウェア）の活用も進めています。TCC内の団体も含め、団体へのアドバイスや下支え、講座を開催するなどの活動をおこなっています。

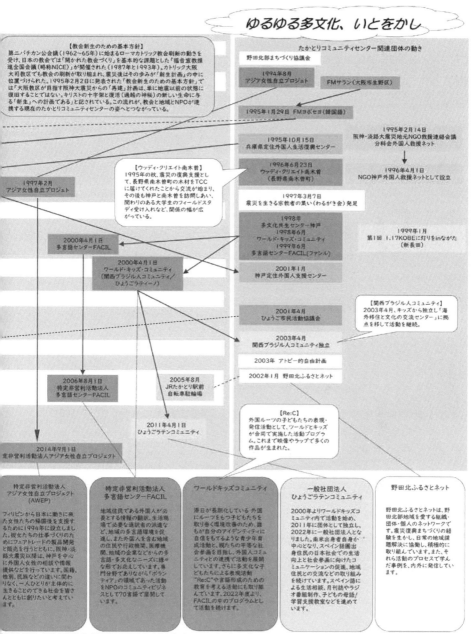

壁新聞「阪神・淡路大震災から 10000 日を迎えて：たかとりコミュニティセンターの歩み：ゆるゆる多文化、いとをかし」、発行：2022 年 6 月 4 日、制作：林貴哉（壁新聞制作プロジェクト：神田裕・ツエット・野上恵美・林貴哉・吉富志津代・吉野太郎）

社会活動であることが多いが、ここに集う活動メンバーは、宗教が何であるかに関わらない。あくまで地域活動として、地縁のつながりとテーマのつながりによる多岐にわたる活動を、教会を拠点として展開している。地域の夏祭りには、地域住民として参加もする。

　このように複数の団体が連携して、外国にルーツを持つ子どもたちの活動についても継続している。ここでは、その主な活動と、もう一つの学びの場としてのTCCが、そこに参加した外国ルーツの子どもたちや若者にとって、その後の人生にどのように影響をしたのかについて振り返ってみたい。

2　母語教室・母語センター

　母語教室は、TCC内のワールドキッズコミュニティに拠点を置いていたブラジル人スタッフの活動として始まっており、続いてスペイン語圏南米出身の継承言語・継承文化の活動、ベトナム語を母語とする子どもたちの同様の活動として、TCC内で続いている活動である。2005年よりブラジル人コミュニティは独立して拠点を別の場所で、スペイン語とベトナム語については、同じく独立したベトナム人コミュニティとスペイン語圏南米出身のコミュニティのプログラムとして、TCCを拠点に現在も継続している。前述したHIAからの委託事業により、その言語の図書や資料などを閲覧できる場所として、2019年には、ベトナム語とスペイン語の母語センターも設置された。

日本語指導が必要な外国籍の児童生徒数

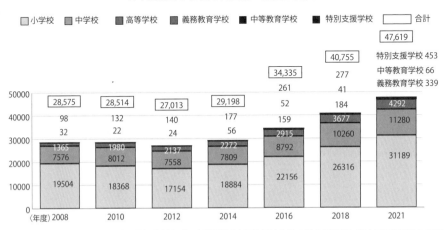

出典：文部科学省「日本語指導が必要な児童生徒の受入状況等に関する調査結果の概要」

それぞれの言語の母語教室は週末に開催され、外国ルーツの子どもたちとその保護者が集う。母語教室は、①継承言語・継承文化を学ぶ、②それにより、第二言語となる日本語の言語形成を促進させる、③自分のアイデンティティに自信を取り戻す、④日本の公立の学校ではマイノリティとして萎縮しがちな子どもたちの居場所になる、⑤家族とのコミュニケーションの促進、⑥その保護者たちの情報共有や相談の場になる、などの目的がある。そして大学生のボランティアたちが、母語教室の場を活かして必要に応じて日本語学習支援などの活動もしている。

　親に日本に連れてこられた二つ以上の言語環境で育つ子どもたちにとっては、日本語での教育をする公立学校で必要な日本語・日本文化とともに、自分たちのルーツの言葉や文化も大切にされなければいけない。

　文部科学省が 2021 年に実施した「日本語指導が必要な児童生徒の受入状況等に関する調査」の結果、日本語指導が必要な児童生徒数は、5 万 8353 人で、そのうち外国籍の児童生徒数は表のとおりである。

　この子どもたちは母語についても形成途上であり、母語を学ぶことで日本語の理解が進むということについては、2019 年に文部科学省が自治体による外国人児童らの教育支援への助成対象に母語教育を加えたことから、同省もようやく認めたところである。

3 表現活動 Re:C

　Re:C とは、多文化な背景を持つ子どもたちによる表現活動の名称として、TCC で付けられたものである。WEB サイトの Re:C についての紹介文章を以下に転載する。

Re:C とは、多文化な背景を持つ子どもたちによる表現活動です。

　現在日本には、アジアや中南米などの国々にルーツを持つ多くの子どもたちがいます。そうした子どもたちの中には、言葉の問題によって孤立したり偏見や差別のために自分に自信をもてないまま、気後れを感じている子が多くいます。わたしたちは、そんな子どもたちのための居場所づくりと子どもたち自らの手による映像制作をはじめとした表現発信活動をサポートしています。多文化な背景を持つ子どもたちの自信を持った "想い" の発信が、国籍や年齢の壁を越えて、人と人がつながる豊かな社会を築き上げていく大きな可能性になること。それが私たちの活動 "Re:C" です。子どもたちの "想い" の発信にあなたの "想い" をつなげてください。そこから、より心

豊かな社会を創り出していく大きな力が生れてくると信じています。

　そこでは、映像制作やラジオ番組放送、そしてラップなどを手法として表現活動を続け、これまでさまざまな映像作品も生まれている。例えば、「かべの秘密」は、地域の気になる場所について子どもたちが住民たちにインタヴューをして明らかにしていく。「日系ブラジル人の私を生きる」は、自分のアイデンティティについて関係者に話を聞くことで、自分なりに自分のことを掘り下げて考えるという作品になっている。また、「FASTA JUNINA」は、自分の親たちのコミュニティが中心になって開催するブラジルのお祭りを取材するという作品、そして「レモン」は、日本しか知らない自分とブラジルから移住してきた家族との帰属意識の違いから疎外感を持つ思春期の心情を中学生が表している。

3　参加した子どもたちのその後

　ここでは、いずれも外国籍の両親で、家庭では日本語以外の言語で育った30代の3名を紹介する。以下は、それぞれのインタヴューの内容をまとめたものである。

まちの文化祭に参加した Rec のメンバーたち

事例1 ペルールーツのAの場合

Aは、3歳までは母国ペルーで祖母によって養育され、その後に来日して保育園に入るが、日本語がまったくわからずに困ったことだけが記憶にあると言う。6歳になる頃には日本語を日常会話として問題なく使えるようになっており、小学校に入学しても特に困ることはなかった。ただし、外見が欧米系であることや、名前がカタカナであるため日本人ではないということがわかるので、いつも日本人とは違うということをコンプレックスと感じてしまい、中学生になる頃まで、自分が何者であるかというようなアイデンティティとの葛藤があった。小学生の間は、ずっと母語教室に通い、家庭ではスペイン語での会話で通信教育でもスペイン語を学んでいた。

小・中学校の時代は、とにかく目立つことや特別扱いをされることがイヤで負担だった。しかし、母語教室では、同じ環境の友だちがいて、何も聞かれないし自分のことを説明する必要もなかったから楽だった。家でもここでもスペイン語を学んでいたので、日本語以外の言語を学ぶことが当たり前の環境だった。

高校生になると、自分の周りの社会が少しずつ外国ルーツの住民に対して慣れてきたように感じるとともに、もう自分は自分なんだからそれでいいと、開き直りに近い感覚で自分のことを受け入れられるようになった。中学生になって英語の勉強が始まったとき、スペイン語との混乱があって最初は戸惑ったが、高校になると、これまでのスペイン語の勉強が、とてもプラスになっていると感じて、英語が得意になった。

Aは、小学校の作文コンクールで「僕は、お昼ご飯は学校の給食で、日本の料理を食べ、家に帰ると夜ご飯はペルー料理を食べられてとても幸せだ」と綴って賞をもらったことがある。

また、中学3年生の時に、学校でイタリア語を聞く機会があり、イタリア語とスペイン語が似ていることから、それを理解できたことを学校でみんなに褒められて嬉しかった。その時に親に対して、これまで家庭でスペイン語の学習をしっかりとさせてくれたことへの感謝を伝えている。Aにとって、自分の言葉や自分の文化に対する肯定感が根底にあったようである。

高校生になって、自分を肯定的に受け止められるような自信を持つことができるよ

うになり、大学では国際関係を学んだ。日本の学生たちが就職活動で忙しそうにしている時でも、自分は自分でいることができたと言う。

自分がどのような仕事をしたいかが見つけられるまで、もっと視野を広げたかったし、焦らなくても自分は自分のペースで自分の生き方とか、何かを探せるという余裕というか自信が持てた。だから回り道をしてもいいと思ったので、周りの就職活動のことは気にならなかった。

現在、30代になったAは、開発プロジェクトを実施するNPOの職員として、母国ペルーで、日本語、英語、スペイン語を活用した仕事を始めている。自分のこれまでのさまざまな経験を生かした自分の進む道が見えてきたようで、大いに期待されている。

事例2 ブラジルルーツのBの場合

Bは、国籍は日本ではなく、日系人として物心がつく前に家族とともにブラジルから来日し、日本で育つ彼女は、言わなければ外国人には見られない。何のハンディも感じないで小・中・高校までをのびのびと過ごし、好奇心が旺盛な元気な子ども時代を過ごした。ただし、国籍が違うことや親たちと母語が違うなど、いわゆるエスニシティを間近に感じながらもそれを意識せずに育った。しかし、ふと気づいた時に、自分がブラジル国籍であること、それなのに家族から浮いているように思い、Re：Cの活動で自分のその気持ちを映像で表現しようとし始める。

生後まもなく来日し、両親と姉二人の中で最も日本語が理解できるため、日本語が第一言語だったので日本の公立小学校では日本語の授業にハンディは感じなかった。だけどブラジルの言葉はそれほど理解できないので、母語教室に通っても、そこは自分の居場所とは感じられなかった。小学校の頃からTCCの活動には参加をしていて、6年生の頃からは姉たちの影響もあって、Re:Cの活動に参加し始めた。
大学生のボランティアふたりが、個人的に映像制作の協力をしてくれ、ブラジル人なのに、そのルーツに関しては家族から少し距離を感じていたから自分の考えていることについて耳を傾けてくれる場として居心地が良かった。自分の思いを表現することについて、その思いを整理している間、ボランティアたちは根気強く待ってくれ

た。そういう時間は、自分自身のことをゆっくりと考える機会になった。それは今の自分の人格形成にも影響を与えていると思う。

　その後に彼女が中学生で制作した映像作品は、民間の賞を獲得するなど、広く知られるようになり、総合型選抜入試制度（AO入試）によって、有名私立大学へと進学する。しかし、周りの大きな期待と、自分の才能にも自信を持って進んだその大学で、彼女は何度も挫折を味わうことになる。

　これまでは守られた環境で自信をつけていたが、その期待に応えようと思って入った大学では、自分のエスニシティだけでは認めてもらえない現実を見せつけられた。いただいた賞も中学生だったからであり、自分の実力ではなく技術も習得していないし、自分は映像制作を続ける自信がなくなった。またその大学では、同級生たちは親のコネクションを利用し、経験の幅をどんどん広げており、自分は取り残されていくように感じた。

　結局、そのまま彼女は5年で大学卒業を断念し、神戸に戻ってからTCCの関連で別の大学院で修士課程を修了することができた。現在は、得意分野を活かして、企画に関わる仕事に就いている。仕事場では、まだ自分が生かされていないようなジレンマを感じることはあるが、自分らしく生きていきたいし、少しずつ自分のいる職場から、日本社会の企業のあり方自体を変えていけるよう、焦らずに自分のペースで進んでいきたいと模索中である。

事例3　ベトナムルーツのCの場合

　8歳で来日し、日本の公立小学校2年生に転入、母国では成績も優秀だったのに、日本語がまったく理解できずに学習意欲を失い、成績の悪いことを言葉のせいにしていた。日本語は、遊びの中で自然に身についたと思う。クラスメートに嫌われていると感じることはあっても、それはしかたがないと諦めていた。クラスに同じベトナム出身で日本語がわかる生徒が、最初のうちは通訳の役目をしてくれて助かった。日本語が理解できるようになると、母語は少しずつ話さなくなっていった。

　10歳を過ぎる頃に日本語の会話ができるようになると、父親が役所や病院に行く

ときに同行させられて通訳をさせられるのが辛かった。異国で暮らす父にとっては要望や相談事が多く、幼い自分にはそれが無理難題を言っているように感じられて、通訳するのが恥ずかしかった。

その頃は、母語も日本語もあまりうまく話せなかったから、たくさんの人の前で話すことは苦手だった。

TCC の Re:c には、6年生の頃からパソコンや漫画で遊べる場所としてなんとなく行くようになった。それ以前に通っていた学習支援教室は、勉強をしないとひどく叱られたので行かなくなっていた。通い始めてから自分と同じ国出身の友達も誘ってTCC に遊びに行くようになり、サッカーやトランプなどで遊んでいたが、そこにいるスタッフやボランティアは、一緒に遊びながらたわいのない話を聞いてくれていた。その中で何か映像を作ろうということになって、なんとなく映像制作を始めた。ちなみに作った作品の一つに「忍者」があり、当時を振り返って C は「その時は本気で忍者になりたかった」と懐かしそうに語る。Re:c では、外国にルーツを持つ子どもたちのネットワークづくりのプログラムで、滋賀県や浜松市や横浜市などで集まって合宿をする機会もあった。ラップ教室に参加したこともあった。

Re:c にくることが楽しかった。ここにきたらみんなに会えるし、一緒に遊べるし、なんかいろんなことを経験させてくれる。中学・高校時代の思い出をふりかえると、学校のことはあまり覚えていないのに、この Re:c での週末の集まりが思い出になってる。ここでいろいろな人に出会い、いろいろなことに挑戦して、さまざまな経験をさせてもらったことで視野も広がり、コミュニケーションを取るということが得意になった。

成績は中学生になっても最下位のまま、私立の高校に進学し卒業したが、就職はなかなか決まらず、就職活動には疲れていた。その後、就職したものの続かず、バーテンダーの仕事やチラシ配りのアルバイトのような生活が続いた。そんな時に、ベトナムに行って子どもの頃の友だちや親戚に会うと癒された。

そして、その後、C は22歳で一念発起をして独学で資格試験に挑戦する。第一種電気工事士の試験に合格、実務経験も積んで、さらに関連の資格を次々と取得し、28歳でキャリアアップを遂げている。そのような話をする C の顔は自信に満ちていた。

4 おわりに

　この3人にとって、TCCの母語教室やRe:Cは、どういう場所だったのだろうか。

　Aは、言語としては、小学校入学時には日本語が強い言語として形成されているが、Aの外見が欧米系で名前もカタカナということで、クラスの中で何か「違い」を感じていた。Bも日本語が一番強い言語だったことと日系人の両親でアジア系の顔をしているため、外国籍であることを意識させられることがなかった分、自分の本当の存在が周りに理解されていないような疎外感があり、また家族の中で自分だけがブラジル人としてのアイデンティティを感じないということから、狭間にいるような落ち着きのなさを感じていた。Cの場合は、ベトナム語を母語として教育も受けていた途中で来日したため、言語の壁を感じながら小学校生活を送っていたし、名前からも外国籍であることがわかるため、やはり学校では「違い」を感じていた。

　3人ともに共通しているのが、日本の義務教育課程において、何らかの「違い」から疎外感を感じており、しっかりと自己に対する肯定感を感じられるような落ち着ける居場所がなかったということである。日本の公教育の現場では、その「違い」をそのまま受け止めてくれる環境がなかった。そういう3人にとってTCCは、そこにいるのが楽で誰からも何も強要されずそのままの自分を受けいれてくれて、とにかく「待ってくれる」場所であり、3人の居場所になっていることがその語りからもわかる。それにより、自分に対してありのままでいいという自尊感情のようなものを持つことができ、自信を持たせてくれる場になっていたのではないか。日本で大人になるまでに、いわゆる一般的な人生コースからは一度は外れているように見られた経験があり、その後に自分で何かを見つけて挑戦し、そこで自分らしく生きる道を切り開いている。乗り越える直接のきっかけや出会いは、それぞれにあるが、その根底に自分らしく生きていくことへの自分に対する自信が、TCCという場で培われていたのではないか。

　Aは、自分の語学力と、阪神・淡路大震災の後の神戸で過ごす中で体験して共感をしている防災に関する思いを生かした仕事に就き、ペルーと日本をつなごうとしている。Bは、自分が大好きな映像制作の技術とそのプロセスで身につけた企画力を、今の会社で生かしてもらえるよう奮闘している。そしてCは、引き続き電気関連の新しい資格をどんどん取得していって技術者としてのキャリアアップを目指している。

現在の日本社会には、この3人にとって残念ながらまだまだ壁を感じさせられることがあると思う。日本社会は、ルールありきでマニュアルを重視し、効率が良いことが評価される。しかし最近の日本は、ジェンダー指数も思いやり指数も世界の最下位で、歯止めのない円安、経済の停滞、閉塞感のある社会になっていることに危機感を持っている人は少なくない。そのような日本のメインストリームに無理やり入っていくことをしなかった生き方に、3人ならではの経験に裏付けられた自信と、それこそが日本社会を変えて行ってくれる力のように感じて大いに期待をしたい。

　ここでは、学校以外の多様な学びの場としてのTCCの事例を紹介してきたが、そのような場をさらに広げるということが目的ではない。阪神教育闘争の時代の延長線上にある、あくまで日本の教育環境への対処療法としての場であることを認識し、そもそも教育環境を含む社会そのものが、多様性を可能性につなげるような、誰も排除しない居場所となれば、必要のない場となっていくのではないかということを示すためである。

参考文献／サイト

吉富志津代（2013）「日系南米人コミュニティ形成に関する一考察——ひょうごラテンコミュニティの事例から」『スペイン語世界のことばと文化Ⅲ』京都外国語大学スペイン語学科創設50周年記念論文集、京都外国語大学

吉富志津代（2001）「在日日系南米人の母語教育——草の根活動の現場から公的支援を考える」『日系南米人の子どもの母語学習』KOBE外国人支援ネットワーク編、神戸定住外国人支援センター

吉富志津代（2008）『多文化共生社会と外国人コミュニティの力——ゲットー化しない自助組織は存在するか?』、現代人文社

吉富志津代ほか（2019）『二つ以上の言語環境で育つ子どもの支援体制に関する研究—日系ボリビア人の事例から—』報告書（科研事業）

吉富志津代（2021）「地域の多様な子どもたちの学び合い——互いに尊重し支え合う共生社会をめざす人権教育の推進」『兵庫教育』11月号

文部科学省 https://www.mext.go.jp/a_menu/shotou/seitoshidou/1422178_00004.htm「令和4年度　児童生徒の問題行動・不登校等生徒指導上の諸課題に関する調査」

公益財団法人兵庫県国際交流協会外国人県民生活サポート活動

https://www.hyogo-ip.or.jp/torikumi/tabunkakyose/realization/lifesupport/katsudoshien.html

文部科学省 https://www.mext.go.jp/b_menu/houdou/31/09/1421569_00003.htm
日本語指導が必要な児童生徒の受入状況等に関する調査（令和3年度）」の結果（速報）について
多文化な青少年活動 Re:C（レック）について https://tcc117.jp/rec/

第17章

学び続けるための支援——あーすぷらざ外国人教育相談の取り組み

加藤佳代

1 「あーすぷらざ外国人教育相談」の概要

　あーすぷらざ外国人教育相談は、神奈川県が県立地球市民かながわプラザ（愛称：あーすぷらざ）の中に2006年に設置した相談窓口で、やさしい日本語のほか、曜日により、タガログ語（フィリピンで使われている言葉）、ポルトガル語（ブラジルでも使われている言葉）、中国語、スペイン語（中南米でも使われている言葉）、ベトナム語で対応している。

　相談方法は、来訪、電話、電子メール、SNS（メッセンジャー）など。相談者は、子ども（小学生、中学生、高校生、大学生、専門学校生ほか）、保護者、支援者（日本語指導員、日本語教室・学習補習教室スタッフ、他の相談窓口の相談員、学校通訳者、スクールソーシャルワーカーほか）、教員（小学校、中学校、高校、特別支援学校、専門学校、大学ほか）、教育委員会、行政関係者（市役所、区役所、図書館、少年院、児童相談所、福祉事務所のスタッフ、ソーシャルワーカーほか）、外国人支援NPO、国際交流協会、研究者などである。

　窓口には、日本の社会事情や制度に詳しい相談コーディネーターと、それぞれの言語を母語とし文化的背景にも詳しい相談サポーターが常駐、二人三脚で対応している。

　窓口の傍らには、様々な言語で書かれた教材や、暮らしに役立つ資料を所蔵する「外国人サポートコーナー」がある。司書もいて閲覧貸出・レファレンスが可能だ（所蔵数6000点以上）。

　母語で相談できる教育相談窓口と、教材のリソースセンターを兼ね備えた施設は国内でも珍しい。

2 相談内容

　進級や進学時だけでなく、普段の学びの中で感じる戸惑いや不安、学び直しや家族

との関係、生徒や保護者との向き合い方など様々な悩みが寄せられる。開設から18年、人生の節目ごとに訪れるリピーターも多い。

2022年度の相談件数は2382件。主な相談者は、保護者（全体の27.5%）、学習者本人（22.3%）、支援者（21.4%）、学校・教育委員会（18%）。相談内容は、日本語の習得、学習

あーすぷらざ外国人教育相談の様子

教室探し、進路相談、学校とのやりとり、教科学習や教材の選択、学費の工面、面談時の通訳、編入学の方法、親子間や校内の対人関係、発達課題、就学前の過ごし方など多岐にわたる。

新型コロナウイルス感染症の影響が大きかった2021年度は、「学校に行きたがらない」、「家庭内のコミュニケーションがうまくいかない」など、不登校や引きこもり、親子間の摩擦、社会や人との関わりに難しさを感じるケースが多く寄せられた。すぐには解決せず、相談者と学校、児童相談所、就労支援機関など専門機関をつないでの継続支援となった。

コロナ禍が少し落ち着いた2022年6月頃より、日本への家族の呼び寄せや、それに関する進学関連の相談が増加した。日本語学習ができる場所についての問い合わせが増えたが、当時は開設場所や人員が限られ、コロナ禍下での場所の確保が課題として浮かび上がった。感染症の収束と共に、多くの教室が再開したが、各教室の支援者不足は今も課題となっている。

2023年度は前年にも増して、家族の呼び寄せに関する相談が増加した。発達課題、特別支援学級・特別支援学校在籍に関する悩みも立て続けに寄せられた。家族間および保護者と学校の間で、子どもの状況の捉え方に違いがあり、うまく言葉が通じないことによるコミュニケーション不足、解決に向けた考え方の行き違いが浮かび上がった。

ここ数年、相談者の国籍や使用言語が多様化し、言語対応しきれないケースも増えている。そうした場合、他の公的機関や民間団体の力を借りて、オンライン（Zoom）やスマートフォンのグループ通話を使い、聞き取りや通訳を依頼している。コロナ禍

を経て、学校現場もオンラインやグループ通話への抵抗感が薄れたように感じる。対応可能な人材が限られる現状において、こうした変化は有難い。

【窓口に寄せられた相談の一例】

①学習者本人より

「やりたい部活がある高校を知りたい」

「ふりがなつきの、高校入試過去問題を見たい」

「面接の練習をしたい」

「願書の出し方、面接時の服装を知りたい」

「出願準備は終えたが、1人でいると不安。窓口のそばで過ごしたい」

「大学のキャンパス見学の申込方法を教えてほしい」

「学校へ提出する自己PR文に何を書けばよいかわからない」

「特別支援学校をやめて高校に行きたい」

「専門学校進学に必要な資格を知りたい」

「心理を扱う仕事に就くには何から始めたらよいか」

「保育士の免許を取得するにはどうしたらよいか」

「家の近くで日本語が勉強できるところを探している」

②保護者より

「志望校の選び方はどうすればよいか」

「過去数年の入試倍率を知りたい」

「進路の面談で先生に勧められた学校がよくわからない」

「これから子どもを呼び寄せ、日本の高校に入れるには」

「学校からもらった手紙の内容、重要度を知りたい」

「就学援助、就学支援金について教えてほしい」

「私立高校進学に利用できる教育資金貸付について知りたい」

「修学旅行費用の支払い方法がわからない」

「高校無償化と言われているのに何故こんなにお金がかかるのか」

「大学入試の受験料と奨学金について教えてほしい」

「子どもがゲームばかりして学校に行きたがらない」

「自分の気持ちを保育園に伝えてほしい」

「子どもの発話がなく、心配」

「母語で発達検査を受けられる所を知りたい」

「家族とうまく意思疎通ができない」

③学校関係者・教育委員会より

「学校での様子を保護者へ母語で伝えてほしい」

「取り出し授業の今後の進め方について相談したい」

「日本語習得が進まない児童をどうしたらよいか」

「生徒の進路を考えるための情報を集めたい」

「母語で支援してくれる人、面談や説明会等で通訳できる人を探している」

「保護者へ、子どもの発達課題について説明してほしい」

「滞日年数を確認してくれる公的機関を知りたい」

「養護学校の生徒と保護者への対応で悩んでいる」

「母語が通じる放課後等デイサービスを探して保護者に伝えたい」

「学齢を超えた生徒が学べる場を知りたい」

④支援者より

「子どもの日本語指導に役立つ教材を知りたい」

「教科書を翻訳したものがあるか知りたい」

「学習者と保護者の意思を確認してほしい」

「高校入試の申請書類を確認したい」

「保護者へ、入学時に必要な費用を伝えたい」

「学校へ通訳に行く前に、専門用語や大事なポイントを押さえておきたい」

「家庭訪問時の通訳を探している」

「夜間中学をやめて日本語だけ勉強したいという生徒にどう対応したらよいか」

「特別支援学校で言葉が通じない子どもへの接し方に悩んでいる」

「心理・発達について母語で診療できる医療機関を保護者へ伝えたい」

3　具体的な対応事例、そこから見えること

　筆者は、2006年の相談窓口開設以来、外国人教育相談コーディネーターの一人として、この窓口を担当してきた。

　窓口が設置された経緯や、ここに関わるスタッフそれぞれの想いは、加藤佳代（2023）に詳細を記述したのでそちらをご覧いただきたい。

本項では、これまで関わった相談の中から、年齢層が異なる相談者（中学1年生、高校4年生、成人）の事例を挙げ、具体的に記述する。学び続けるための支援のあり方、その一例を、実際の様子に触れながら述べていきたい。

1　Gさんの事例（相談当時は中学1年生。その後、高校、大学へ進学）

　2月末、教育委員会から「日本語ゼロの生徒が転入してくる。そちらで相談にのってもらえるか」と問い合わせがあり、2日後、生徒を受け入れた中学校から「1年生に転入したGさん、保護者も日本語がほとんどできない。体調が悪くなった時は保健室に行くなど、学校生活に関することを伝えたい。放課後に通う教育委員会主催の日本語教室、地域でおこなわれているボランティア学習支援教室との時間調整をしたい」と相談があった。

　相談窓口に校長、養護教諭、担任、保護者、Gさんに来てもらい、それぞれ疑問に思っていること、言いたいことを、コーディネーターが確認。整理しながら話を進めた。親子が何をわからず不安に思っているか、どのような希望を持っているのかを、学校側に気づいてもらえるよう、コーディネーターからの問いかけ方を工夫。学校側にも、伝えたいことをいっぺんに言うのではなく、理解の様子を見ながら、話す順序と分量を工夫すると、混乱せず、誤解が少なくなることをわかってもらえるよう努めた。この日は、学校側の熱心な姿勢が伝わり、保護者は安堵の表情を見せた。

　3月、保護者から「学校徴収金、副教材費、学年費の通知が届いた。わが家に関係があるのか」と問い合わせがあった。学校に電話し確認したところ、2月に転入した生徒には関係ない書類が混じっていたことがわかった。日本語がわからない保護者にとって、要不要の見極めが難しいこと、提出が必要な書類には目印をつけるとわかりやすいことを、それとなく学校側へ提案した。

　4月、保護者から「明日の始業式は体育館でおこなわれる。始業式は体操服でよいのか。親も出席するのか。その時は日本の着物を着ないといけないのか」と相談があった。学校に電話で確認し、体操服ではなく制服を着ていくこと、親は都合がつけば出席すればよいことを伝えた。日本の着物を着ていく必要はないと言い添えた。

　2日後、保護者から「学校からたくさん書類が来た。なんと書いてあるのかわからない。家庭環境票、緊急時の引き取り票の記入の仕方が分からない。部活動は参加したほうがよいのか。母国ではそのようなものは無かった」と相談があった。判読や記入が難しい書類は窓口でサポートし、期日までに提出するよう伝えた。部活動は学校

に慣れて友だちを作るチャンス、本人がやりたい部活があれば是非参加するとよいと伝えた。

6月、保護者から「学校から衣替えのお知らせが届いたが、まだ夏服を作っていない。どうしたらよいか」と相談があった。学校に確認し、「夏服ができるまで体操着で通学してもよい。朝会や式の時は制服を着用する」と伝えた。

7月、保護者から「子どもが勉強に集中せず心配」と相談があった。来日からまだ数か月、異国で暮らし始めた子どもの気持ちに寄り添って、本人が少しでも頑張ったら褒めてあげてほしい、あきらめることなく見守ることが大切と伝えた。

初めて窓口に来た時、机に突っ伏し、「何もわからない。勉強は嫌い」と言っていたGさん。2年後には「友だちと一緒に韓国語を勉強したい」と自ら相談に来るようになった。

ある時、コーディネーターに勧められて英語検定の過去問を解いて自信をつけ、「英検を受けたい」と3級を受け合格。「次は日本語能力試験を受けてみたい」と意欲を見せた。

高校受験前に何度か来訪、その後、在県外国人等特別募集枠がある公立高校を受験し合格。その後しばらく来なかったが、大学受験前に再び来訪。合格後、書類を山ほど抱えて、授業選択方法について相談に来た。

その後、大学を卒業するまで、友人や家族のこと、必要な手続きなどについて度々来訪。周りで困っている人を気遣い、手助けする女性に成長した。

【この事例から見えること】

学ぶためのスタートラインに立ち、さらにそこから学び続けるには、越えなければならないハードルがいくつも出てくる。不安がふくれあがる前に、ひとつひとつ解決していくことが必要となる。小さな不安が解消されて初めて、勉強や学習に目が向くようになる。相談は一回では終わらない。わからないこと、どこでつまずいているかを知る場があると、誤解や問題の芽を未然に摘むことができる。

相談窓口は、双方の理解を促す場でもある。親子が直面する「わからなさ」を学校へ伝えつつ、どのようにすればわかりやすくなるかを提案。親子には学校側の意図が理解できるよう、伝え方を工夫してきた。継続のためには「相談窓口を使うと、正確な情報が入手できる。伝えたいことを相手に伝えることができる」と信頼を得ることも大切だ。

迷った時に足が向く場所、安心して話せる相手、自分のことを長く見守ってくれる人の存在は大きい。今後も、情報提供だけでなく、互いの「わからなさ」に気付き、どう進めていけばよいかを一緒に考える場であり続けたい。

2　Rさんの事例（相談当時は定時制高校4年生。その後、専門学校に進学し、就職）

　7月、Rさんが支援者と共に来訪。支援者から、「数年前から支援してきたRさんが、進学について悩んでいる。日本人とあまり話す機会がなく、日本語に自信がないそうだ。日本語で話を聞いてあげてほしい」と相談があった。

　Rさんは来日後に中学に編入、在県外国人等特別募集枠のある定時制高校に入った。在留資格は家族滞在。

　「自動車整備士の資格があれば、将来母国に戻っても続けられる。専門学校で自動車整備を学びたい。親に頼れないので学費はアルバイトで貯めた。日本語能力試験N3を受けて結果待ちの状態。専門学校入学にはN2が条件というのは本当か？行ってみたい学校が2校ある。オープンキャンパスや模擬授業ではなく、通常おこなわれている授業を見学したい。どうすればよいか。見学時、どのような服装で行ったらよいか」とRさんから相談があった。

　「学校を決める時は自分の目で見比べることが大切」と伝え、Rさんが選んだ2校にコーディネーターが電話をいれ、問い合わせた。「留学生はN2が必要だが、家族滞在の人はそれにあたらない。通常授業は個別に日程を調整すれば夏休み明けから見学可能」とわかった。見学希望日と氏名を伝え、「Rさんが行ったらよろしく」と先方に依頼した。

　服装の目安、自宅からの交通手段、見学先に着いた時に言うべき言葉のメモをRさんに渡し、当日は余裕を持って遅れず行くよう伝えた。

　この日はあえて日本語のみで対応した。Rさんが「高校でもバイト先でも、日本人と話す機会があまり無い。日本語で話す時、いつも緊張する。相手に伝える自信がない」と言うので、「あなたは今日、自分が考えていること、自分で調べたことを、私に日本語で話してくれたが、とてもよくわかった。もっと自信を持ってよい」と伝えると、「自分も今日、加藤さんが話す日本語がわかった。来週もここに来たい」と答えた。

　翌週以降、何度か来訪し、夏休み中はコーディネーター、サポーターと共に、志望動機を言語化、それを文字化して、何か質問された時の受け答え方を練習した。

　9月、Rさんから「専門学校を2校見学した。どちらにしようか迷っている。何を

基準に決めたらよいか」と相談があった。どちらも文科省の認可を受けた学校で、取得できる資格も同じ。学費、通学時間も大差なかった。見学時の質問にどの程度対応してくれたか、就職先にどのような違いがあるか、良いと感じた点はどこか、2年間通いたいと感じたのはどちらだったかを尋ねると、「A校のほうが、外国人が多いと聞いた。対応してくれた先生が親切で優しかった。A校を受験しようと思う」と答えた。

翌週また来訪し、「AO受験のエントリーシートの書き方を教えてほしい。面接の練習がしたい」と相談があった。エントリーシートの書き方を指導し、面接用の10の質問例に沿って自分で考えさせ、コーディネーター、サポーターと共に文字化。本人はその後、それをほとんど暗記するまで練習していた。

10月、Rさんから「A校での面接は、すぐに答えられなかったが、何を聞かれたかわかったので、考えて答えることができた。AO入学内定通知書一式が届いた。10月末までに願書を送る必要がある。入学願書の書き方でわからない所がある」と相談があった。（「選考料払込受付証明書添付欄」の意味、1997年は平成何年か、父の氏名欄の「出願者との続柄」の意味、封筒の宛名書き、簡易書留の郵送方法など）。わからない点を一つ一つ説明し、記入をサポート。

11月、「A校から正式な合格通知が届いた」と喜びの報告があった。

翌年3月、Rさんが来訪。「4月に専門学校に入学する。学費はアルバイトで貯めた。入学手続き書類の記入を手伝ってほしい。入学前の事前学習テキスト問題を解くために、自動車用語の対訳集がほしい」と相談があった。記入事項を確認しながら記入をサポート。対訳集を検索し、『留学生用補助教材　自動車用語日中対称ハンドブック』を紹介。

翌年2月、Rさんが来訪。「専門学校の勉強はとても大変だが、電気溶接、ガス溶接、グラインドの資格をとった。4月から2年生になる。卒業までに自動車整備士3級と運転免許、危険物取扱責任者をとりたい。今度、B社の就職説明会に行く。履歴書に書く志望動機、自己PRをどのように書けばよいか」と相談があった。B社のパンフレットを一緒に見ながら、本人に志望動機を考えさせ、母語で作成、それを和訳し語彙を整えた。

3月、Rさんが「B社の面接を受けることになった。面接の練習をしたい」と来訪。日本語で想定問答をおこない、コーディネーター、サポーターと共に文字化。

その2週間後、「B社から内定をもらった」と喜びの報告があった。

その後、2年生になり、5月に「危険物取扱者試験に合格した。母校の高校で自分の経験を後輩に語ることになった」と報告があった。

　翌年3月、専門学校を卒業。4月に来訪し、「専門学校では先生達が過去問演習や補習など親身になって指導してくれ、自動車整備士2級に合格できた。厳しい先生もいたが、今はその真意や有難さがわかる。車の免許も取得。4月から社会人になった。毎日楽しく仕事をしている。勉強していた時は頭に入らなかったことが、現場では、すっと理解できる。仕事は難しさも感じるが、やりがいも感じている。就職と同時に在留資格が家族滞在から技術・人文・国際業務に変わった。もう両親の在留資格に依存せずに日本で仕事ができる。これまでありがとう」と報告があった。

　その明るい表情を見て、支援者は「高校入学時は表情も暗く、勉強も苦手で全くしゃべろうとしなかった。それが今は目標を定め、まじめに一つずつ頑張っている。その姿が本当に嬉しい」と喜んだ。

　それから3年後、当館が主催する中学・高校生向け講座のパネリストを引き受けてくれた。「今は職場で後輩の指導を担っている。自動車整備は人の命に関わる大事な仕事」と誇りを持って語る姿に胸が熱くなった。

【この事例から見えること】

　自ら目標を立て、前に進む意欲があっても、時に、自信を失くしたり、ひとりでは打開できない場面に直面する。親にもなかなか相談できず、ちょっとわからないことを尋ねる相手もいない。学校選びや志望動機、書類の記入は、最終的には本人が選び、考え、書くものだが、親でも友人でも先生でもない第三者と向き合い、会話を重ねることで、自らの気持ちを整理し、言語化できる場合もある。相手に伝わるよう、言葉を選ぶ大切さ、話す際の姿勢、距離の取り方もわかってくる。

　いざとなれば母語で話せる安心感も大事だが、日本社会で生きていくための日本語力をつけるには、日本語を話す人を相手に、臆せず試し、自信をつけることも必要だ。

　母語話者と日本語話者が連携して対応する窓口だからこそ、このような対応が可能となっている。

3　Mさんの事例（相談当時は社会人。その後、定時制高校に進学。卒業後、小・中学校の日本語指導協力者）

　8月、Mさんが来訪、「18歳で来日して22年。すでに仕事に就き、家庭も持って

いるが、将来、通訳案内士の国家試験を受け、通訳になりたい。そのため一般常識、歴史、地理の知識が必要。外国人も日本の高校で学べると最近知った。知らずに20年間無駄にしてしまった。仕事があるので、家の近くで午前中に通えて、制服が無い高校に通いたい」と相談があった。

　午前部がある定時制高校数校と通信制高校に問い合わせ、各校の受け入れ状況、成人の試験方法を確認。Mさんに「夜間部を考えるともっと選択肢が広がる」と伝えた。Mさんが「昼間定時制C高校に行ってみたい」と言うので、C高校に電話で尋ねたところ、入試担当者が「入学後、後悔しないように、学校説明会や公開授業、個別相談会に参加して、学校の実態を見てほしい」と、秋以降の日程を詳しく教えてくれた。

　10月、Mさんから電話で「C高校の学校説明会申込はFaxで、となっているが、直接持っていってもよいか」と問い合わせがあった。学校に確認すると「やはりFaxで」とのこと。

　当窓口より、県教育委員会主催説明会（12月）への参加と、志願資格承認申請について改めて伝えたところ、Mさんはすでに母国から卒業証明書を取り寄せ、準備していた。

　12月、Mさんから電話で「県教委主催の説明会に行った。書類をたくさん貰った。これは自分で書くのか。手伝ってくれるところはあるか」と問い合わせがあった。書類は自分で書いて出すこと、どのように書くか窓口で教えることはできると伝えた。翌週、「書き方を教えてほしい」と書類持参で来訪したので書き方をサポート。

　志願資格承認申請や出願期間中の願書提出、志望校での検査など、入試当日までの流れを再確認。本人曰く、「これまで自分で手続きしてみて、やっと流れが分かってきた」。

　成人の受験方法選択について、定時制C高校に電話し確認。「国語・数学・英語の学科試験を受けるか、3〜4つのテーマから一つ選んで800字位の作文を書くか、高校に願書を出しに来た時に選ぶ」とわかった。

　翌週、Mさんから電話で「先日、C高校へ行って志願資格を確認してもらった。1月に願書を出しに行く。もしも入学後に高校を変わりたいと思った時は変えることができるのか」と問い合わせがあった。高校に1年通っていない場合は再受験、1年以上通っていたらその単位を使うことができると伝えた。

　翌年2月末、Mさんから電話で「とても残念だが、C高校は不合格だった。友人から別の定時制D高校の話を聞いた。そこは3年間で卒業できるか。時間割と出願手続

きを知りたい」と相談があった。「残念だったが気持ちを切り替え、新たな道を一緒に探そう」と励まし、３月におこなわれる受験に向けて、定時制Ｄ高校の教頭に確認、「授業の取り方次第で３年で卒業できる。来校して志願資格確認が必要。成人以上は作文か学科試験を選ぶことができる。来校すれば詳しく説明する」とわかった。Ｍさんが「今日これからＤ高校へ話を聞きに行く」と言ったので、その希望をＤ高校教頭に伝えた。

　３月下旬、Ｍさんから「定時制Ｄ高校に合格した。本当ならそちらに行き報告したいが、忙しくて行けず、すみません。これまでありがとう」と電話があった。「昨日高校で資料を貰った。わからない資料があり、高校に電話したら、『わからない所があれば、明日高校で一緒に書きましょう』と言ってくれたので、そうしようと思う。親切な人がたくさんいて嬉しい」と言っていたので、良い高校に巡り合えたのだと感じ、相談員一同喜んだ。

　それから５年後。当館職員が教育委員会主催の連絡会で研修をした折、１人の男性が声をかけてくれた。

　「以前、あーすぷらざで、定時制Ｄ高校を紹介してもらって学ぶことができた。お世話になった人に御礼を伝えてほしい。今は仕事をしながら、日本語指導協力者として、小学校と中学校に行っている。他の地域にも行けるので、手伝いが必要だったら連絡してください」。

　Ｍさんの母語は県内でも希少言語だ。彼のような支援者がいたら助かる児童生徒、先生はとても多い。彼の言葉がとても嬉しかった。

　定時制高校に入り、働きながら通い続けるのはどんなに大変だったことだろう。しかし、わからないことは徹底的に聞き、行ける所にはすぐ足を運び、「なんとかなるまで、なんとかする」姿勢、強い思いと抜群の行動力は、進学先でも大いに発揮され、周囲を動かしたに違いない。

【この事例から見えること】

　学習者本人が、ネットや口コミ等で情報の断片を集めても、正しい情報、必要な部分を見極めるのは難しい。質問しようにも、初めての相手と日本語でやりとりするのはハードルが高い。

　Ｍさんは、わからないことがあると、すぐ相談窓口を活用し、人を介して学校へ問い合わせ、相手とつながりを作ってから、現地へ足を運び、自ら詳細を尋ね、道を

切り拓いていった。

　窓口の役割は、次の一歩を踏み出すための支援だ。本人がすべきこと、できることを代行する場ではない。先回りしすぎない配慮も必要だ。解決の糸口になりそうなことを事前に調べ、用意もするが、相手へ渡すタイミングと分量の見極めも重要となる。

　学びたい気持ちに年齢制限はない。本人が思い立った時、その方策を尋ね、手がかりを得る場所があると無いとでは、その後の選択肢が大きく違ってくる。相談窓口は一つの通過点だが、岐路に立つ者にとって、そこは人生の大きな転換点となる。

4　相談窓口の役割——解きほぐす、問い直す、背中を押す

　学ぶことは、本人の意思なくしては続かない。誰かが外から押し付けても、すぐに剥がれてしまう。「学びたい。学べるかも」という希望は、本人の中に、どのようにしたら芽生えるのだろう。

　当窓口では、問われたことに回答を示すだけではない。本人や、子どもが実際にどうしたいと思っているのか、手詰まりになったのはどのあたりからか、不安な理由、人との関係性などを一緒に考え、解きほぐしていく。

　話す中で、本人が「やっぱりこれでいこう」と自信を深めることもあれば、「これしかない」と思っていた気持ちが、ふっと緩み、「あれ？他の方法や、別の見方ができるかも」と改めることもある。こちらの問いかけや提案をきっかけに、本人が考え、自らを問い直す。「学び」へ向かうには、こうした過程が必要だ。

　本人が向かいたい方向へ一緒に目を向ける。歩み出すヒントを示す。踏み出そうとする背中を押す。そうした役割を、これからも果たしていきたい。

参考文献・関連資料・記事一覧

加藤佳代（2011）「さまざまな視点　神奈川の多文化共生　多彩な人たちが共に生きるために」
　　　（『Spring　Board』No.114、Japan Overseas Cooperative Association、2011年10月）
加藤佳代（2015）「外国にルーツのある子どもと図書館をつなげる、情報をつなげる」『多様性と出
　　　会う学校図書館　一人ひとりの自立を支える合理的配慮へのアプローチ』野口武悟／成松一
　　　郎、読書工房、164頁–173頁
加藤佳代（2019）「実践報告　当事者と共におこなう図書館の多文化サービス」『基礎教育保障学研

究』第3号、基礎教育保障学会、44頁-54頁

加藤佳代（2021）「外国人教育相談から見える子どもと家族」『"持続可能な多文化共生社会"をテーマとする自主研究会活動報告書』参加型システム研究所、26頁-33頁

加藤佳代（2022）「子どもの教育に親はどう関わるか」『外国人の子ども白書【第2版】』荒牧重人他、明石書店、68頁-70頁

加藤佳代（2022）「「あーすぷらざ」外国人教育相談とは」『参加システム』No.141、参加型システム研究所、10頁

加藤佳代（2023）「第8章　人と学ぶ場をつなぐ──「あーすぷらざ外国人教育相談窓口」が果たす役割」『宇都宮大学国際学叢書第14巻　外国人生徒の学びの場　多様な学び場に注目して』佐々木一隆／田巻松雄、下野新聞社、127頁-142頁

『あーすぷらざ外国人教育相談報告書（2006年度〜2009年度）』（公益財団法人かながわ国際交流財団、2010年5月）

『神奈川県委託事業　あーすぷらざ外国人教育相談事業報告書2011年度〜2013年度（平成23年度〜平成25年度）』（公益社団法人青年海外協力協会、2015年3月）

『神奈川県外国籍県民相談窓口2021年度報告書』（公益社団法人青年海外協力協会、2022年4月）

『神奈川県外国籍県民相談窓口2022年度報告書』（公益社団法人青年海外協力協会、2023年4月）

『JLA Booklet no.15 図書館員のための「やさしい日本語」』（阿部治子／加藤佳代／新居みどり、公益社団法人日本図書館協会、2023年11月）

「DEARな人：情報を整理して必要な人のもとへ　加藤佳代さん（あーすぷらざ外国人教育相談コーディネーター）」（『DEAR News』147号、開発教育協会、2010年10月）

「級友の行動の奥にある違う文化　理解しよう『同級生は外国人！？多文化共生を考えよう』差別やいじめになる前に」（2018年9月9日付『カトリック新聞』）

「神奈川・あーすぷらざ外国人教育相談　外国ルーツの親子支えて14年　学ぶ権利　諦めないで」（2020年9月4日付『しんぶん赤旗』）

「ひと　あーすぷらざ外国人教育相談コーディネーター　加藤佳代さん」（2022年2月3日付『しんぶん赤旗』）

「わたしの一冊　本をめぐる風景⑤　物事を見る「物差し」はたくさんある（加藤佳代）」（2024年2月9日付『都政新報』）

イラン大使館内の高校から日本の大学へ

ルヒナ・マヘルプーナ（Ruhina Maherpour）

日本生まれ・日本育ち、イラン国籍のイラン人

　23年前に両親が仕事の関係で来日し、私は日本で生まれ育ちました。イランに9回くらい行きましたが、半年以上滞在したことはありません。小学生の時は、週に2、3日、日本の公立小学校に通い、残りはイラン大使館の中にあるイラン学校に通いました。中学校はイラン学校だけに通いました。

　日本の中学校に行かなかったのは私の宗教を考慮してのことです。イスラム教徒の女性は9歳からスカーフ（正式名ヒジャブ）をしますが、日本の中学校の制服ではスカーフができないと思いました。また、ラマダンでは断食などもあるので、日本の中学校に通うのは難しいと考えました。あとは日本の学校に通いたくないという気持ちもありました。ずっと日本で暮らしているけれど、なぜか日本人の友達と仲良くなれないと感じていました。

　思い返せば、日本の小学校でスカーフをし始めた時にいじめられた経験があり、そこから壁を感じるようになったのかもしれません。自分のことについては、イランの文化や習慣が基盤になっていると思います。ペルシャ語の方が考えを伝えやすい

し、自信を持って自分はイラン人だと言うことができます。学校で他のイラン人生徒と一緒にペルシャ語での勉強を続けたこと、家族がイラン文化や宗教を大事にしていることが関係していると思います。

イラン大使館の学校と「たぶんかフリースクール」での勉強の日々

　中学校はイラン学校にだけ通いましたが、すごく楽しかったです。でも家族に日本の学校に行かないなら、日本語だけでもきちんと勉強しなさいと言われ、「たぶんかフリースクール」（以下「たぶんか」）に出会いました。そこから午前中はイラン学校、午後は「たぶんか」で勉強の生活が始まりました。すごく大変でしたが、日本の高校にも入ることを決めました。しかし、大使館内のイラン学校で学んでいたので、9年の学校教育を修了している証明を出す手続きがとても大変で苦労しました。

　最終的に浅草高校の夜間定時制に進学しましたが、学校はあまり楽しくなくて、一人でいることが多かったです。私自身が周りに壁を作ってしまったこともありますが、やっぱり他の生徒も私とどう接していいかわからないという感じでした。結局、浅草高校は1年で辞めてしまいました。イ

ランの高校とのダブルスクールで大変だったこともありますが、イランの大学を受験することにしたので、日本の高校を出る必要がないと考えたからです。その後イランの国立大学を受験し合格しましたが、いろいろあって行くことを断念しました。そして、日本の大学に入ることを決めました。ここから私の一番大変な一年が始まりました。

制度の壁：留学生枠での大学受験ができない？

これまで、日本の大学に入ったイラン人は修士以上の受験か、一般受験枠で入っていました。学部生で「留学生枠受験」をするイラン人は私が初めてだったので、国公立や私立のいろいろな大学に問い合わせをしました。でも大学からの反応は「初めてのケースなので分からない」「受験シーズンで忙しいので答えられない」と門前払いだったり、返信が全く無かったりでした。かなりの大学に問い合わせたので、大学からも文科省に問い合わせがあったようで、ついには文科省から直々に「来省して欲しい」と連絡が来ました。

そこで伝えられたのは、「イラン大使館内でイラン国内と同じ教材、プログラムの高校教育といっても、正式な学校としては認めていないので、高校卒業証明を認めることはできない。留学生試験の資格があるのは海外在住の学生である。ただし、最終的には大学が決めることになる」という話でした。

日本の大学で学ぶ資格は無いのかととても辛かったです。30大学ほど直接行ったり、電話をしたりしましたが、結局受験を認めてくれたのは私立大学5校だけでした。そして、そのうち合格した日本大学文理学部社会学科に進学しました。この後、平成28年3月に少し、留学生試験の資格の法律が変わったように聞きました。※もし、私のケースの対応で少しでも今後に変化があったら嬉しいです。

知ること、出会うこと

実は私は理系で、大学では生命科学を勉強しようと考えていました。でも、周りの人から将来イランと日本を繋ぐ人材になるためには、社会のことについてきちんと学んでおく必要があると言われ、社会学を勧められたました。大学受験での日本の大学のさまざまな対応を経験し、自分の中に社会に対する疑問がいろいろ出てきたこともあり、社会学を勉強することに決めました。

今、大学での勉強はとても楽しいです。一番興味があるのは、どうして人間は自分を大切にできないのかについてです。私の宗教の教えでは、人間の体は神様から与えられたものと言われています。でも人間は自分を犠牲にしたり、自殺したり、人に暴力を振るったりします。これがどうしてなのかもっと深めていきたいです。

昔の私は日本人に対して壁を作っていた時期がありました。でもそれではいけないと思い、大学に入ってからは自分から周りに声をかけています。でも、やっぱり日本人と友達になりにくいです。どうしてかと考えたら、自分はスカーフをしていて、それが一番目立ってしまっていると思います。特に今はイスラム教徒に関してネガティブなニュースが流れていて、いいイ

メージを持たれにくいのかもしれません。

でも、私はイラン人でイスラム教徒だけど、他の日本人と何も変わらないということを知ってほしいです。日本人と外国人の間にある壁を取り除くためには、お互いが関わり合う機会を増やすことが必要だと思います。実際に出会うと、私たちも同じ人間で変な人じゃないことが分かり、「怖い」気持ちが少なくなるんじゃないかな。日本人からのアプローチも必要だし、もちろん私たち外国人からも積極的に交流の場に出ていくことも大切だと思っています。

今は大学以外で、イランの国営放送局へ日本の様々な情報を提供するアルバイトをしたり、イラン文化センターで日本人へイランの文化を紹介したりする活動をしています。これから、日本がもっと外国にルーツを持つ人たちにとっても生活しやすい環境になれるよう、自分なりに出来ることをやっていきたいと考えています。

「たぶんか」とわたし

今の自分があるのは、「たぶんか」で過ごした時間がすごく関係していると思います。当時は「たぶんか」とイラン学校を続

けることと、受験資格や書類の確認のためにいろんな高校へ訪問するがとても大変でした。複雑な提出書類もまずは自分で書きました。その後に先生が訂正などのサポートをしてくれました。「やってもらう」のではなく、「自分でやる」というストレスはありましたが、逆にこれがないと成長できなかったと思います。手取り足取り先生が全部するのではなく、まず生徒自身にやらせて、必要なときにサポートしてくれた先生たちは、私たちのことを大切に見守ってくれていると感じていました。

私が日本の大学を受験するときに一人で大学に問い合わせをし、文科省まで行くことができたのは、「たぶんか」での経験があったからだと思います。そういう意味で、「たぶんか」は物事を解決していく力、将来の道を切り拓いてゆく力を育ててくれた場所でした。

※参考：文科省：平成 28 年 3 月 31 日 「学校教育法施行規則の一部を改正する省令等の公布について（通知）www.mext.go.jp/b_menu/hakusho/nc/1369935.htm
（『会報「mingle（みんぐる）」』59号より）

学習支援の経験を生かして公務員になった

白 聖曌／佐々木 聖曌
<ruby>白<rt>はく</rt></ruby> <ruby>聖曌<rt>せいしょう</rt></ruby>

夢を持って来日したが、予測できない事態で挫折

私は両親が日本で働く関係で東日本大震災が起きた3日前の2011年3月8日に中国から来日した。当初は日本の中学校に編入学し、日本語を勉強する予定だった。しかし、中国で中学校を卒業したいわゆる学齢超過者のため、断念した。

とても落ち込んだため、しばらく家から一歩も出ない生活を3か月間、送っていた。ある夏の暑い日のことだが、アイスクリームを食べたくて久しぶりに家から出て、コンビニに行った。日本語が全然できなかった私は、アイスクリームをレジまで持っていくと、店員に何か聞かれていた。今から考えると、おそらくそのときは、「ポイントカードをお持ちですか？」、「レジ袋がいりますか？」と言われたが、意味が全然わからなかった。しばらく店員の目を見ながら、呆然としていた。

店員は私のことが外国人であることを察し、アイスクリームをレジ袋に入れてくれた。それを持ってコンビニから出ると、「人生はこのままで終わってしまうと、あまりにも寂し過ぎる。日本語を勉強したい！高校進学をしたい！」という気持ちが湧いてきて、親と相談した末、神奈川県立地球市民かながわプラザあーすぷらざ外国人教育相談窓口を訪ねた。そこで、横浜市鶴見区にあるNPO法人を紹介され、そちらのフリースクールに通い始めた。

フリースクールから高校進学へ

週5日で午前10時から午後4時までの間通っていた。最初は、日本語の勉強を中心に教えてもらい、日本語の語彙や文法の書く・読むだけではなく、話す・聞くというアウトプットの時間もあった。最初の半年間は、学習者は私一人だけだった。東日本大震災が起きたため、多くの外国人が本国に帰ったからだった。

ある程度日本語ができると、高校進学のための教科学習も始まった。神奈川県では、外国籍・外国につながる中学生のために特別な高校進学の制度がある（「在県外国人等特別募集枠」という）。

英国数理社の5教科ではなく、英国数の3教科だけで受験することが出来る。そのため、英語と数学を中心に勉強した。他に、高校の見学、面接の練習、高校受験のための願書提出や合格後の一連の書類作成のサポートをしてもらった。そういったサポートを受けたからこそ、希望どおりに神奈川県立鶴見総合高校に合格でき、入学した。

後輩へのサポートをすることで危機感を持つ

高校3年間を過ごし、指定校推薦入試で神奈川大学に進学した私は、後輩たちの現状が気になり、母校に戻りボランティア活動を始めた。当時は、私のような日本語がまだ話せない外国につながる高校生が毎年10名以上入学していた。しかし、私と後輩たちの根本的な違いは、日本語学習への本気度だとその時にはじめて分かった。

一番典型的なのは、日本語能力試験の合格時期である。私は、N2を合格したのが高校1年生、N1を合格したのが高校2年生の時だった。これに対して、高校卒業までにN2を合格できない後輩もいた。一体、どこに問題があるだろうと、悶々としながらもボランティア活動から離れないで、答えを探しつつ後輩たちへのサポートをしていた。

分かってきた課題と、さらに一歩踏み込んだ現状が見えてくる

そうした中で、日本語の習得が遅い理由が少しずつ分かってきた。私がいる神奈川県では、多くの外国人が住んでいる。学校の中で、同じ言語を話せる同胞と出会える確率がけっこう高い。そのため、同じ言語を話す人が集まり、固まる傾向が強く、そのような状況が長く続くと、せっかく日本の学校にいたにも関わらず、一日中日本語を使わなくても済むという事態が生まれる。さらに家族内はもちろん、アルバイト先でもそこまでハイレベルな日本語能力が求められることがない。そうすると、日本語を使わなくても生活ができると思い込ん

で、それが日本語の勉強を停滞させてしまう一因となる。

解決策を探すために、活動の範囲を広げた。そこで川崎市ふれあい館で外国につながる中学生の学習支援をさせてもらった。そこでも上記のような問題はやはり存在していた。家庭の問題がけっこう深刻な状況で、外国につながる児童生徒の心のケア問題をはじめ、経済的な理由で苦しむ家族とも出会った。

在留資格の関係で日本にいたくてもいられない場合、日本に元々来たくもないのに親に連れてこられ、兄弟の面倒を見ないといけない場合、経済的な理由で本来大学に行きたいのに、高校卒業後に働かざるを得ない場合……さまざまなケースを見てきた。サポートしたいが、何もできないという無力感。

山積している課題を解決するために公務員になった私のこれから

今まで私が恵まれていることに気づいていなく、苦しむ子どもたちを見て、はじめて気づいた。そしてこれからも多くの困っている外国につながる児童生徒への学習支援・サポートをしたいと思う。

しかし、大学4年間の学習支援活動を通して、ある違和感があった。それは、本来学習支援の担い手であるべき行政に対してである。本来なら困っている人を助けて、サポートをするのは、行政の役割だと思ってきた。しかし、外国につながる児童生徒の現状や課題を果たして把握しているのか、それとも把握しているが、ほかに優先することがあり手が回らないのか。

そこである決断をした。外国人でありな

がら、日本の行政に飛び込んで、その答えを探したいと思い、公務員試験の勉強をし、最終的に横浜市の職員となった。外国につながる児童生徒だった私が当事者として、彼ら彼女らの現状や課題を行政の中で伝えていく、周りの人を巻き込んで一緒に取り組んでいきたい。2020年に、数名の外国につながる若者と一緒に、The Lit Zone Beside という団体を立ち上げた。これからは、内外ともに活動をしていきたい、広げていきたいと考えている。

駒井　洋

本シリーズでは、毎号、日本語で刊行された
移民・ディアスポラ関連の重要な単行本を
紹介をかねて取り上げる。今号では、ハイ
メ・タカシ・タカハシ氏ほかの共著と田巻
松雄氏の単著を書評の対象とした。

ハイメ・タカシ・タカハシほか6人著
『ペルーから日本へのデカセギ 30 年史』
インパクト出版会、2024 年

本書のねらい

本書のねらいについて、「日本語版への
序文」では次のように記されている。

「南米各地の日系人コミュニティは、『○
○系日本人移民××年史』といった記録を
数多く刊行してきた。(それにもかかわら
ず) デカセギに関しては、全体像を描くよ
うな試みはなかった。

ならば、ペルーからのデカセギ史につい
てまとめてもおかしくないではないか。コ
ロナ感染を避けるために、対面での活動は
極力おこなわず、各自が調査や素材集めを
行う地味な進行となった。

日本でデカセギ者自身がデカセギの歴史
を書き残す試みは初めてである。在日ペ
ルー人コミュニティ内部からの視点が生か
された本になった」

本書の構成

本書は 7 章から構成されている。ハイ
メ・タカシ・タカハシによる「帰還―栃木
県真岡氏でのデカセギ 30 年史」と題され
る第 1 章は、大手派遣会社である NKK が
真岡を拠点としていたため、1989 年から
始まるペルーの初期の移民は真岡に集中し
たことが述べられる。

エドゥアルド・アサドによる第 2 章「『デ
カセギ』30 年の事件史―在日ペルー人の
経験」は、明るい話や暗い話をひっくるめ
て、大きな事件を網羅している。独立記念
日やサッカーが前者であり、ペルー人によ
る広島の暴行殺人事件や埼玉の殺人事件は
後者の例である。その他リーマンショッ
ク、東日本大震災、コロナウイルスの影響

が紹介されている。

樋口直人による「在日ペルー人の仕事の変遷」と題される第3章は、534人からの聞き取り調査をもとに、1991年までの7割が派遣労働者であったのにたいし、2010年以降はその比率が半分以下にまで下がっていることを見いだした。それは日本人を経由する経路ではなく、独力でキャリアを積み上げてきたことに由来する。

小波津ホセによる「日本のペルー人アソシエーションの変遷―過去から未来へ」と題される第4章は、1947年から2015年に至るペルー人アソシエーション合計21を見いだした。その特徴としては、活動が不安定で、組織内の問題も多く短命であるとする。

オチャンテ・村井・ロサ・メルセデスによる「『奇跡の主』の祭りからみる在留ペルー人の信仰」と題される第5章は、カトリック教信徒による「奇跡の主」を担ぐ宗教行事の日本における展開を概観しようとするものである。カトリック教会の日本人信徒との関係、ペルー人信徒の関与の程度などに応じて、教会ごとにその展開は異なっている。

稲葉奈々子による「在留資格がないペルー人たち」と題される第6章は、第3章と同じデータにもとづいて、在留資格がないペルー人たちの厳しい生活の状況を概観している。2012年の新入管法の施行により、非正規滞在の外国人は自治体での登録ができなくなった。仮放免許可の外国人に

は就労禁止が徹底された。

オチャンテ・カルロスによる「父と日本の夢」と題される第7章は、アンデス山地にルーツをもつ一族のひとりとしてリマで生まれた父の人生の伝記である。父は日系人である母とリマで出会った。1980年代末のペルーの最悪の社会状況に押されて、父は1991年に来日し、ペルー音楽の演奏家として活躍するようになる。

本書の意義

日本におけるペルー人のデカセギ30年の歴史を多面的に概観しようとする本書のねらいは見事に的中し、他に例をみない迫力と魅力に満ちた書物となっている。本書のメリットとしては、樋口と稲葉による多年にわたる聞き取り調査の結果が客観的なデータを提供していることがあげられる。樋口は請負の変遷を、稲葉は非正規滞在者の実態を紹介している。

第2章の事件史は、ペルー人コミュニティを震撼させた大事件を網羅しているが、なかでも広島の暴行殺人事件と埼玉の殺人事件とは、ペルー人の犯した犯罪としてペルー人コミュニティへの跳ね返りが大きかったことがわかる。第7章は、父の日本での体験が伝記としてまとめられており、具体的な日本での体験を共感できる。

なお、本書にはスペイン語版が付されており、この30年史がスペイン語の話者をも想定していることを示している。

田巻松雄著
『地域のグローバル化にどのように向き合うか―外国人児童生徒教育問題を中心に』
下野新聞社、2014年

本書のねらい

　本書の「はじめに」から本書の問題意識を紹介すると、「定住化する外国人生徒が『下層』として固定化されていくのか、あるいは日本の将来を背負う『グローバル人材』に成長していくのか、この分岐は今後の日本社会を極めて大きく左右する。『下層』の固定化を抑止するとともに、『グローバル人材』を育成するための具体的な知見を見いだせる実践的な研究が強く求められている」。

　さらに本書の表題について、「国際化にたいして、グローバル化は、国民国家という枠組みを前提とせずに地球規模の問題や人類社会の交流などを検討する言葉である。本書は国民国家の枠組みを超えるような問題が地域で問われているとの立場に立ち、そのような状況を『地域のグローバル化』という表現で捉える」としている。

本書の構成

　本書は「はじめに」のほかⅢ部から構成されている。「多文化共生と外国人労働者問題」と題される第Ⅰ部は、「多文化共生を考えるために」と「日本における外国人労働者問題―韓国との比較を通して」の2章から構成されている。

　第1章では、多文化共生という概念のもつ問題点を「共生は、『弱者』と『強者』の両者にとって必要なのである。『強者』の発想に基づく仕掛けや対策は、『弱者』の不満や反感を増長させていくだろう」とする。第2章では、1980年代後半からの日本と韓国の外国人労働力の受け入れの様態を比較している。韓国では雇用許可制が採用されたが、劣悪な状況に直面した労働者にとって、選択は忍耐か逃走のいずれかになる。

　「外国人児童生徒教育問題の諸相」と題される第Ⅱ部は、第3章「外国人児童生徒と教員を取り巻く環境」と第4章「外国人生徒の進学状況」と第5章「ニューカマー系外国人学校の現状と課題」の3章から構成されている。

　第3章では、外国人の子どもたちの実態を、不就学問題の存在、高校進学率の低さ、外国人学校には限られた子どもしか就学していないことから「排除」という観点で捉える。

　外国人生徒教育に関わる教員は、人員や時間の増大を強く求めている。第4章は、2011～2013年3月の外国人生徒の卒業生について、栃木県内の公立高校から回答を得た計392名についての情報を分析し

ている。結論として、高校進学率が全国平均よりも高く、日本人生徒に比べて公立全日制への進学率が低く、南米系生徒の進学率が低く、外国人生徒に受験資格を認める特別措置利用者が全体の1割にも満たないことが指摘されている。第5章は、2012年に日本各地で訪問したブラジル人学校3校、南米系学校1校、フィリピン人学校1校について論じ、経済的に苦しい状況にあるとする。

「HANDSプロジェクトの実践」と題される第Ⅲ部は、第6章「『地域のグローバル化』に向き合う」と第7章「HANDS成立の経緯―公共圏構築の試み」の2章から構成されている。

第6章は、地域のグローバル化の担い手としての宇都宮大学国際学部の歩みを総括している。国際学部は2004年度から外国人児童生徒の教育問題に関する研究プロジェクトを教員の分野横断的な研究として開始した。2008年度には、多文化公共センターを設置した。国際学部は、外向きのグローバル人材ばかりでなく、地域のグ

ローバル化に貢献できる人材の育成に取り組んできた。

第7章は、実践的な取り組みを進めていくための協働型プロジェクトとしてのHANDS成立までの経緯を整理している。その中核となっているのは「外国人児童生徒・グローバル教育推進協議会」と「外国人児童生徒支援会議」である。

本書の意義

本書は、本シリーズの編者である田巻松雄氏が10年前に執筆した単著である。この著書はのちの田巻氏の活動の原点となる発想に満ち満ちている。やや古いものの、本書で書評としてとりあげる価値は十分にある。

付言すれば、本書には「宇都宮大学国際叢書」というタイトルが付されている。この叢書はすでに数巻が刊行されており、本書はその第1巻に当たる。なお、発行元が地元の下野新聞社であることも本書の価値を高めている。

おわりに

吉富志津代

　本書の編集に関わることで、私にとってこれまでの30年以上の活動を振り返る機会となった。1990年の入国管理法一部改訂以降、南米の領事館での勤務を契機に、兵庫県教育委員会の指導補助員として学校現場にも関わり、また外国ルーツの子どもたちとのさまざまな活動を実施してきた。その間に出会った子どもたちは、自分の出自や生活環境は自分では選べないわけで、多くが自分の言語とアイデンティティに何らかの形で自信を失う状況に置かれていた。その結果、自殺や非行などの悲しい方向に向かってしまう子どもたちの事件もあった。

　翻って日本社会の学校現場の現状を見たとき、それそのものが大きな課題を抱えていることにも気づき、同調圧力が強い日本社会で「違い」がわかりやすい外国ルーツの子どもたちの上に、その「とばっちり」のようなものがのしかかっているということに思い至った。私の本文にも書いたように、子どもたちのいじめや自殺の増加、全国で不登校児が30万人もいるなど、日本の教育環境の課題は山積である。周知のごとく、75年以上も前の世界人権宣言や後の国際人権規約にも、すべての人の教育を受ける権利が規定されているにもかかわらず、義務教育未修了者あるいは形式卒業者が増加するという事態は、文明社会の逆戻りであり重大な課題である。日本の法律では外国籍の子どもは義務教育ではないことから、不登校児の数には入っていないと思われるものの、不就学の子どもが2万人以上存在することが明らかになっている。その上、日本国籍を持つ外国ルーツの子どもたちも多く、この現状はすべての学齢期の子どもたちの課題であると言える。さらに、最近の日本が、ジェンダー指数も思いやり指数も世界の最下位で、歯止めのない円安、経済の停滞、閉塞感のある社会になっていくのは、この教育環境の延長線上にあるのではないかと思う。

　本書では多くの外国ルーツの子どもたちが、メインストリームではない形の学びの場を必要としていることが明らかにされている。先駆的なさまざまな取り組みが、全国の教育機関や市民団体によって実施され、そのうちのいくつかが本書で紹介されて

いる。それぞれの活動現場での課題やその解決に向けた根気強い活動の歴史があり、その成果は大きい。

　しかし、これはあくまで必要性への対処療法的なものでもあり、その現状を踏まえて、本来はこの国のしっかりとした教育理念のもとに、まずは今後どのような教育のあり方を構築していくべきなのかを、まずは考えていかなければならない。現状の学校教育の姿勢を抜本的に変えないままでは、そこに入学することだけを支援することには躊躇がある。もし日本ではなく自分のルーツの国で教育を受けることができるなら、そちらを選択するよう推奨せざるを得ないのである。それが日本社会にとっては大きな損失であることに、早く多くの人々が気付いて手を打たなければならない。

　義務教育以外でも、高校や大学の入口支援については、本書にもあるように、不十分ながら少しずつではあるが広がりを見せている。制度上の線引きにより、さまざまな制度の狭間に置かれるような状況の場合には、協議の余地を残して機会の提供を優先し、まだまだ柔軟に対応する必要性も見えた。それでも別の環境で勉強をせざるを得ない子どもたちの教育環境の確保にも視野を広げなければならない。いつの時代も、公的な学びの場だけではカバーできない学びの機会は必要とされており、その延長線上に夜間中学や定時制・通信制高校などが開設されてきたという歴史がある。社会の変化に伴い、それを必要とする人たちにも変容があり多様になってきている。

　さらに、入口支援だけではなく入学後の支援についての課題にも踏み込み始めていることも紹介されている。外国ルーツの子どもたちの入学後や卒業後の支援までを考えることこそが、日本の教育のあり方を考え直す機会となるのではないか。1948年の阪神教育闘争の時代からニューカマーの時代へと教育現場での課題をつなげて考えることによって、外国籍であっても日本国籍であっても、結果としての平等な教育が日本で受けられる環境は、すべての子どもたちが行きたいと思える学校につながる。すべての子どもが自立して社会に参画していけるような教育環境を、ともに模索するような姿勢が求められている。日本の教育環境の見直しは、受け入れるための制度の改善とともに、入学後の支援を切り口に教育内容そのものを考えることで、広がりを見せるのではないだろうか。

　ところで私は、文部科学省の研究補助金により、2016年度から「二つ以上の言語環境で育つ子どもの支援体制に関する研究―日系ボリビア人の事例から」、続いて2021年から「ボリビア地域社会における言語資源としての継承日本語教育に関する研究」というテーマで、ボリビアの日系人移住地における日系人たちの継承語・継承

文化に関する調査を続けている。戦後移住した日本人たちの子どもの教育環境への試行錯誤の変遷は、ボリビア社会にも影響を及ぼしており、そこに現在の日本が置き去りにしてきた、抜本的に考え直さなければならない教育理念の大切なものが見えるように思い、これからそのまとめの段階に入ろうとしている。この現象は、日本で学びの機会を得る子どもたちが、必ずこれからの日本社会に影響を及ぼし、むしろその子どもたちへの視点が、今後の日本の教育環境に気づきをもたらしてくれるのではないかという期待につながる。

　駒井先生のコラムにもあるように、まずは教育が人間選別の装置になりさがらないように、私たち大人に何ができるのか。基本的には公的教育の理念、制度などについての立て直しが前提で、さらに働きながら学ぶ人や制度の狭間に置かれてしまうなどの事情も想定して、誰も取り残されないような多様な学びの場を選択肢として用意している社会への示唆が本書には込められている。そのような社会こそが寛容で成熟した社会と言える。教育は権利であるということは原則であり、それを望むすべての人にその機会を用意することが、私たち大人に課せられた使命であると、再び気持ちを引き締めている。

　最後に、本書の出版にあたり、執筆者のみなさまをはじめ明石書店の関係者の方々など、ご協力をいただきましたすべてのみなさまに感謝申し上げます。

執筆者紹介（執筆順）

監修者紹介

駒井洋（こまい・ひろし）：刊行にあたって、コラム1、書評

筑波大学名誉教授。移民政策学会元会長。東京大学大学院社会研究科博士課程修了。博士（社会学）。

主な著書に『国際社会学研究』（日本評論社、1989年）、『移民社会学研究——実態分析と政策提言1987-2016』（明石書店、2016年）、監修書に『移民・ディアスポラ研究1〜11』（明石書店、2011〜2023年）などがある。

編著者紹介

田巻松雄（たまき・まつお）：はじめに、第5、第6、第8、第11章

宇都宮大学名誉教授。「とちぎに夜間中学校をつくり育てる会」代表。

2010年度から2021年度まで、宇都宮大学HANDS事業代表者として、外国人児童生徒教育支援活動に従事。現在は主に夜間中学など多様な学び（場）に関する研究と活動を進めている。

主な著書に、『夕張は何を語るか』（編、吉田書店、2014年）、『未来を拓くあなたへ』（下野新聞新書、2017年）、『ある外国人の日本での20年』（下野新聞、2019年、英語版2021）などがある。

吉富志津代（よしとみ・しづよ）：第16章、おわりに

武庫川女子大学心理・社会福祉学部教授／国際センター長。南米の領事館秘書を経て、1995年の阪神・淡路大震災後は、外国人救援ネットやコミュニティ放送局FMわぃわぃの設立に参加し、多言語環境の促進、外国ルーツの子どもの教育、外国人自助組織の自立などの活動に従事。2011年より、大阪大学大学院、名古屋外国語大学などの教員を経て現職。その他、NPO法人たかとりコミュニティセンター常務理事、兵庫県長期ビジョン審議会委員、兵庫県人権啓発協会人権問題研究アドバイザー、FMわぃわぃ代表理事（2016.3まで）など。NPO法人多言語センターFACIL理事長（2023年6月まで）。

主な著書に、『ソーシャルビジネスで拓く多文化社会——多言語センターFACIL・24年の挑戦』（監修、明石書店、2023年）、『*Colonia Okinawa - Personas que sobrevivieron a epidemias, desastres y discriminación* コロニアオキナワ　疫病・災害・差別を生き抜いた人々』（翻訳、明石書店、2023年）、『グローバル社会のコミュニティ防災—多文化共生のさきに』（大阪大学出版会、2013年）などがある。

執筆者紹介

小島祥美（こじま・よしみ）：第1章
東京外国語大学 多言語多文化共生センター長／准教授

小学校教員、NGO職員（神戸での活動）を経て、一地方自治体（岐阜県可児市）の全外国籍の子どもの就学実態を日本で初めて明らかにした研究成果により、同市教育委員会の初代外国人児童生徒コーディネーターに抜擢。愛知淑徳大学教授を経て、2020年9月より東京外国語大学に着任。

主な著書に、『外国人の就学と不就学――社会で「見えない」子どもたち』（大阪大学出版会、2016年）、『Q&Aでわかる外国につながる子どもの就学支援――「できること」から始める実践ガイド』（編著、明石書店、2021年）、『外国人の子ども白書【第2版】――権利・貧困・教育・文化・国籍と共生の視点から』（共編著、明石書店、2022年）などがある。

榎井縁（えのい・ゆかり）：第2章
藍野大学教授。大阪大学招聘教授。多文化IKUNOふらっと代表理事。（公財）とよなか国際交流協会理事。

教育委員会、国際交流協会、大学などに所属し、1990年代より在住外国人の調査・研究・支援活動をおこなってきた。

現在は主に外国につながる子どもたちの教育や外国人支援のための地域連携についての研究や活動を行っている。

主な著書に『外国人生徒と共に歩む大阪の高校――学校文化の変容と卒業生のライフコース』（編、明石書店、2023年）、『多文化共生の実験室――大阪から考える』（青弓社、2022年）、『公立学校の外国籍教員――教員の生（ライヴス）、「法理」という壁』（編、明石書店、2021年）などがある。

吉田美穂（よしだ・みほ）：第3章
弘前大学大学院教育学研究科教授。NPO法人ひろだい多文化リソースルーム理事長。

2003年度から現在まで、認定NPO法人多文化共生教育ネットワークかながわの理事・会員。2010年度以降はその調査研究に携わる。2020〜2022年度文部科学省委託事業「多文化共生に向けた日本語指導の充実に関する調査研究」、2023〜2024年度文部科学省委託事業「児童生徒の実態把握のためのネットワーク構築に向けた調査研究」の研究代表を務め、散在地域における外国につながる子どもの教育支援に関する実践研究に取り組む。

外国につながる子どもの教育支援をテーマとする主な論文に、「外国につながる子ども支援をめぐる地域人材と学校組織の協働：神奈川の多文化教育コーディネーター制度から考える（その1）」（中央大学『教育学論集』52、2010）、「高校進学ガイダンスと外国につながる子どものキャリア支援――神奈川県における教育委員会とNPOの協働―」（国際ボランティア学会編『ボランティア学研究』14、2014年）、「多文化共生と日本語指導が必要な子どもの把握―『外国とのつながり』と『学習言語』に着目した調査の在り方」（桐村豪文との共著、『弘前大学教育学部紀要』2021年）などがある。

村上一基（むらかみ・かずき）：第4章

東洋大学社会学部国際社会学科准教授。

フランスの都市部郊外における移民集住地区をフィールドに、ムスリム移民や第2世代について研究している。また日本における外国にルーツを持つ若者や地域の多文化共生に関して、研究、教育、実践といったさまざまな側面からかかわっている。

主な著書に『国際社会学 改訂版』（分担執筆、有斐閣、2023年）、『現代フランスにおける移民の子孫たち――都市・社会統合・アイデンティティの社会学』（エマニュエル・サンテリ著、翻訳、明石書店、2019年）などがある。

角田仁（つのだ・ひとし）：第7章

東京都立町田高等学校定時制教員

東京都内の定時制高校を30年勤務してきた。2001年より日本語を母語としない親子のための多言語高校進学ガイダンス東京実行委員、外国につながる高校生の進路ガイダンス、多文化共生教育ネットワーク東京等に参加している。文部科学省外国人児童生徒等教育アドバイザー。

著書に『外国につながる若者とつくる多文化共生の未来　協働によるエンパワメントとアドボカシー』（編著、明石書店、2023年）などがある。

井田綾（いだ・あや）：第8章

群馬県立高校教諭。西邑楽高校、桐生南高校、太田女子高校を歴任し、2021年より現任校の高崎北高校に勤務。教科は公民科。「公共」、「政治・経済」、「倫理」を担当。高校に勤務しながら、宇都宮大学大学院国際学研究科を修了した。

小綿剛（こわた・つよし）：第9章

認定NPO法人多文化共生センター東京理事。元全国在日外国人教育研究協議会副会長。

都立高校社会科教員として主に夜間定時制高校に勤務、多くの外国ルーツの生徒と出会う。退職後は外国から来た子どもたちへの日本語や教科の指導に携わり、高校受験や高校生の支援にあたっている。共著に『外国人が公務員になったっていいじゃないかという本』（岡義昭、水野精之編、径書房、1989年）、『東京のなかの朝鮮』（高柳俊男監修、明石書店、1996年）などがある。

鄭安君（てい・あんくん）：第10章

博士（国際学）。千葉大学社会科学研究院特任研究員、相模女子大学・国際医療福祉大学非常勤講師。「とちぎに夜間中学をつくり育てる会」役員。

台湾出身。日本と台湾の介護分野における外国人の受け入れを研究しているほか、多文化共生や多様な学び（場）に関する研究と活動も進めている。人の移動と文化の流れに関心を持つ。

おもな著書に『台湾の外国人介護労働者―雇用主・仲介業者・労働者による選択とその課題』（明石書店、2021年）、「各国社会福祉の現状：台湾」宇佐見耕一他編『世界の社会福祉年鑑2022』（旬

報社、2022 年）、「台湾の夜間中学の役割と社会的意義―補習教育と生涯教育の狭間に―」佐々木一隆・田巻松雄編『外国人生徒の学びの場　多様な学び場に注目して』（下野新聞社、2023 年）などがある。

枦木典子（はぜき・のりこ）：第 12 章
認定 NPO 法人多文化共生センター東京　代表理事。
東京都多文化共生推進委員会委員。台東区多文化共生推進連絡協議会委員。元小学校教員。
2006 年より多文化共生センター東京で、外国にルーツを持つ学齢超過の子どもたちの教育支援の活動に取り組む。2015 年 4 月より代表理事として、地域から外国にルーツを持つ子どもたちの教育支援を進める。

小波津ホセ（こはつ・ほせ）：コラム 3、第 13 章
獨協大学非常勤講師。日本ペルー共生協会理事長。
主な共著に、『越境するペルー人』（下野新聞、2015 年）、『外国人生徒の学びの場』（下野新聞、2023 年）、『ニューカマーの世代交代』（明石書店、2023 年）、『ペルーから日本へのデカセギ 30 年史』（インパクト出版会、2024 年）。

原千代子（はら・ちよこ）：第 14 章
社会福祉法人青丘社理事・事務局長。
1976 年、青丘社が地域で展開していた在日コリアンと日本人の市民活動にボランティアとして参加する。大学卒業後、青丘社に勤務し、在日コリアンの人権を求める市民運動、川崎市在日外国人教育基本方針策定や、川崎市ふれあい館設立運動等の事務局を担う。1988 年川崎市ふれあい館設立後は、主に在日一世、ニューカマー識字日本語学級や社会教育事業を担当。川崎に在住する外国ルーツ多文化家族支援活動をすすめる。近年は、外国につながるこどもの学習サポート事業や、キャリア支援等、高校生・若者共生事業を育成。

鈴木　健（すずき・けん）：第 14 章
川崎市ふれあい館副館長。
35 年ぐらい前に在日フィリピン人と出会い、以降、在日外国人のコミュニティづくりや支援活動に関わる。現在、川崎市ふれあい館で多文化事業や困難な状況にある子ども・若者の居場所づくりに取り組む。

山本直子（やまもと・なおこ）：第 15 章
社会福祉法人勤務。「西和に夜間中学をつくる会」事務局長。
1991 年より 3 期 12 年、奈良県斑鳩町議会議員。現在、「奈良県夜間中学連絡協議会」代表。

加藤佳代（かとう・かよ）：第17章

神奈川県立地球市民かながわプラザ（あーすぷらざ）外国人教育相談コーディネーター。

多言語・多文化社会のあり方、図書館における多文化サービス、伝統文化の継承に関心があり、活動を続けている。1995年度から「よこはまライブラリーフレンド」会員、2004年度から「むすびめの会」（図書館と多様な文化・言語的背景をもつ人々をむすぶ会）企画委員、2008年度から「横浜邦楽邦舞家協会」会員、2015年に日本舞踊「藤間流」師範取得。

共著として『図書館員のための「やさしい日本語」』（日本図書館協会、2023年）、取材コーディネートを担当したものとして『同級生は外国人!?多文化共生を考えよう』全3巻（吉富志津代監修、松島恵利子編著、汐文社、2018年）がある。

石雯漢（せき・ぶんかん）：コラム2

15歳の時、父親と来日し、東京都内の中学校3年次に編入学。約半年間の受験期間を経てオイスカ浜松国際高校に進学。外国人生徒入試で宇都宮大学国際学部へ進学。現在、都内の米国メーカーで働く。

二郎（じろう）：コラム3

2000年日本生まれ、4人家族の次男。幼少期にペルーで短期滞在を経験し、高校卒業まで栃木県真岡市で生活。私立大学への進学を機に関東で生活を始める。現在では日本語、スペイン語と英語を話す。

徐　緒隆（ジョ・シュロン）：コラム4

2014年に来日、たぶんかフリースクール卒業後、都立高校へ進学、独協大学で経営学を学ぶ。1年生で経営学部のプレゼンコンテストに参加し優勝。コロナ禍の中、大学3年で起業、将来、上場しグローバル展開に挑戦する夢を持つ。

ルヒナ・マヘルプーナ（Ruhina Maherpour）：コラム5

日本生まれ、イラン大使館内の学校と日本の学校とで教育を受ける。日本の大学卒業後、上智大学大学院に進学。将来、社会への貢献が目標、苦労し、希望を失っても人生には奇跡があると思い努力していきたいと語る。

白聖璺（はく・せいしょう）：コラム6

2011 3月8日に中国から来日し、日本の中学校に編入学。在県外国人等特別募集枠で神奈川県立鶴見総合高校、指定校推薦入試で神奈川大学に進学。現在、横浜市職員。

移民・ディアスポラ研究 12

多様な学びの場をつくる

外国につながる学習者たちの教育から考える

2024 年 5 月 30 日　初版第 1 刷発行

監修者	駒　井　　　洋
編著者	田巻松雄・吉富志津代
発行者	大　江　道　雅
発行所	株式会社 明石書店

〒101-0021 東京都千代田区外神田 6-9-5
電　話　　03（5818）1171
FAX　　03（5818）1174
振　替　　00100-7-24505
http://www.akashi.co.jp

装丁	明石書店デザイン室
印刷	株式会社 文化カラー印刷
製本	協栄製本株式会社

（定価はカバーに表示してあります。）　　　　　ISBN978-4-7503-5781-2

移民・ディアスポラ研究10

入管の解体と移民庁の創設

出入国在留管理から多文化共生への転換

監修 駒井洋

編著 加藤丈太郎

■A5判／並製／304頁
◎3200円

収容者の相次ぐ死亡事件や長期収容など、外国人を治安の対象として管理することを目的に作られた入管のひずみが各地で起きている。事実上の移民が多数来日しているなかで、限界を迎えている入管体制をどう変えていくか。歴史にさかのぼって転換の道筋を考える。

移住労働と世界的経済危機
駒井洋監修
移民・ディアスポラ研究1
明石純一編著
◎2800円

東日本大震災と外国人移住者たち
駒井洋監修
移民・ディアスポラ研究2
鈴木江理子編著
◎2800円

レイシズムと外国人嫌悪
駒井洋監修
移民・ディアスポラ研究3
小林真生編著
◎2800円

「グローバル人材」をめぐる政策と現実
駒井洋監修
移民・ディアスポラ研究4
五十嵐泰正、明石純一編著
◎2800円

マルチ・エスニック・ジャパニーズ
○○系日本人の変革力
駒井洋監修
移民・ディアスポラ研究5
佐々木てる編著
◎2800円

難民問題と人権理念の危機
国民国家体制の矛盾
駒井洋監修
移民・ディアスポラ研究6
人見泰弘編著
◎2800円

産業構造の変化と外国人労働者
労働現場の実態と歴史的視点
駒井洋監修
移民・ディアスポラ研究7
津崎克彦編著
◎2800円

人口問題と移民
日本の人口・階層構造はどう変わるのか
駒井洋監修
移民・ディアスポラ研究8
是川夕編著
◎2800円

〈価格は本体価格です〉

移民研究年報 第29号

日本移民学会編集委員会 編

■ B5判／並製／136頁
◎3000円

特集は「異邦に生きる移民の高齢化と弔い」。ハワイの墓地調査からみる日系移民の死と葬送、フィリピン人結婚移民の老後の居場所の問題、モスクへの調査からわかった在日ムスリムの老いと死の現状と課題などが移民の高齢化や弔いの諸問題に示唆するものとは。

● 内容構成 ●

特集 異邦に生きる移民の高齢化と弔い

「移民の高齢化と弔い」の現実に向き合う研究に向けて ［高橋典史］

ハワイ日本人移民の死と葬送 ［平川亨］

在日フィリピン人結婚移民の高齢化 ［高畑幸］

老いと死と向き合う ［岡井宏文］

論文

日本の招聘業界からみる在留資格「興行」をめぐる言説編成 ［大野聖良］

戦後日本における混血児の国際養子縁組事業の成立と展開 ［有賀ゆうアニース］

研究ノート

ドイツの移民統合政策がもたらす移民による起業とイノベーションのメカニズム ［新倉卓］

〈価格は本体価格です〉

日本社会とポジショナリティ

沖縄と日本との関係、多文化社会化、ジェンダーの領域からみえるもの

池田緑 編著

江原由美子、小川真理子、定松文、高橋哲哉、玉城福子、知念ウシ、桃原一彦、仁科薫、山根俊彦 著

■四六判／上製　496頁　◎4800円

集団に起因する不平等や差別。それが個人同士の間で現れる諸相を捉える視点としてのポジショナリティ。沖縄と日本との関係、性差・ジェンダー、多文化社会化など、現代日本の具体的な事例から動態を読み解き、状況変革への共通了解と協働条件を提示する一冊。

難民・強制移動研究入門

難民でも移民でもない、危機移民があふれる世界の中で

小泉康一 著

◎3500円

難民とセクシュアリティ

アメリカにおける性的マイノリティの包摂と排除

工藤晴子 著

◎3200円

移民大国化する韓国

労働・家族・ジェンダーの視点から

春木育美、吉田美智子 著

◎2000円

台湾の外国人介護労働者

雇用主・仲介業者・労働者による選択とその課題

鄭安君 著

◎4200円

「多文化共生」言説を問い直す

日系ブラジル人第二世代、支援の功罪・主体的な社会編入

山本直子 著

◎3500円

在日タイ女性の高齢期と脆弱性

トランスナショナルな社会空間と埋め込まれたジェンダー規範

新倉久乃 著

◎4620円

東北の結婚移住女性たちの現状と日本の移民問題

不可視化と他者化の狭間で

李善姫 著

◎3500円

人の移動とエスニシティ

越境する他者と共生する社会に向けて

中坂恵美子、池田賢市 編著

◎2200円

〈価格は本体価格です〉

Q&Aでわかる 外国につながる子どもの 就学支援

「できること」から始める
実践ガイド

小島祥美 編著

■A5判／並製／280頁　◎2200円

国の調査で、日本に住む外国人の子どもの約6人に1人が不就学であると明らかになった。「不就学ゼロ」のために学校や地域で私たちにできることは何か。本書は、現場で使える支援のポイントをまとめた初のバイブルである。基礎自治体の職員、教育関係者必携。

● 内容構成 ●

第1章【基礎知識編】外国につながる子どもの状況
外国につながる子どもをめぐる教育 30年間の動向／外国籍の子どもにも「教育への権利」が当然にあること ほか

第2章【Q＆A編】日本の学校での受け入れ
学校や学級にやってくる！／学校生活のスタート！／進路保障

第3章【事例編】ケースから学ぶ進路を拓く方法
地域連携のつくり方／地域でつくる"支える学習"環境／既卒生を支える伴走支援／ダイレクト受験生を支える／居場所づくり ほか

第4章【資料編】すぐに使えるおススメ情報
現場からのおススメ！外国につながる子どもへの支援教材／進学・進路相談ができる窓口リスト

移民の人権　外国人から市民へ

近藤敦著

◎2400円

国際人権法と憲法　多文化共生時代の人権論

近藤敦著

◎2500円

移民社会学研究　実態分析と政策提言1987-2016

駒井洋著

◎9200円

複数国籍　日本の社会・制度的課題と世界の動向

佐々木てる編

◎3200円

朝鮮籍とは何か　トランスナショナルの視点から

李里花編著

◎2400円

出入国管理の社会史　戦後日本の「境界」管理

李英美著

◎4000円

戸籍と国籍の近現代史【第3版】

遠藤正敬著

◎3800円

まんが クラスメイトは外国人 課題編【第2版】　私たちが向き合う多文化共生の現実

民族・血統・日本人

「外国につながる子どもたちの物語」編集委員会編

みなみななみ まんが

◎1300円

〈価格は本体価格です〉

外国人生徒と共に歩む大阪の高校

学校文化の変容と卒業生のライフコース

山本晃輔、榎井縁　編著

■四六判／並製／280頁 ◎2600円

全国的に外国人生徒の高校進学率は上昇したものの、中退率は高止まりする等、いまだ学校現場での課題は多い。本書は大阪の「枠校」の調査・分析結果を整理することから高校における外国人生徒を受け入れるための論点を洗い出し、日本の目指すべき方向を模索する。

トランスランゲージング・クラスルーム

子どもたちの複数言語を活用した学校教師の実践

オフィーリア・ガルシアほか著 佐野愛子、中島和子監訳

◎2800円

メイキング・シティズン

多様性を志向した市民的学習への変革

ベス・C・ルービン著 池野範男・川口広美 監修 福井駿監訳

◎2800円

ソーシャルビジネスで拓く多文化社会

多言語センターFACIL・24年の挑戦

吉富志津代監修 多言語センターFACIL編

◎2500円

外国人の子ども白書【第2版】

権利・貧困・教育・文化・国籍と共生の視点から

荒牧重人、榎井縁、江原裕美、小島祥美、志水宏吉、南野奈津子、宮島喬、山野良一 編

◎2500円

公立学校の外国籍教員

教員の生（ライヴズ）、「法理」という壁

中島智子、権瞳、呉永鎬、榎井縁著

◎2700円

現代フランスにおける移民の子孫たち

都市・社会統合・アイデンティティの社会学

エマニュエル・サンテリ著 園山大祐監修 村上一基訳

◎2200円

外国につながる若者とつくる多文化共生の未来

協働によるエンパワメントとアドボカシー

徳永智子、角田仁、海老原周子編著

◎2400円

ひとりぼっちのいない町をつくる

貧困・教育格差に取り組む大阪・高槻富田の実践に学ぶ

岡本工介著、志水宏吉解題 タウンスペースWAKWAK協力

◎2300円

〈価格は本体価格です〉

移民政策研究　第16号

移民政策学会 編

■B5判／並製／160頁 ◎2800円

特集 2023年入管法改定

「移民政策学会」学会誌。第16号の特集は「2023年入管法改定」。送還停止効の例外規定や監理措置等の改定入管法の問題点、補完的保護をめぐる政策形成過程の分析、在留特別許可の申請制に対する評価、入管法制史研究と歴史的背景に関する各論考を収載。

● 内容構成

特集 2023年入管法改定

特集の趣旨

2023年入管法改定 ［加藤丈太郎］

2023年入管法改定における補完的保護対象者の認定制度の導入に関する一考察 ［児玉晃一］

改正入管法と在留特別許可 ［土田千愛］

入管法制史研究と日本社会 ［木下洋一］

投稿論文

チャイナタウンの所在都市における日本人住民の対中国人共生意識及びその規定要因 ［朴沙羅］

トリニダード・トバゴにおける移民・難民の統合 ［鈴木美香］

高齢期に可視化される在日タイ女性の経済的脆弱性 ［新倉久乃］

地域社会における難民支援と宗教組織の役割 ［高橋泉］

SDGs時代のインクルーシブ教育

グローバルサウスの挑戦　川口純編著

◎3600円

SDGs時代にみる教育の普遍化と格差

各国の事例と国際比較から読み解く

澤村信英、小川未空、坂上勝基編著

◎4800円

公正と包摂をめざす教育

経済協力開発機構（OECD）編著　佐藤仁、伊藤亜希子監訳

OECD「多様性の持つ強み」プロジェクト報告書

◎5400円

多文化ファシリテーション

秋庭裕子、米澤由香子編著

多様性を活かして学び合う教育実践

◎2400円

国際理解教育と多文化教育のまなざし

森茂岳雄監修

多様性と社会正義／公正の教育にむけて

川﨑誠司、桐谷正信、中山京子編著

◎4500円

子ども若者の権利とこども基本法

子ども若者の権利と政策①

末冨芳編著　末冨芳、秋田喜代美、宮本みち子監修

◎2700円

若者の権利と若者政策

子ども若者の権利と政策④

宮本みち子編著　末冨芳、秋田喜代美、宮本みち子監修

◎2700円

異文化間教育ハンドブック

ドイツにおける理論と実践

イングリット・ゴゴリンほか編著

立花有希、佐々木優香、木下江美、クラインハーペル美穂訳

◎15000円

〈価格は本体価格です〉